"十四五"职业教育国家规划教材

21世纪高等职业教育精品教材 · 人力资源管理专业

U0648930

工作分析与应用

（第六版）

姚月娟　主编

GONGZUO FENXI YU YINGYONG

东北财经大学出版社　大连
Dongbei University of Finance & Economics Press

图书在版编目（CIP）数据

工作分析与应用 / 姚月娟主编. —6版. —大连：东北财经大学出版社，
2023.7（2025.6重印）

（21世纪高等职业教育精品教材·人力资源管理专业）

ISBN 978-7-5654-4803-4

Ⅰ.工…　Ⅱ.姚…　Ⅲ.人力资源管理-高等职业教育-教材　Ⅳ.F241

中国国家版本馆CIP数据核字（2023）第038556号

东北财经大学出版社出版

（大连市黑石礁尖山街217号　邮政编码　116025）

网　　址：http://www.dufep.cn

读者信箱：dufep@dufe.edu.cn

大连雪莲彩印有限公司印刷　　东北财经大学出版社发行

幅面尺寸：185mm×260mm　　字数：381千字　　印张：17

2023年7月第6版　　　　　　2025年6月第4次印刷

责任编辑：郭海雷　张爱华　　　　责任校对：包利华

封面设计：原　皓　　　　　　　　版式设计：原　皓

定价：39.00元

教学支持　售后服务　　联系电话：（0411）84710309

版权所有　侵权必究　　举报电话：（0411）84710523

如有印装质量问题，请联系营销部：（0411）84710711

第六版前言

本教材自2007年11月由东北财经大学出版社出版发行后，受到国内各高职院校的广泛欢迎。据不完全统计，全国已有50余所高职院校的大学生使用了本教材。教材出版至今的15年中，已经修订了5次。"工作分析与应用"课程是人力资源管理专业的核心职业技能课程。2013年，山西经贸职业学院的"工作分析与应用"课程被评为山西省省级精品资源共享课程，而本教材正是主要参评教材。2023年，本教材入选"十四五"职业教育国家规划教材。本教材得到广大师生的厚爱，作为编写者，我们一方面对读者心怀感激，另一方面更感到责任在肩。

工作分析是人力资源管理中一个重要的基础性管理过程，是保证组织和工作系统效率与员工工作满意度的基础性工作。近3年来，我们在"工作分析与应用"课程课堂理论教学和实践教学活动以及在与选用教材教师及出版社的交流过程中，发现教材中存在一些文字表述需要更新等方面的问题和不妥之处。另外，本教材出版15年来，人力资源管理理论有了新的发展，新的思想、观点、理论、实例大量涌现。为了弥补本教材的不足，做到与时俱进，对本教材进一步修订显得十分必要。

党的二十大报告指出，"我们要办好人民满意的教育，全面贯彻党的教育方针，落实立德树人根本任务，培养德智体美劳全面发展的社会主义建设者和接班人"。这次修订坚决贯彻落实党的二十大精神，修订后的教材更好地对接"理实一体、工学结合"的职业教育理念，遵循人才培养规律和学生认知特点，更加体现了知识传授与技能培养并重的特点。响应国家信息化教学要求，依托本教材建设的"工作分析与应用"课程已在超星学习通平台建课、建班，正在不断补充完善课程各项资源。本教材的重要知识点配备了微课资源，新增微课视频也会陆续补充到本教材中，更好地满足线上、线下混合式教学的需要。除继续完善电子课件、习题库、课程标准、电子教案等辅助教学资源外，新增加"随堂测"栏目，丰富了可互动、可训练、可考核的立体化教学资源，并以二维码形式呈现。以二维码链接拓展的图文信息构建教材的新形态，便于学生通过手机或平板电脑终端扫码去时刻关注学科发展的最新进展和相关业内资讯，并进行自主学习。为适应教育部1+X证书试点安排，我们将职业技能等级标准有机融入教材，以推进书证融通、课证融通。书后增加"附录三　课岗赛证融合测试题"，参考答案通过二维码形式呈现，便于学习者考取1+X证书前自测。另外，教材内容与学生考取企业人力资源管理师职业技能等级证的需求及就业岗位要求进一步衔接，更加符合高职院校培养具有良好职业精神和道德素养、具有可持续发展能力的高素质技能型人才的需要。

本教材由山西经贸职业学院姚月娟副教授担任主编并负责修订和定稿。在本教材修订过程中，参考和引用了国内有关教材、专著、案例等资料，在此谨向各位作者深表谢意！同时，感谢山西端若人力资源有限公司高静总经理为本教材编写提供了部分企业实际案例支持，感谢莱芜职业技术学院人力资源管理专业教师对教材编写提供的宝贵建议，感谢东北财经大学出版社郭海雷编辑的帮助和提出的许多宝贵意见。

教材虽然修订再版了，仍会存在我们没有认识到、注意到的问题和缺陷，恳请各位专家、读者朋友们批评指正。

编　者

2023 年 7 月

目录

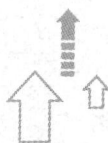

第1章 工作分析概述

▶ 学习目标

通过本章学习，你应该达到以下目标：

知识目标：掌握工作分析的含义、常见术语、工作分析的内容及工作分析的原则，了解组织设计、岗位设置的内容，工作分析的作用、目的以及如何走出工作分析的误区。

技能目标：掌握当工作职责产生分歧时如何处理，如何消除工作分析中员工的恐惧心理等技能。

素养目标：培养学生具有运用组织结构基础知识设计组织结构的能力，以及联系实际、实事求是的科学态度。

▶ 内容架构

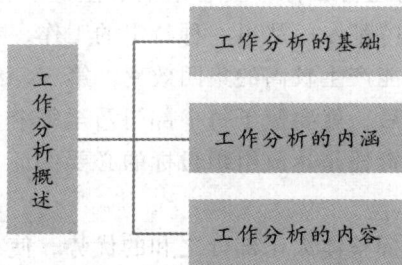

```
          ┌─── 工作分析的基础
工作分析概述 ┼─── 工作分析的内涵
          └─── 工作分析的内容
```

▶ 引例

机油洒地，责任在谁

一个机床操作工把大量的机油洒在他工作的机床周围的地板上，车间主任让操作工把洒掉的机油清扫干净，操作工拒绝执行，理由是工作说明书里面并没有包括清扫的条文。车间主任顾不上去查工作说明书上的原文，就找来一名服务工来做清扫工作，但服务工同样拒绝，他的理由是工作说明书里没有包括这一类工作职责，清扫工作应该是勤杂工的事情。车间主任威胁说要把他解雇，因为这名服务工是分配到车间来做杂务的临时工，服务工勉强同意，但是干完之后即向公司投诉。有关人员看了投诉后，审阅了这三类人员的工作说明书。机床操作工的工作说明书规定：操作工有责任保持机床的清洁，使之处于可操作的状态，但并没有提及清扫地板工作。服务工的工作说明书规定：服务工有责任以各种方式协助操作工，如领取原料和工具，随叫随到，即时服务，但也没有包括清扫工作。勤杂工的工作说明书中确实包含了各种形式的清扫，但是他的工作时间是从工人下班后开始的。

资料来源　作者根据相关资料整理。

这一引例表明：在人力资源管理活动中经常会遇到员工与员工之间、员工与部门经理之间由于工作职责界定不清楚，出现该做的事情没人做，或出现问题时双方相互推卸责任的现象。这些问题不是某个企业的领导者一拍脑门就能解决的，而是要从本质上解决，考察工作职责分歧的原因，依靠科学的方法——从进行工作分析开始。

1.1　工作分析的基础

1.1.1　组织设计

1）组织的定义

组织的一个较为直观的定义如下："组织是为了达到某些特定目标，经由分工与合作及不同层次的权力和责任制度，而构成的人的集合。"这个定义具有三层意思：第一，组织必须具有目标。任何组织都是为目标而存在的，不论这种目标是明确的还是隐含的，目标是组织存在的前提。例如，"华东计算机开发公司"的目标是推广计算机应用技术，并盈利。第二，没有分工与合作也不能称其为组织。分工与合作关系是由组织目标限定的。企业为了达到经营目标，要有采购、生产、销售、财务和人事等许多部门，这是一种分工，每个部门都专门从事一种特定的工作，各个部门又要相互配合。只有把分工与合作结合起来才能产生较高的集团效率。第三，组织要有不同层次的权力与责任制度。这是由于分工之后，就要赋予每个部门乃至每个人相应的权力和责任，以便于实现组织的目标。权力和责任是达成组织目标的必要保证。

2）组织设计的目的

组织设计的目的是：发挥整体大于部分之和的优势，使有限的人力资源形成最佳的综合效果。

企业如果有3 000名员工，采用不同的组织结构进行分工，会得到完全不同的组织效果。一个优秀的组织结构，能够做到机构精简、高效，职能分工合理、明确，既高效，又统一，既发挥了个人的积极性、创造性，又能够保持高度的和谐和统一，甚至可以发挥出"以一当十"的神奇作用；反之，一个不良的组织结构，会因为机构臃肿、人浮于事而效率低下，因为职能不清、职能重叠而扯皮不止，因为有权无责而滥用权力，因为有责无权而消极怠工……一些成功的企业，大多数都有着优秀的组织设计；相反，一些失败的企业，大多数都存在不良的组织设计。

3）组织设计的原则

管理人员在设立或变革一个组织的结构时，就是进行组织设计。在组织设计过程中，应该遵循以下原则：

（1）目标导向原则

组织设计是为了满足特定时期企业资源的有效配置。业务重点不同、企业掌握的资源不同、竞争环境不同、发展阶段不同、人员素质不同，对组织结构的要求就会有所不同。所以，组织设计首先要分析当前企业所面临的各种环境，明确企业当期目标，把战略目标实现作为组织职能分工的考虑原则。

例如，扩张期的企业，组织结构重点会在销售部门进行调整，采取扁平化的管理方式，满足对市场信息的灵活反馈，可能组建区域销售部门应对市场变化。

（2）专业分工原则

企业的整体经营活动是需要多种专业分工来配合完成的。组织结构的设计需要把各种专业分工有效整合到一起，按照专业、职能进行划分是一个浅显易懂的基本原则。显而易见的是，按照工作的专业性进行分类对于工作的有效开展最为有利。

（3）管理幅度原则

企业有大小之分，业务有类别之分，组织结构的设计既需要考虑企业规模的大小，也需要考虑业务的共享性和业务协调效率问题。组织结构设计最重要的原则之一就是根据工作内容、工作量的安排设计管理幅度，提升协调效率。管理幅度不匹配往往导致事倍功半，适合的管理幅度能够实现高效的组织效率。

（4）决策层级原则

一个正常的组织，在专业分工和决策效率、决策效果、决策风险控制等几个方面应该发挥作用。组织结构设计除了需要考虑业务性质、专业分工、管理幅度等因素外，组织内部的决策层级也是一个重要的考虑因素。决策汇报层级、决策链条长度决定了决策的效率，组织结构设计需要根据企业特点，对组织中不同层级的人员的权责进行明确划分，提升决策效率。

（5）横向沟通原则

高效的组织运行，既需要等级制的决策沟通，也需要横向的决策协调。很多企业效率低下的原因就是横向沟通不畅，仅仅依靠等级制度的冗长决策流程，导致基层员工经常处于待命状态无法及时做出行动。所以，组织结构设计除了在决策权限方面进行划分，在横向的协调方面也需要通过制度、流程明确组织的横向联系，从而使组织反应迅速。

（6）柔性经济原则

所谓组织的柔性，是指组织的各个部门、各个员工都可以根据组织内外环境的变化而进行灵活调整和变动。组织的结构应当保持一定的柔性以减少组织变革所造成的冲击和震荡。组织的经济是指组织的管理层次与幅度、人员结构以及部门工作流程必须设计合理，以达到管理的高效率。组织的柔性与经济是相辅相成的，一个柔性的组织必须符合经济的原则，而一个经济的组织必须保持柔性。只有这样，才能保证组织机构既精简又高效，避免形式主义和官僚主义作风的滋长与蔓延。

4）组织设计的流程和步骤

组织结构需要从管理幅度的确定、管理层次的确定、部门划分和岗位设置四个主要流程进行设计。

（1）流程一：管理幅度的确定

步骤一：管理幅度的设计思路

管理层次和管理幅度是决定组织结构的两个参数，而且管理层次与管理幅度是密切相关的。任何企业的组织结构都应是一种梯形结构，即上级指挥机构少，下级指挥机构多。根据管理的需要，企业从上到下通常设有若干指挥和管理层次，这些层次之间是一种隶属关系，从而形成职权上的等级链，管理层次设计就是确定等级链的级数。管理幅度是指组织中的一个上级直接指挥下级的数量。显然，在组织规模一定的情况下，如果不考虑其他因素，管理幅度越大，管理层次就越少；否则，管理层次就越多。

步骤二：掌握影响管理幅度的因素

主观因素，即由领导者的素质决定的因素。在其他条件不变的情况下，领导者素质越高、越信任下属，其管理幅度越大；否则越小。

客观因素，即由客观环境和现实条件决定的因素。在其他条件不变的情况下，下属人员素质越高、条件越优越、环境越简单、职务越低等，其管理幅度越大；否则越小。

步骤三：确定管理幅度

目前，企业普遍采用定性方法来确定管理幅度。一般认为，上层的管理幅度应窄些，5~10人为宜；下层的管理幅度应宽一些，15~20人为宜；中层的管理幅度应介于两者之间。实际上，中层的管理幅度比上层还要窄，因为中层管理者担负着较多承上启下的工作职能。以上管理幅度的数值仅供参考，实际工作中还必须根据企业自身情况做出调整。

（2）流程二：管理层次的确定

步骤一：按照企业的纵向职能分工确定基本的管理层次

对于集中经营、集中管理的企业：如果企业规模较小，采用的技术简单，通常只需要设置经营决策层、专业管理层和作业管理层；如果企业的规模较大，采用的技术较复杂，管理层次就要多一些。

对于分散经营、分散管理的企业：总公司和分公司是两大管理层次，总公司和分公司还分别存在各自的管理层次，如总公司的战略决策层、专业管理层，分公司的经营决策层、专业管理层和作业管理层。

步骤二：按照有效的管理幅度推算管理层次

假设某企业的员工有1 000人，中高层有效的管理幅度为5~8人，基层的有效管理幅度为10~15人，则可以推算出该企业组织的管理层次为3~4层。

① 若按较大的管理幅度计算，则第1个层次为8人，第2个层次为8×8=64人，第3个层次为64×15=960人，全部人员加起来为8+64+960=1 032人，这3个层次已经包含了组织的所有人员，故设3个层次即可。

② 若按较小的管理幅度计算，则第1个层次为5人，第2个层次为5×5=25人，第3

个层次为25×5=125人，第4个层次为125×10=1 250人。由于前3个层次只包含了155人，因此必须设置第4个层次才能包含所有的组织成员。

（3）流程三：部门划分

所谓部门，是指企业组织结构中的一个管理人员有权执行所规定活动的一个明确区分范围。划分部门就是确定这些范围。这些部门实际上是承担某些工作职能的组织结构，所以部门划分也可以称为组织机构的设置。一个部门通常是由若干个工作岗位组成的。

划分业务部门的具体方法通常有按职能划分、按地域划分、按产品划分、按业务环节划分等。各企业可以根据自己的特点选择采用其中的一种，也可以采用几种方法。

（4）流程四：岗位设置

工作岗位是根据专业化分工原则，按工作职能划分而成的工作职位。工作岗位是构成组织结构的基本单位。专业化分工可以降低成本，提高工作效率和经济效益。如果分工过细，一方面会使工作人员感到工作单调而厌烦；另一方面会增加内部调节的工作量，使沟通成本上升。因此，进行岗位设置时，既要进行合理分工，又要适当扩展工作内容，使工作人员感到内容丰富充实，具有一定挑战性。

不同类型的企业可以根据自身经营业务特点和企业内部条件，或把岗位分得更细，或设计出具有综合性的工作岗位。必须强调的是，工作岗位是根据企业经营目标的需要来设置的，不能设置与经营目标无关的岗位。

◇◇◇◇➡ 知识链接1-1

新型组织结构——扁平化组织

所谓扁平化组织，就是压缩组织的纵向结构，减少中间层次，增大管理幅度，促进信息的传递与沟通的组织。扁平化组织的主要优点如下：

• 由于管理层次减少，管理人员就相应减少。这不仅可以大大降低人工费用，而且有助于实现工作内容的丰富化。

• 管理跨度加大，迫使上司必须适度授权，上司放权下属就能自主。这对于开发员工潜能和发挥员工的创造性极为有利，上司放权、放手、放心，才能换来下属尽职、尽责、尽力。

• 管理人员的优化要求领导必须十分审慎地选用下属人员，这对改善和提高员工队伍的整体素质也非常有好处。

• 削减中间层次，缩短了上下层的距离，既可以提高信息传递的速度，以提高领导决策的效率，还可以促进上下级之间的沟通，一举多得。

• 更重要的是层次减少、人员精减后，加大了员工的工作责任，增大了工作职位的挑战性，迫使员工自我加压，促使人才快速成长。

就目前的情况来看，有些企业的组织架构基本上还属于金字塔形，已经无法适应发展市场经济和知识经济的要求，严重地束缚了员工的手脚，极大地挫伤了下属的积极性，阻碍了人才健康成长，不利于优秀人才脱颖而出，其弊端已日益凸显。按照扁平化的原理变革传统的组织架构已是大势所趋，势在必行。

▷▷▷▶▶▶ **小思考1-1**

什么是单件小批量生产、批量生产和大批量生产？

答：单件小批量生产是按照顾客的"订货"或"定做"进行生产，通常包括产品的设计和制造。单件小批量生产的产品往往是顾客"订货"或"定做"的，而一般工艺设备都是通用的，所以对操作人员的技术水平要求较高，技术权力相当分散。

大批量生产是指企业一般采用专业化程度很高的专用高效设备，产品种类少，一次生产的数量很多，对操作人员的技术水平要求较低，产品大部分已经标准化、通用化、系列化，所以技术权力相对集中，比如汽车制造企业多属于此类。

批量生产是介于单件小批量生产和大批量生产之间的一种类型，它的工艺特性也介于两者之间。

5）常见的组织结构类型

（1）直线制

直线制是最早使用也是最为简单的一种结构，又称单线制结构或军队式结构。直线制的主要特点是组织中各种职位是按垂直系统直线排列的，各级主管负责人执行统一指挥和管理的职能，不设专门的职能机构，其结构如图1-1所示。

图1-1 直线制组织结构图

直线制的优点：结构比较简单，管理权力高度集中，决策迅速，指挥灵活。

直线制的缺点：要求最高管理者通晓多种专业知识，亲自处理各种业务，一旦企业规模扩大，管理工作复杂化，把所有管理职能都集中到最高管理者一人身上，势必因经验、精力不足而难以胜任。这种形式适用于规模较小、任务比较单一、人员较少的组织。

（2）职能制

职能制的特点是在组织中设置若干专门化的职能机构，这些职能机构在自己的职责范围内都有权向下发布命令和指示。这种结构要求主管负责人把相应的管理职责和权力交给相关的职能机构，下级行政负责人除了接受上级行政主管的指挥外，还必须接受上级各职能机构的领导，其结构如图1-2所示。

职能制的优点：适应现代生产技术比较复杂、管理分工较细的特点，提高了管理的专业化程度，减轻了直线领导人员的工作负担。

职能制的缺点：妨碍了必要的集中领导和统一指挥，形成多头领导；不利于建立和

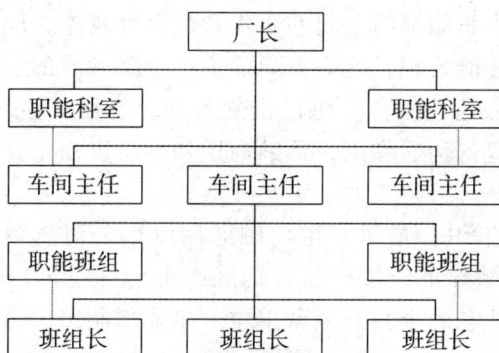

图1-2 职能制组织结构图

健全各级行政负责人和职能科室的责任制，在中间管理层往往会出现"有功大家抢，有过大家推"的现象；在上级行政领导的指导和命令与职能机构的指导和命令发生矛盾时，下级就无所适从，影响工作的正常进行，容易造成纪律的松弛，生产管理秩序混乱。由于这种组织结构形式存在明显的缺陷，现代企业一般都不采用。

（3）直线职能制

直线职能制，也叫生产区域制，或直线参谋制。它是在直线制和职能制的基础上，取长补短而建立起来的。

目前，绝大多数企业都采用这种组织结构形式。这种组织结构形式是把企业管理机构和人员分为两大类：一类是直线领导机构和人员，按命令统一原则对组织各级行使指挥权；另一类是职能机构和人员，按专业化原则，从事组织的各项职能管理工作。直线领导机构和人员在自己的职责范围内有一定的决定权和对所属下级的指挥权，并对自己部门的工作负全部责任。而职能机构和人员，则是直线指挥人员的参谋，不能直接对部门发号施令，只能进行业务指导。直线职能制组织结构如图1-3所示。

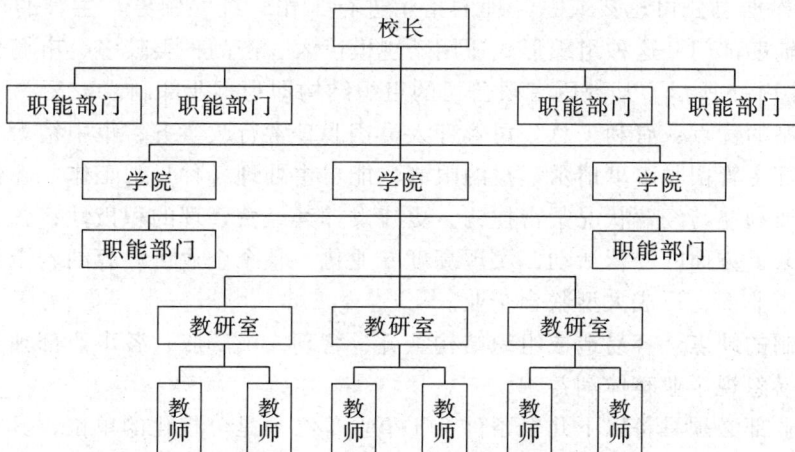

图1-3 直线职能制组织结构图

直线职能制的优点：既保证了企业管理体系的集中统一，又可以在各级行政负责人的领导下，充分发挥各专业管理机构的作用。

直线职能制的缺点：职能部门之间的协作和配合性较差，职能部门的许多工作要直接向上层领导报告请示才能处理，这一方面加重了上层领导的工作负担，另一方面造成办事效率低下。为了克服这些缺点，可以设立各种综合委员会，或建立各种会议制度，以协调各方面的工作，起到沟通作用，帮助高层领导出谋划策。

（4）事业部制

事业部制又称分权组织，最早是由美国通用汽车公司总裁斯隆于1924年提出的。事业部制是在公司统一领导下，按产品、地区或市场（顾客）的划分统一进行产品设计、采购、生产和销售活动的半独立经营单位。事业部制组织结构如图1-4所示。

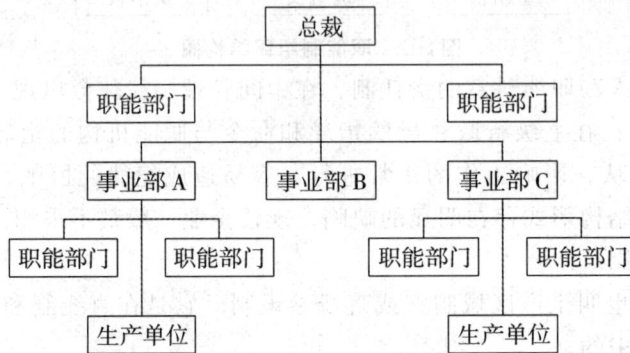

图1-4　事业部制组织结构图

事业部制是一种分权制的组织形式，实行相对的独立经营，单独核算，拥有一定的经营自主权，并设有相应的职能部门。它是在总公司控制下的利润中心，具有利润生产、利润计算和利润管理的职能，同时是产品责任单位或市场责任单位，有自己的产品和独立的市场。按照"集中决策，分散经营"的管理原则，公司最高管理机构握有人事决策、财务控制、规定价格幅度、监督等大权，并利用利润等指标对事业部进行控制，事业部经理根据总公司总裁或总经理的指示进行工作，统一领导其主管的事业部和研制、技术等辅助部门。这种组织形式适用于规模巨大、产品种类较多、市场分布面较广的企业。如图1-5所示，某数码有限公司的组织结构即为事业部制。

事业部制的优点：有利于总公司管理人员摆脱日常行政事务，集中精力考虑全局问题；各事业部主管摆脱事事请示汇报的限制，能自主处理各种日常工作，经营责任和权限明确，物质利益与经营状况紧密挂钩，更能发挥其经营管理的积极性；各事业部可集中力量从事某一方面的经营活动，实现高度专业化，整个企业可以容纳若干经营特点有很大差别的事业部，形成大型联合企业。

事业部制的缺点：容易造成组织结构重叠，管理人员膨胀；各事业部独立性强，考虑问题时容易忽视企业整体利益。

设置事业部必须具备以下几个条件：①事业部必须是分权化的单位，具有相对独立的经营自主权，如采购权、生产权、销售权等；②事业部必须是利润责任单位，具有利润生产、利润核算、利润管理三种职能；③事业部必须是产品（或市场）责任单位，有着自己的产品和独立的市场。事业部制的这三大要素是缺一不可的，事业部是三位一体的组织。

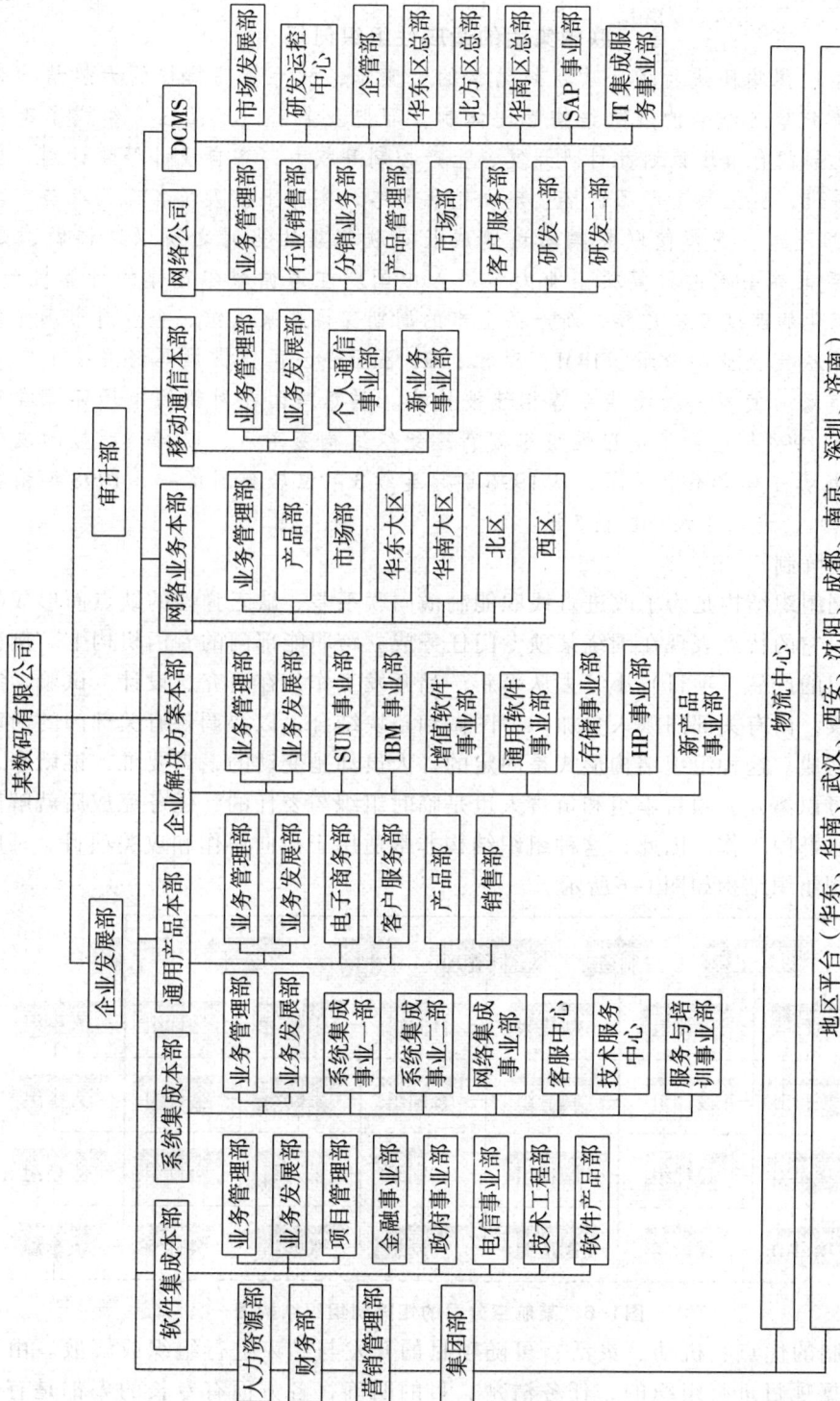

图1-5　某数码有限公司组织结构图

◆◇◇◇➡ **实用案例1-1**

联想集团的适应性组织创新

1994年联想集团进行了一次组织结构的大变革，放弃了高集权的大船结构管理体制，实行集分权相结合的舰队结构管理体制，即把业务部门产品区分组成了事业部结构，各事业部拥有市场策划、科研开发、生产控制等权力，各自设计经营计划，自己负责生产、科研，自主制定产品价格、建立销售网络，实际上扩大了各部门参与市场竞争的能力。正是这一变革使联想集团迅速成长。联想集团当时之所以这样做，是因为1993年以后世界一流的计算机企业大举进入中国。在遵循摩尔定律的计算机产业中，产品技术变化的速度日新月异，新产品上市的周期变得越来越短。企业对市场变化反应的快慢直接决定企业的命运。IBM、康柏、HP等国外公司凭借雄厚经济技术实力不断蚕食国内市场，使得一些民族品牌相继被挤垮。联想集团在对新的市场环境准确把握后，果断于1994年进行了适应性组织创新。组织结构变革后，取得了明显的成效，联想集团的市场占有率不断提高，从1996年起连续3年位居全国第一，1998年销售收入达到170亿元，进入亚太地区前5强。

（5）矩阵制

矩阵制组织结构是为了改进直线职能制横向联系差、缺乏弹性的缺点而形成的一种组织形式。它的特点表现在围绕某项专门任务成立跨职能部门的专门机构上。例如，组成一个专门的产品（项目）小组去从事新产品开发工作，在研究、设计、试验、制造各个不同阶段，由有关部门派人参加，力图做到条块结合，以协调各有关部门的活动，保证任务的完成。这种组织结构形式是固定的，人员却是变动的，需要谁，谁就来，任务完成后就可以离开。项目小组和负责人也是临时组织与委任的，任务完成后就解散，有关人员回原部门工作。因此，这种组织结构非常适用于横向协作和攻关项目。某航空公司的矩阵制组织结构如图1-6所示。

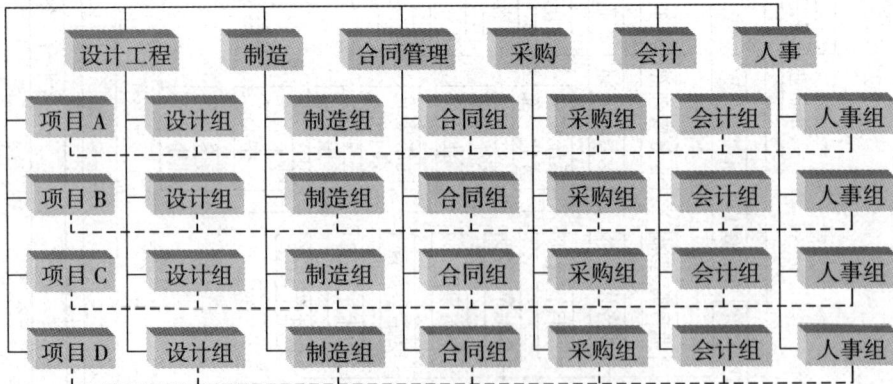

图1-6 某航空公司的矩阵制组织结构图

矩阵制的优点：机动、灵活，可随项目的开发与结束进行组织或解散。由于这种结构是根据项目进行组织的，任务清楚，目的明确，各方面有专长的人都是有备而来的，因此在新的工作小组里，他们能沟通、融合，能把自己的工作同整体工作联系在一起，为攻克难关、解决问题而献计献策，同时这种结构保留了将职能专家组合在一起所具有的经济性。

矩阵制的缺点：项目负责人的责任大于权力，因为参加项目的成员都来自不同部门，隶属关系仍在原单位，只是为"会战"而来，所以项目负责人对他们管理困难，没有足够的激励手段与惩治手段，这种人员上的双重管理是矩阵制的先天缺陷；由于项目组成人员来自各个职能部门，当任务完成以后，仍要回原部门，因而容易产生临时观念，对工作有一定的影响。

矩阵制适用于一些重大攻关项目，企业可用来完成涉及面广的、临时的、复杂的重大工程项目或管理改革任务。该结构特别适用于以开发与实验项目为主的单位，如科学研究单位，尤其是应用性研究单位等。

（6）企业集团

企业集团的概念可以有狭义和广义两种理解：狭义的企业集团仅指以金融资本为核心的垄断财团。广义的企业集团是以特大型公司为核心，通过控股、参股而形成的经济联合体。特大型公司既是母公司又是控股公司，通过控股、参股，操纵为数众多的子公司、关联公司，并影响着大批企业，在此基础上形成的经济组织基本上都属于这类企业集团。

企业集团的主要基本特征：多个法人、多种联系纽带、多层次的组织、多样化经营、多功能、多国化。

企业集团是公司制度发展的延续，如果从企业集团的持股关系看，企业集团的组织形态可分为两大类：一类是纵向持股企业集团，即母公司持有子公司的股份，如图1-7所示；另一类是横向持股的企业集团，即几个公司之间相互持股，如图1-8所示。

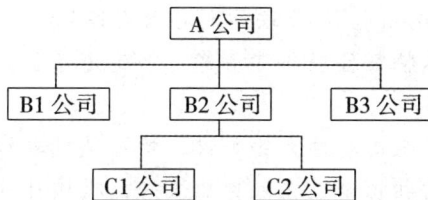

图1-7 纵向持股的企业集团结构图

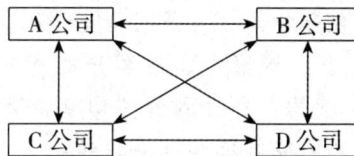

图1-8 横向持股的企业集团结构图

（7）分公司与总公司

分公司与总公司组织结构较多地出现在由横向合并而形成的企业中，合并后各分公司保持了较大的独立性。

分公司是总公司的分支机构或附属机构，在法律上和经济上均无独立性，不是独立的法人企业。分公司没有自己的独立名称，没有独立的章程和董事会，其全部资产是总公司资产的一部分。如果发生资不抵债的情况，总公司必须以其资产对分公司的债务负责。

（8）子公司与母公司

子公司是指受集团或母公司控制但在法律上独立的法人企业。这种组织结构的特点是，子公司不是母公司本身的一个组成部分或分支机构，有自己的公司名称和董事会，有独立的法人财产，并以此承担有限责任，可以以自己的名义从事各种业务活动和民事诉讼活动。

⬦⬦⬦➡ 知识链接 1-2

组织进化200年：下一站去哪儿？

虽然未来的组织会演变成什么样，现在还很难看清楚，但未来组织最重要的功能已经越来越清楚，那就是赋能，而不再是管理或激励。

工业时代最深刻的观察者彼得·德鲁克，把过去200年的组织创新总结为3次革命。第一次是工业革命（industrial revolution），核心是机器取代了体力，技术（technology）超越了技能（skills）。第二次是生产力革命（productivity revolution），大致从1880年到第二次世界大战，核心是以泰勒制为代表的科学管理的普及，工作被知识化，强调的是标准化、可度量等概念。公司这种新组织正是随着科学管理思想的发展而出现的。第三次是管理革命（management revolution），知识成为超越资本和劳动力的最重要的生产要素。和体力劳动相比，知识工作者是否努力工作很难被直接观察和测量，相应地，管理的重心转向激励，特别是动机的匹配。期权激励是这20年高科技企业大发展最主要的组织创新手段。沿着这个思路，我们正在面临的时代大变更被称为第四次革命，即"创意革命"（creative revolution）。从互联网到移动互联网，再到物联网，从云计算到大数据，未来商业的一个基本特征已经非常清楚，那就是基于机器学习的人工智能将成为未来商业的基础。

虽然对于人工智能的未来有着巨大的争议，特别是机器智能能否超越人脑，甚至是否会反人类，但一个基本的共识是，在可见的未来，机械性的、可重复的脑力劳动，甚至较为复杂的分析任务，都会被机器智能取代。这是德鲁克所说的知识经济的进一步发展。但人的直觉，对知识的综合升华能力，是机器智能暂时难以超越的。相对应，未来社会最有价值的人，是以创造力、洞察力、对客户的感知力为核心特征的。他们就是《重新定义公司：谷歌是如何运营的》中提到的"创意精英"。而在创意革命的时代，创意者最主要的驱动力是创造带来的成就感和社会价值，自我激励是其特征。这个时候他们最需要的不是公司的激励，而是赋能，也就是给他们提供能更高效创造的环境和工具。在此情况下，以科层制为特征、以管理为核心职能的公司，面临着前所未有的挑战。

赋能的原则如何体现呢？

第一，激励偏向的是事成之后的利益分享，而赋能强调的是激起创意人的兴趣与动力，给予挑战。唯有发自内心的志趣，才能激发持续的创造。命令不适用于他们。因此，组织的职能不再是分派任务和监工，而更多是让员工的专长、兴趣和客户的问题有更好匹配，这往往要求更多的员工自主性、更高的流动性和更灵活的组织。我们甚至可以说，是员工使用了组织的公共服务，而不是公司雇用了员工。两者的根本关系发生了颠倒。

第二，赋能比激励更依赖文化。文化才能让志同道合的人走到一起。创意精英再也不能用传统的方法去考核、激励，公司的文化氛围本身就是奖励。本质上他们都是自驱动、自组织的，对文化的认同非常较真。为了享受适合自己的文化，创意精英愿意付出、拥护、共创。一个和他们的价值观、使命感吻合的文化才能让他们慕名而来，聚在一起，奋发进取，因而组织的核心职能将演变成文化与价值观的营造。

第三，激励聚焦在个人。赋能特别强调组织本身的设计、人和人的互动。随着互联网的发展，组织内部人和人的联系也更加紧密。新兴学科，例如复杂网络和社会物理学的研究，都指出人和人之间的互动机制的设计对于组织的有效性可能远大于对于个体的激励。

谷歌AdWords广告体系的突破就是5个员工在玩桌球的时候，看到拉里·佩奇对广告质量的挑战，一个周末就把AdWords广告体系的算法搭建完成。而且这5个人没有一个人是广告部门的。这个传奇背后依然是一系列配套的机制设计，例如每周员工大会的透明沟通、员工的自主权、跨部门调动资源的能力等。所以，促进协同的机制设计，是未来组织创新最重要的领域。

资料来源　曾鸣．重新定义公司　拥抱创意革命——谷歌如何运营［EB/OL］．［2022-11-22］．http://www.sohu.com/a/78561229_355131．

1.1.2　岗位设置

1）岗位分类

企业中的岗位按照其性质不同划分为若干个类型，如决策岗位、管理岗位、监督岗位、专业岗位、执行岗位及生产岗位等。

（1）决策岗位：主要指公司的高级管理层，如企业的总裁、总经理、副总经理或分管各个业务的总监等。

（2）管理岗位：主要指一些部门、科室的主管和经理，或者是一家单位的负责人，他们的职责是管理一家小的单位。

（3）监督岗位：主要指部门科室、办事处等岗位，执行监督工作，如审计部门、监察部门或者其他受董事会或股东大会委托监督企业各项工作的人员。

（4）专业岗位：主要指从事各类专业技术工作的岗位，如工程师、经济师、会计师或软件设计师等。

（5）执行岗位：主要指从事行政或者服务性工作的岗位。执行岗位的员工根据领导的安排执行自己的任务。

（6）生产岗位：主要指直接从事制造、安装、维护等工作的岗位。生产岗位的员工主要从事企业基本的生产业务。

2）岗位设置的原则

（1）岗位设置的数目应符合最低数量原则。岗位不要设置很多，数量尽可能少，使所有的工作尽可能集中。一般来说，每一位基层工作人员所承担的主要工作职责是 2~5项；中层工作人员，如部门经理、办公室主任、下属单位负责人等，所承担的主要工作职责是 5~10项；高层管理人员，如企业总经理、副总经理、总监等，可能承担的主要工作职责是 8~12项。

（2）所有岗位要求实现最有效的配合。设置岗位的时候，要对承担的责任进行划分，一般分为主责、部分和支持3类，来确定配合关系。主责是指某一个人所负的主要责任；部分是指只负一部分责任；支持是指责任很轻，只协助他人。每个人的主责、部分和支持一定要划分清楚。

（3）每个岗位能在企业组织中发挥最积极的作用。每个岗位都要有相应的主责，然后有部分或者支持性工作。例如，基层工作人员承担2~5项主责，如果工作分工里没有主责，只有部分或支持性工作，那么这位员工的积极性会受到影响。

（4）每个岗位与其他岗位的关系应协调。"协调"指岗位之间的责任不交叉且没有空白。如果对于一个责任来说，员工甲是主责，员工乙也是主责，那么两个人分不清到底谁是主责，出了问题应该谁负主要责任，或者在工作中谁处于主动地位。而一项职责如果没有人负主责，就是岗位职责出现了空白。如果某一项工作，既有负主责的员工，又有配合的员工，还有做支持性工作的员工，则表示岗位之间配合得很好。

（5）岗位设置应经济、科学和系统化。企业都追求经济效益，对于人工成本的控制也是企业控制成本的重要组成部分。如果岗位设置过多，参与这项工作的人员就多，企业支付的费用就多，这不符合经济原则。如果岗位设置过少，可能某些工作没人做，或者某一个岗位的员工负担特别重而产生怨气，所以不仅要体现经济原则，还要符合科学原则。企业规范化管理体系是一个完整的系统，岗位设置要与组织结构设计、职能分解相吻合，要符合系统化原则。同时，岗位设置为工作描述、工作评价、薪酬福利体系设计提供支持。

3）岗位设置表的编制

岗位设置表是企业规范化管理的一个正式的、重要的文件。岗位设置表通常有部门岗位设置表和公司岗位设置总表两种形式。

（1）部门岗位设置表。按照各个部门的岗位分别制作的表称为部门岗位设置表。这种表主要介绍部门内有几个岗位及其工作职责等，每个部门制作一张表。假如公司共有10个部门，那么需制作11张部门岗位设置表，其中公司高层如公司总经理、各副总或者总监之间的分工需制作一张岗位设置表。

岗位设置表与工作说明书不同。工作说明书是明确岗位的主要职责、部分职责和支持职责，而岗位设置表只写明主要职责。具体范例见表1-1。

（2）公司岗位设置总表。公司岗位设置总表即把全公司的岗位统一排成一张表，上面写明岗位编号、岗位所属部门、岗位名称、岗位人数，而不写明岗位职责。具体范例见表1-2。

表1-1 某公司企业管理部岗位设置表

部门名称	企业管理部		
本部门岗位设置总数（个）	5	本部门总人数（人）	5
岗位名称	岗位人数	主要职责分工	
部长	1	全面负责集团发展战略研究与管理，集团规章制度管理，企业文化建设管理，合同、法律事务管理，以及计算机网络和信息化管理	
企划专员	1	集团发展战略研究与管理、集团刊物编辑等	
企管专员	1	组织规章制度的编制、上报、审批，以及企业文化建设管理	
网络信息专员	1	网络软硬件维护、网上信息编辑发布、筹建集团信息化管理系统、办公自动化系统管理	
合同法律专员	1	合同管理、各子公司的法律纠纷和各类经济合同管理与法律咨询、参与重大合同谈判及起草，以及员工法律教育和其他法律事务	
备注			

表1-2 某科技集团有限公司岗位设置总表

岗位所属部门	岗位编号	岗位名称	岗位人数（人）
公司总部	HT-G-I	董事长	1
	HT-G-II	总裁	1
	HT-G-III	运营总监	1
	HT-G-IV	市场总监	1
	HT-G-V	财务总监	1
	HT-G-VI	行政总监	1
	HT-G-VII	技术总监	1
			董事长除外，合计：6人
总裁办	HT-G-1001	主任	1
	HT-G-1002	秘书	1
	HT-G-1003	司机	1
			合计：3人

岗位所属部门	岗位编号	岗位名称	岗位人数（人）
企业管理部	HT-G-2001	部长	1
	HT-G-2002	企划专员	1
	HT-G-2003	企管专员	1
	HT-G-2004	网络专员	1
	HT-G-2005	法律专员	1
			合计：5人
生产部	HT-G-3001	部长	1
	HT-G-3002	计划统计专员	1
	HT-G-3003	生产调度专员	1
	HT-G-3004	设备管理专员	1
	HT-G-3005	安全管理专员	1
			合计：5人
资产管理部	HT-G-4001	部长	1
	HT-G-4002	资产管理专员	1
			合计：2人
技术发展部	HT-G-5001	部长	1
	HT-G-5002	技术管理专员	1
	HT-G-5003	技术研究工程师	3
			合计：5人
质量管理部	HT-G-6001	部长	1
	HT-G-6002	质控工程师	1
	HT-G-6003	认证工程师	1
	HT-G-6004	质检工程师	1
			合计：4人
财务部	HT-G-7001	部长	1
	HT-G-7002	资金管理专员	1
	HT-G-7003	成本管理专员	1
	HT-G-7004	会计师	1
	HT-G-7005	出纳员	1
			合计：5人

岗位所属部门	岗位编号	岗位名称	岗位人数（人）
审计部	HT-G-8001	部长	1
	HT-G-8002	审计师	1
			合计：2人
融投资管理部	HT-G-9001	部长	1
	HT-G-9002	融投资管理专员	1
			合计：2人
人力资源部	HT-G-10001	部长	1
	HT-G-10002	人事培训专员	1
	HT-G-10003	薪酬福利专员	1
			合计：3人
行政部	HT-G-11001	部长	1
	HT-G-11002	行政管理员	2
	HT-G-11003	基建管理专员	1
	HT-G-11004	基建管理员	3
			合计：7人
职能部门岗位人数总计			49人

总表包括4个栏目：

一是岗位所属部门。每个企业都由若干部门组成，不同的岗位隶属不同部门。例如，生产调度专员这个岗位就隶属生产部。

二是岗位编号。在规范化管理中，文件前面都有一个英文字母。例如，岗位设置用G表示，G后面的数字表示部门，假如公司有11个部门，可以用G-1、G-2等分别表示总裁办、企业管理部等。如果是第一个部门的第一个岗位，那么岗位编号就是1001，第二个岗位就是1002等。这样编的好处是实行计算机化、信息化管理时比较方便。

三是岗位名称。在工作分析之前首先要规范岗位名称。例如，有的企业把公司的最高领导称作总裁，有的企业则称之为总经理等；有的企业把各部门的领导称作部长，有的企业则称之为经理；有的企业把部长或经理之下的管理人员称作主管，而有的企业则称之为专员。这样就需要把公司所有岗位的名称统一起来，列在公司岗位设置总表里。

四是岗位人数。

◆◆◆◆➡ **实训项目 1-1**

组织结构设计

一、实训目的

通过本次实训，了解组织结构设计的基本理念，熟悉常见的组织结构类型和岗位设置的基本方法，掌握组织结构设计的内容、流程和方法，能够熟练编制组织结构图和岗位设置表。

二、实训所需条件

（一）实训时间

本实训时间以 4 课时为宜，到本校人力资源管理部门进行调研访谈约需 2 课时，编制本校组织结构图和岗位设置总表以及总结点评约需 2 课时。

（二）实训地点

多媒体教室、本校人力资源管理部门。

（三）实训所需材料

本实训需要准备各类组织结构图和各类岗位设置表，以及有关学校组织方面的背景材料。

本实训的背景设计如下：

1.假设学生所在高校要重新修订本校的组织结构图和岗位设置总表。

2.组织学生对本校的人力资源部门进行调研、访谈，了解本校的组织结构类型和岗位设置情况，掌握以下几方面资料：

（1）所在高校总的任务目标；

（2）完成本校目标所需的基本职能、职务；

（3）从事具体工作所需职能部门、管理职务的类别和数量；

（4）本校原有组织结构图以及组织结构的类型、特点和设计原则；

（5）本校部门划分、层级设计的具体情况和原有岗位设置总表及部门岗位设置表；

（6）部门内岗位设置情况及设计原则；

（7）每个具体岗位的岗位编号、岗位所属部门及岗位名称；

（8）每个职务人员的主要工作职责、任职条件、权利及责任范围等。

三、实训内容与要求

（一）实训内容

模拟编制本校的组织结构图和岗位设置总表。

（二）实训要求

分析所编制的组织结构图对本校的适用性，对原有的组织结构设计资料就专业性、合理性提出改进意见。

分析所编制的岗位设置总表对本校的适用性，对原有的岗位设置资料就专业性、合理性提出改进意见。

四、实训组织方法与步骤

第一步，实训前做好准备，复习并熟练掌握有关组织结构方面的知识。

第二步，对学生进行分组，建立组织结构设计小组（每组5～7人）。

第三步，各设计小组到本校人力资源管理部门进行调研访谈，了解本校组织结构和岗位设置情况。

第四步，以小组为单位，对本校组织结构设计现状展开讨论，充分发表个人观点，提出改进意见。

第五步，讨论结束后，在规定的时间内，每位学生必须编制出本校组织结构图和岗位设置总表。

第六步，教师就所编制的本校组织结构图和岗位设置总表适时讲评。

五、实训考核方法

（一）成绩划分

实训成绩可分为优秀、良好、中等、及格、不及格5个等级。

（二）评定标准

1.实训前对组织结构方面的知识是否熟练掌握。

2.小组通过调研收集的资料是否全面、翔实。

3.小组成员分工合作是否合理，合作过程是否和谐、顺畅。

4.各小组在调研访谈和课堂讨论的过程中，是否认真、积极投入，体现出良好的团队协作精神。

5.是否对本校目前组织结构设计现状提出建设性意见或建议。

6.是否运用组织结构设计的相关知识编制组织结构图和岗位设置总表，其准确性如何。

7.课堂讨论、调研过程占总成绩的60%，实训作业占40%。

1.2　工作分析的内涵

1.2.1　工作分析的含义

工作分析是指对某特定的工作做出明确的规定，并确定完成这一工作所需要的知识、技能等资格条件的过程。工作分析由两大部分组成：工作描述和工作规范。通俗地讲，工作分析就是要通过一系列科学的方法，把岗位的工作内容和岗位对员工的素质要求弄明白。通过工作分析，我们要回答或者说要解决以下两个主要的问题：第一，"某一岗位是做什么事情的"；第二，"什么样的人来做该事情最适合"。

微课：工作
分析概述

1）工作描述

工作描述具体说明了某一工作的物质特点和环境特点，主要包括以下几个方面：

（1）工作名称的描述

工作名称的描述主要说明某项工作的专门名称或代号，目的是便于对各种工作进行识别、分类以及确定组织内外的各种工作关系。

（2）工作内容的描述

工作内容的描述主要是对要完成的工作任务、工作责任、使用的原材料和机器设

备、工作流程、与其他人的正式工作关系、接受监督以及进行监督的性质和内容等方面进行的描述。

（3）工作条件的描述

工作条件的描述包括对工作地点的温度、湿度、光线、噪声、安全条件、地理位置、屋内或室外等工作条件和物理环境的说明。

（4）工作社会环境的描述

工作社会环境又称工作的人际因素，包括工作群体中的人数、完成工作所要求的人际交往的数量和程度、各部门之间的关系、工作地点内外的文化设施、社会风俗的影响程度等。

（5）聘用条件的描述

聘用条件的描述包括对工作时数、工资结构、支付工资的方法以及福利待遇等方面的描述。

2）工作规范

工作规范也称任职资格条件，是指员工履行岗位职责时，在知识、工作技能、工作经验、能力、生理及心理特征等方面应该具备的资格条件，主要包括以下几个方面：

（1）知识

知识指胜任某岗位应该具备的知识水平和知识结构，包括学历要求、基础知识、专业知识以及相关法律法规知识等。

（2）工作技能

工作技能是指与工作相关的工具、技术和方法的运用。工作技能包括两类：一类是通用技能，如公文处理技能、计算机操作技能、外语技能等；另一类是专业技能，指某一特定领域所需的、履行岗位工作职责时必备的技能，可以通过资质要求来鉴定，比如，医生要有相应级别的医师资格证等。

（3）工作经验

工作经验一般可以结合社会工作经验和组织内工作经验来度量。社会工作经验是指任职者的所有工作经历，根据与岗位相关性，具体分为一般工作经验、相关工作经验、专业工作经验和管理工作经验等4类。组织内工作经验是用任职者在本组织内部的工作经历来表示岗位的工作经验要求，一般适用于从内部选拔中高层管理者。

（4）能力

能力是任职者顺利地完成某种任务所必须具备的心理特征，例如，语言表达能力、人际交往能力、团队合作能力、沟通能力、创新能力、分析问题与解决问题的能力等。

（5）生理及心理特征

生理特征是对任职者在健康状况、身高、性别、体重、年龄等方面的要求。

心理特征是指任职者在心理过程进行时表现出来的稳定性，包括事业心、合作性、观察力等。

◇◇◇◇➡ **小思考 1-2**

6W1H工作分析公式是什么？

答：外国的人事心理学家从人力资源管理的角度出发，提出了一个非常容易记忆的6W1H工作分析公式，从7个方面对工作（职务）进行分析：

- WHO：谁来完成这项工作分析；
- WHAT：这项工作具体做什么事情；
- WHEN：工作时间的安排；
- WHERE：工作地点在哪里；
- WHY：他为什么工作（工作的意义是什么）；
- for WHO：他在为谁工作；
- HOW：他是如何工作的。

1.2.2　工作分析的常见术语

在工作分析中，常常会用到一些术语，但这些术语的含义经常被人们混淆。因此，理解并掌握它们的含义对科学、有效地进行工作分析十分必要。

1）工作要素

工作要素是指职务中不能再继续分解的最小动作单位，如打开计算机、签字、打电话、发传真等。

2）任务

任务是一系列为达到一个特定目的的工作要素的集合，即完成一项具体的职务。例如，复印文件，为了达到最终的工作目的，复印员必须从事以下具体行动：启动复印机；将复印纸放入复印机内；将要复印的文件放好；按动按钮进行复印。也就是说，复印文件这一任务，是上述4项行动直接组成的一个集合。

3）职位

职位也叫岗位，是指在一定的时间内，由一个特定的人及其所担负的一个或数个职责所组成。例如，招聘专员，这是一个职位。在企业中，有多少员工就有多少职位。应该注意的是，职位是以"事"为中心确定的，强调的是人所担任的岗位，而不是担任这个岗位的人。自新冠肺炎疫情以来，线下门店、餐饮等很多行业受到很大影响，大家也熟悉了一些职位（或岗位），如社区网格员、核酸采样员、生鲜配送员、直播带货主播等。

◇◇◇◇➡ **小思考 1-3**

岗位与职位的区别是什么？

人力资源管理经常讲到的岗位与职位在实际意义上相比较，没有太大的区别。其区别主要有两点：

- "职位"适用于一些知识密集型企业或管理方面的岗位；"岗位"适用于劳动密集型企业或劳动密集型岗位。例如，工人就不称职位，而称岗位。
- 岗位的含义更广泛。无论高层人员还是低层人员，都可称为岗位；职位只适用于高层人员。

4）职责

职责（责任）是指一人担负的由一项或多项任务组成的活动，即由一个个体操作的任务总和。例如，人力资源部经理的职责之一是进行"薪酬调查"，这一职责是由以下任务组成的：设计薪酬调查问卷、把薪酬调查问卷分发给调查对象、统计分析并解释调查结果、将调查结果反馈给调查对象。

5）工作

工作（职务）是由一组主要职责相似的职位所组成的。例如，开发工程师是一种工作（职务），秘书也是一种工作（职务）。在企业中，一种工作（职务）可以有一个职位，也可以有多个职位。例如，企业中的法律顾问这种工作（职务），可能只有一个职位；软件开发工程师可能有两个或两个以上的职位。职务是人与工作结合的一种方式，侧重人的工作，而非工作中的人。

6）工作族

工作族是由两个或两个以上的工作组成的。这些工作或者要求工作者具有相似的特点，或者包括多个平行的任务。例如，生产工作和销售工作就是两个工作族。

7）职业

职业是由在一定的时间内不同组织中的相似工作所组成的，如会计、医生、工程师、律师、教师、警察等。"工作"和"职业"的区别主要在于其范围的不同。"工作"这个概念比较窄，一般是针对组织内部而言；"职业"则可以是跨组织的，是针对整个行业而言。新冠肺炎疫情以来，一些职业更为消费者所熟悉，如互联网营销师、整理收纳师、卡路里规划师、理财规划师、网约配送员等。

8）职业生涯

职业生涯是指一个人在其工作生活中所经历的一系列职位、工作或职业。

9）职（岗）系

职系是指由工作性质和特征相同或充分相似，而责任大小和繁简难易程度不同的一些岗位所构成的系列或群体，职系是最基本的岗位业务分类，一个职系相当于一种专门职业。

10）职（岗）组

职组是由工作性质相似的若干职系构成的群体。例如，小学教师就是一个职系，而教师就是一个职组。

11）职门

若干工作性质和特征相近的职组归结在一起，称为职门。凡是属于不同职门的岗位，它们的工作性质完全不同。

12）职（岗）级

职级是岗位分级中最重要的概念。职级指同一职系中工作性质、繁简难易、责任大小以及所需人员应具备的资格条件等相同或充分相似的岗位。例如，中学教师是一个职系，而其中的一级教师、二级教师等则是按照上述因素进行分类的，一级教师、二级教师分别是这一职系中的两个职级。在同一职系中划分不同的职级，对管理工作有着非常重要的意义。它能划分出不同岗位在工作要求上的差异，使从事相同业务但能力不同的员工具有适合的工作岗位，从而更好地发挥自己的能力。

13）职（岗）等

工作性质不同，但工作的繁简难易、责任大小以及所需人员应具备的资格条件等充分相同的职级归纳为同一职等。

◇◇◇◇➡ **小思考1-4**

职级与职等的区别是什么？

答：职级是同一职系内不同岗位之间的等级划分；职等不是同一职系内不同岗位之间的等级划分，而是不同职系之间的相似岗位等级的比较和平衡。例如，中学教师职系中的二级教师与机械操作职系中的五级车工进行比较，虽然他们的工作业务与工作性质存在很大差别，但撇开这种不同岗位之间的业务差别，如果他们在工作水平上存在相似性，就可将其划为同一职等。

1.2.3　工作分析的作用

工作分析是人力资源管理的一项重要的基础性工作。只有做好工作分析，才能保证在人员招聘与配置过程中的适人适位，才能保证人员培训、绩效管理、薪酬管理、职业生涯规划等人力资源管理职能的规范化，从而最大限度地提高人力资源的利用效率，降低人力资源的使用成本。工作分析的作用具体表现在以下几个方面：

微课：人力资源管理的职能

1）有利于人力资源规划

每个组织对于本单位内部的人员配备和工作安排，都必须有一个合理的计划。当内部或外部环境发生改变时，组织也应当根据工作或生产的发展趋势相应地调整人力资源规划。工作分析信息可以帮助组织确定未来的工作需求，以及完成这些工作的人员需求。

2）有利于人员招聘与筛选

通过上述工作分析的含义我们知道，工作描述的主要内容是说明有关工作的静态和动态的特点；工作规范则提出了完成该项工作的有关人员的知识、工作技能、生理及心理特征等方面的要求。毫无疑问，在此基础上确定的用人标准，可以帮助招聘人员寻找并发现真正适应工作岗位、能为企业做贡献的候选人。

3）有利于员工培训与开发

通过工作分析，企业可以明确从事某项工作所应具备的知识、技能和其他各种条件。这些条件，当前从事各项工作的员工并非人人都能满足，这就需要企业根据工作分析的结果，参照员工的实际工作绩效，制订和设计培训方案，有区别、有针对性地安排培训内容和方法，以提高员工的工作技能，进而提高工作效率。

4）有利于绩效考核

绩效考核的实质是将员工的实际产出与预定的标准进行考核比较，找出差距，改进下一阶段的绩效水平。绩效考核与对员工的晋升和奖惩等直接相关，如果缺乏科学、客观的依据，将直接影响员工的工作积极性。工作分析的结果则有助于制定各项工作的客观标准和考核依据，确保绩效考核的信度和效度。

5）有利于建立先进、合理的工作定额和报酬制度

所谓先进、合理，就是在现有工作条件下，经过一定的努力，大多数人能够达到（其中一部分人可以超过，少数人能够接近）的定额水平。工作分析是动员和组织员工提高工作效率的手段，是工作和生产计划的基础，也是制定企业部门定员标准和工资奖励制度的重要依据。工资奖励制度是与工作定额和技术等级标准密切相关的，把工作定额和技术等级标准的评定建立在工作分析的基础上，就能够制定出比较合理的工资奖励制度。

6）有利于职业生涯规划

随着员工在组织内部和组织间的流动日益频繁，无论是组织还是员工，在进行这种流动时，考虑工作分析的结果是非常必要的。另外，如果对工作要求与个人工作的联系没有充分了解，就不可能制定有效的职业生涯规划。

为了更加直观地了解工作分析这一活动，我们用一个系统模型来表示，如图1-9所示。

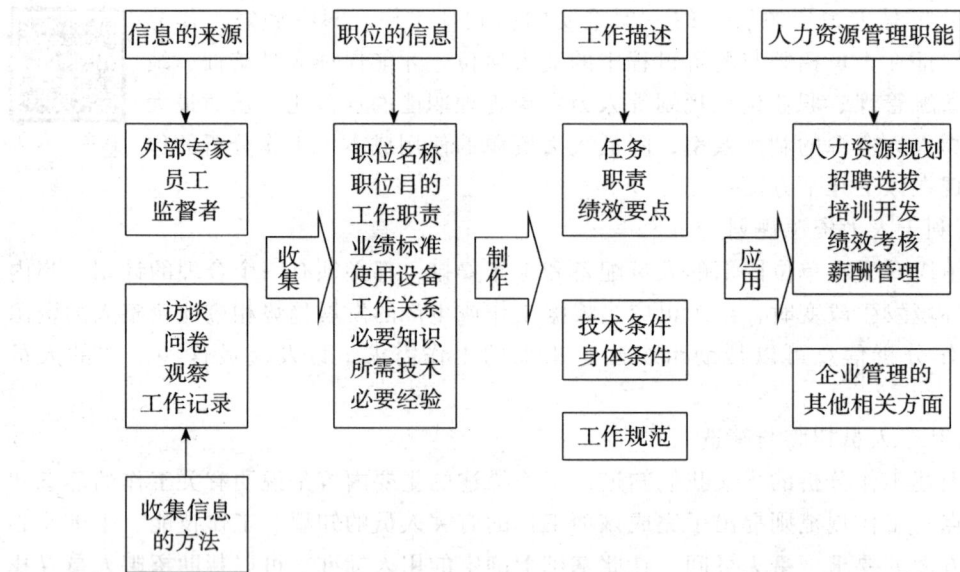

图1-9　工作分析的系统模型

资料来源　董克用，叶向峰. 人力资源管理概论［M］. 北京：中国人民大学出版社，2003.

1.2.4　工作分析的目的

（1）促使工作的名称与含义在整个组织中表示特定而一致的意义，实现工作用语的标准化。

（2）确定工作要求，以建立适当的指导与培训内容。

（3）确定员工录用与上岗的最低条件。

（4）为确定组织的人力资源需求、制订人力资源计划提供依据。

（5）确定工作之间的相互关系，以利于合理的晋升、调动与指派。

（6）获得有关工作与环境的实际情况，以利于发现导致员工不满、工作

微课：人力
资源管理
概述

效率下降的原因。

（7）为制定考核程序及方法提供依据，以利于管理人员执行监督职能及员工进行自我控制。

（8）辨明影响安全的主要因素，以及时采取有效措施，将危险降至最低。

（9）为改进工作方法积累必要的资料，为组织的变革提供依据。

◇◇◇◇➡ 知识链接1-3

技能点：当工作职责产生分歧时，怎么办

在人力资源管理活动中经常会遇到这样一些问题：员工与员工之间、员工与部门经理之间由于工作岗位的职责界定不清楚，经常会出现该做的事情没人做，或出现问题时双方相互推卸责任的现象。两个不同工作岗位之间怎样进行权限界定和衔接？具备什么样素质的人才能承担某一特定岗位的工作？怎样来评定该工作岗位员工的工作绩效？要解决这些问题不是某个企业的领导者一拍脑门就能决定的，而是要从本质上解决问题，考察工作职责分歧的原因，依靠科学的方法——从进行工作分析开始。

•工作分析

工作分析的实质就是研究某项工作所包括的活动内容以及任职者必须具备的知识、工作技术、能力与生理及心理特征等，并依此来区别本工作与其他工作的差异。通过工作分析，收集各部门、各岗位的各种相关工作信息，确定工作职责、工作权限、工作关系、工作需求以及任职者资格等，其目的则在于协调工作岗位与人的关系，使得人尽其才、才尽其用，这样才能真正体现出对员工的尊重及组织的高绩效。

•工作设计

利用工作分析提供的信息，对于一个新建组织而言，要设计工作内容、工作职责、工作流程、工作方法、工作所需工具、工作条件等；而对于一个运行中的组织而言，则可根据实际需要，重新设计或变革组织结构，重新界定工作职责，改进工作方法，改善设备与环境，也就是进行工作再设计。可见，工作设计所需解决的主要问题是组织向员工分配工作任务与职责等的具体方式。进行工作再设计，可以使员工重新认识该工作的任务、职责、权力及与其他工作的关系，从而调动员工的工作积极性，增强员工的责任感和满意度，最终提高工作绩效。

•工作岗位设置

工作岗位的设置科学与否，将直接关系到一个组织的人力资源管理效率。一般来说，组织中的工作岗位设置要由该组织的总任务决定。"因事设岗"是工作岗位设置的基本原则，岗位和人应该是设置和配置的关系，应以"事"为中心来设置岗位，而不能"因人设岗"。企业生产与经营管理活动需要多少个岗位，就应该设置多少个岗位；需要什么样的岗位，就应该设置什么样的岗位。设置什么样的岗位、设置多少个岗位，都要依赖工作分析所得的结果。

•定编定员

根据工作分析，确定工作任务及任职者的资格要求，这只是工作分析第一层次的目标。接下来的问题是，如何根据这些工作任务、工作要求、人员素质要求等信息，有效

地将合适的人员配置到相应的岗位上去。可见，定编定员解决的问题是，配置什么样的人员到企业组织的各个岗位上去，以及要配置多少个人员。它不仅要从数量上解决好人力资源的配置，还要从质量上规定使用人员的标准，从而在素质结构上实现人力资源的合理配置。

从以上四个方面入手，有助于把握要害，切实解决工作中的职责分歧。

资料来源　王小艳. 如何进行工作分析［M］. 北京：北京大学出版社，2003.

1.2.5　工作分析的原则

为了提高工作分析的科学性、合理性，在组织实施中应注意遵循以下原则：

1）系统原则

任何一个完善的组织、单位都是一个相对独立的系统。因此，在工作分析中，应从系统论出发，将每个岗位放在组织系统中，从总体上和相互联系上进行系统性分析研究。具体来讲，根据战略进行组织结构设计，根据组织结构设计进行职能分解，根据职能分解做岗位设置，根据岗位设置做工作分析。

2）动态原则

工作分析的结果不是一成不变的，要根据战略意图、环境变化、业务调整等，经常性地对工作分析的结果进行调整。工作分析是一项常规性工作。

3）目的原则

在工作分析中，要明确工作分析的目的。根据工作分析的目的，注意工作分析的侧重点。例如，如果工作分析是为了明确工作职责，那么分析的重点在于工作范围、工作职能、工作任务的划分；如果工作分析的目的在于选聘人才，那么工作分析的重点在于任职资格的界定；如果工作分析的目的在于决定薪酬的标准，那么重点在于工作责任、工作量、工作环境、工作条件等因素的界定。

4）参与原则

工作分析尽管是由人力资源部主持开展的工作，但它需要各级管理人员与员工的广泛参与，尤其需要高层管理者的重视和业务部门的大力配合。

5）经济原则

工作分析是一项非常费心、费力、费钱的事情，涉及企业组织的各个方面。因此，本着经济原则，选择工作分析的方法显得尤为重要。

6）应用原则

应用原则指一旦形成工作说明书，管理者就应该把它应用于企业管理的各个方面。无论人员招聘、选拔、培训，还是考核、激励等，都需要严格按照工作说明书的要求来做。

◇◇◇◇➡ 知识链接1-4

技能点：如何消除工作分析中员工的恐惧心理

在工作分析过程中，工作分析人员经常会遇到以下问题：员工对工作分析小组的工作怀有抵触情绪，不配合其访谈等调查工作，或员工故意夸大其所在岗位的实际工作责任、任职要求，而贬低其他岗位的工作，从而导致其提供的信息与现实明显不符。这些都是员工存在恐惧心理的外在表现，员工的恐惧心理也是在工作分析实践中迫切需要解决的一个问题。

员工恐惧心理的原因：员工由于担心工作分析会改变现有的工作要求和工作环境，而给自身的利益带来损失，从而对工作分析人员及其调查工作采取不合作甚至敌视的态度。

那么，如何消除由于工作分析而引起的员工恐惧心理呢？可以考虑从以下几个方面入手：

•分析原因

长久以来，工作分析经常被视为企业裁员或降薪的一种主要手段。企业由于外部环境变化或内部改革调整等，需要对工作岗位设置、工作活动内容进行调查，甚至要减少员工数量、降低员工工资。如果这些做法缺乏明确的依据，员工会认为其是辞退或降薪的借口，容易引起员工的不满，从而影响员工的工作绩效，甚至造成员工与管理者之间激烈的冲突。员工通常会认为是工作分析对他们的工作活动、薪酬水平、就业等造成了威胁，从而对工作分析存在一种恐惧心理。但如果企业的这些裁员或降薪决定是在科学的工作分析基础之上做出的，就有了明确的科学依据，也会受到法律的保护。

•让员工了解工作分析

为了消除员工的恐惧心理，在开始实施工作分析之前，工作分析人员应向他们介绍此次工作分析的目的和意义，及它对后续的管理工作带来的好处等，以此来提高他们的兴趣，取得他们的认同。另外，要着重澄清他们对工作分析的一些错误认识。比如，应该让他们认识到工作分析是针对工作，是为了分析工作的一些特性要求，目的是改进工作方法，规范工作活动内容等，而不是针对具体的人，不是评估员工的工作表现；工作分析的结果并不是要给员工增加工作量，而是通过工作职责的明确界定来提高效率、减轻负担等。总之，要通过有效的沟通，消除员工内心的顾虑和恐惧，争取得到他们的支持与配合。

•鼓励员工参与到工作分析中

工作分析人员应把工作分析的实施步骤及大体的时间进度安排告知员工，这样更有利于安抚员工的心理，使得他们能够积极参与配合。因为只有员工了解工作分析的实际情况，并且真正参与到整个活动过程中，才会提供更真实可靠的信息。

•适当做出承诺，消除员工顾虑

工作分析中，应对员工所提供的信息不会给他们带来负面的影响做出适当的承诺，比如不会因为工作分析结果而裁员、降薪等，让员工有一定的安全感。必要时，还可以考虑做出书面承诺，消除员工不必要的担心。

•给员工必要的信息反馈

在工作分析过程中，工作分析人员应定期或不定期地向员工反馈信息，以避免由于信息不对称引起的矛盾；在工作分析结束后，应将最终结果反馈给员工，肯定并感谢他们的参与。

资料来源　王小艳．如何进行工作分析 [M]．北京：北京大学出版社，2003．

▷▷▷▷ **实践练习1-1**

判断下列工作分析人员的做法，哪些有利于消除工作分析中员工的恐惧心理，哪些不利于。有利于消除的用"√"表示，不利于消除的用"×"表示。

1. 事先未向员工做任何解释说明。
2. 向员工说明此次工作分析的目的、意义。
3. 对员工的不满情绪视而不见。
4. 限制员工参与到工作分析中。
5. 积极做好员工的思想工作。
6. 做出书面承诺：不会因此次工作分析而减员或降薪。
7. 很少向员工反馈工作分析信息。
8. 向员工隐瞒工作分析的进度安排。
9. 宣传此次工作分析给员工带来的好处。

参考答案：

标"√"的有：2、5、6、9

标"×"的有：1、3、4、7、8

1.3 工作分析的内容

工作分析是现代人力资源管理所有职能的基础和前提，只有做好了工作分析，才能更有效地完成人力资源管理工作。

1.3.1 工作分析的项目

1）工作活动本身

对工作活动本身的分析，也就是对工作岗位的研究，既要研究每一个工作的目的，又要研究该工作所承担的工作任务与工作职责，以及它与其他岗位之间的关系等。具体来说包括：

（1）工作目的。为什么要做这项工作？

（2）工作任务。明确规定某项工作所要完成的工作活动内容，完成工作的程序与方法，以及所使用的设备与材料。

（3）工作职责。对本工作任务范围进行分析和对职位责任大小、重要程度进行分析。

（4）工作关系。明确工作中的关联与合作关系：该工作会与哪些工作发生关联？会对哪些工作产生影响？受哪些工作制约？可以在哪些工作范围内进行晋升和工作岗位轮换？

2）任职者资格主要要求

（1）工作知识，指为圆满完成某项工作，任职者应具备的实际知识。这种知识包括任用后所需获得的知识以及任用前已具备的知识。

（2）工作经验，即完成工作、解决相关问题的实践经验。例如，需要以何种经验为主，程度如何等。

（3）智力水平，涉及头脑反应判断能力、注意力集中程度和计划水平等方面的要求。

（4）体力要求，指工作本身对任职者体力方面的要求，一般用体力活动的频率和剧烈程度来衡量。

（5）心理素质，即工作任职者应具备耐心、责任心、严谨、诚实、主动、情绪稳定等方面的心理素质。

前四个因素只决定能否做，而心理素质则决定这些因素能否得到发挥。

◇◇◇◇➡ **实践练习1-2**

投射法小测验

假想有一片原始森林，直觉上那是一片什么样的森林呢？

A.看不到太阳的茂密黑森林

B.树木耸立、阳光充足的原始森林

C.游荡着野兽的原野森林

D.鸟语花香、自然甜美的绿森林

你所选择的森林，可以透视你的心灵内在所隐藏的世界！

选A的人对于事物持比较消极的态度，看待问题的角度稍显悲观。其实想一想，地球的确无法永远绕着你转，世界上的事情也总是不太如意，但是泰戈尔不是说过"如果错过太阳时，你流了泪，那么你也将错过群星"吗？想开些对你会有益。

选B的人是个相当单纯的人，对于生活周围发生的点点滴滴，都以直率坦诚的态度去面对，但由于太不做作，偶尔会因心直口快而不小心得罪人，人际关系方面必须多留心。

选C的人或许对繁忙纷扰的生活感到厌倦，期待一点浪漫，喜欢在平淡的生活里寻求一点不平常的东西。给自己寻找一个远方，安排一次假期，对你会有莫大的帮助。

选D说明你是个明朗乐观的人，凡事都能以轻松简单的态度面对，保持这样的心态，应该可以轻松生活。但注意，并不是所有的事都可以往好的方面想，不要太过了，以致盲目乐观。

3）工作环境

工作环境指分析完成工作任务时所处的特定环境。它不能由任职者自由选择，并且可能会影响到体力和脑力健康。

（1）工作的自然环境，包括工作场地的温度、湿度、照明度、噪声、异味、粉尘、地理位置等。

（2）工作的安全环境，即工作中的危险性问题，如对身体造成伤害、易患职业病等。

（3）工作的社会环境，主要包括工作地点的生活程度、与他人的交往程度等。

可见，工作分析涉及工作岗位、任职者资格要求、工作环境三方面的内容。通过工作分析以达到组织特定的目的，可以用图1-10来总结。

$$\text{工作分析} \begin{cases} \text{工作任职者（工作知识、经验……）} & \text{——人尽其才} \\ \text{工作岗位（工作任务、职责……）} & \text{——才尽其职} \\ \text{工作环境（自然环境、安全环境……）} & \text{——职尽其用} \end{cases} \} \text{组织特定目的}$$

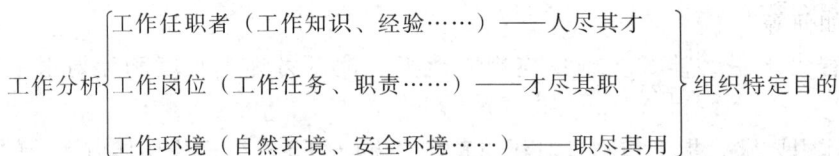

图1-10　工作分析的内容

1.3.2　如何走出工作分析的误区

1）误区一：重现状，轻战略

有人认为，工作分析就是描述出每一岗位目前实际的职责、工作权限和工作流程等，实际情况是怎样的只要在工作说明书中如实描述即可。事实上，工作流程、组织架构等的分析依据是企业的发展战略，如果工作分析只注重对企业现状的描述而忽略对企业未来发展的前瞻性调整，丝毫不对现有工作流程和组织架构等提出改进建议，则会陷入"重现状，轻战略"的误区，很可能刚刚写成的工作说明书很快就不能适合企业发展的的需要。

微课：人力
资源管理的
功能

工作分析有助于企业通过人力资源管理运作与企业政策搭配来提升人力资源素质，但工作分析亦应随时空转移而随时更新，更新同时即具有工作重新定位与工作重新分配的效果，借此来平衡内部组织关系。工作分析时，人力资源部门应合理安排战略性与事务性工作的比重，以企业战略为导向、以长期远景为目标进行合理的组织结构调整和流程再造，而不应拘泥于事务性工作的束缚。

所以，工作分析之初，首先，要明确企业的发展战略，进而由工作流程确定组织架构。其次，进行工作岗位设计，定岗、定编，以改进工作方法，提高效率。最后，建立相应的任职资格要求和工作标准，明确评估方法。

2）误区二：重文字，轻分析

"重文字、轻分析"是工作分析中一个比较重要的问题。工作说明书是工作分析的重要成果，于是企业将是否制定出了完整的工作说明书作为工作分析成败的标准。虽然很多企业制定了看似完整的工作说明书，单个工作说明书包含的内容也是完备的，描述也比较清晰，但并不能达到预期效果。原因就在于忽略了分析过程，将大量精力花费在文字上。

企业工作分析的流程一般是先进行工作分析培训，然后通过调查问卷和访谈等方法收集信息，接下来由熟悉岗位工作的工作分析人员撰写工作说明书，再经过岗位中上下级的两至三轮反馈与修改，工作说明书才可以定稿。这个过程中有三个关键：一是信息收集；二是根据信息撰写初稿；三是上下级间的反馈修改。后两个阶段最主要的工作内容是对岗位职责、工作关系、任职资格等进行深入分析。如果缺乏分析，工作说明书再好也不过是一个完整的信息收集的载体，工作说明书中任职资格是是否缺乏分析最突出的证明。例如，把现有任职者的情况直接作为任职资格，这固然有人事安排的考虑，但很显然是没有经过分析的；或者采用一刀切的办法，统一规定不同层级。

所以，我们一定要重视上下级间的反馈修改环节，因为撰写初稿一般由部门内基层人员执行，是对一次信息的汇总和初步处理，而反馈修改则是上级与下级的直接沟通，沟通过程就是分析过程。同时工作分析除了制定工作说明书之外，更重要的意义在于让企业人员之间进行一次深入沟通，使岗位职责定位不仅停留在文字上，更使各级人员深入理解。

3）误区三：只见树木，不见森林

工作分析是人力资源管理的一项具体的、基础性的工作，但正是因为这项工作的基础性，更需要具有广阔视野和系统思维才能奠定人力资源管理的坚实基础，而不能因为工作分析的具体性而"只见树木，不见森林"。

这里只列举一个例子。岗位职责是工作分析的关键和工作说明书的最主要内容，也是工作分析的难点。一般工作说明书中岗位职责多是流水账式，将工作职责一一列举即告完成，这样从单份工作说明书来看是完备的。但企业要正常运作需要全部岗位按照流程各司其职，如果只注重单份工作说明书的完备而忽视了与其他工作说明书的协调和配合，从企业整体角度看并不是成功的工作分析。而这恰恰是现在工作分析中的一个大问题，没有将各个岗位作为一个整体的体系来看待，也没有有意识地用业务流程将各个岗位贯穿连接起来，最后虽然各个岗位职责界定清晰，但成了一个个"孤岛"。

所以，我们在进行职责分析时要体现流程，从业务流程的角度开展工作分析，注重相关岗位之间的衔接与配合，并体现到职责分析中，这样企业的全部工作说明书就形成了一个由业务流程贯穿起来的体系。

4）误区四：重形式，轻应用

实际工作中，一些企业虽然进行了工作分析，得出一套工作说明书，但束之高阁，只把它当成人力资源部曾经完成的一项工作任务，从未有效利用工作分析的结果展开其他人力资源管理工作。只把工作说明书当成一种形式，不重视其应用。

工作分析最忌讳只重形式不重应用。企业的工作说明书在制定和使用中出现了"两张皮"的现象，工作说明书形同虚设，没有发挥应有的作用，人力资源管理工作也无法以工作分析为良好开端有序进行。工作分析的效用大打折扣，必定会影响后续人力资源管理工作的开展，员工感觉不到工作分析之后带来的相应变化和改进，很难在今后的工作中再度配合人力资源部的工作。

因此，在工作分析结束后，人力资源部要注重在实际工作中应用工作说明书。比如，在每一位新员工任职后将工作说明书发给他，有利于新员工尽快进入工作角色；提出相应的工作考核标准，便于试用期结束时以此为依据对其进行考核。再如，以工作分析为基础的任职资格要求，可以告诉我们每一个岗位相应所需的知识、素质和能力等，如果现有的员工不具备这些条件，相应的培训开发就有了明确的目标和内容。又如，以员工或团队是否完成工作描述所规定的职责和任务为基础，设定绩效考核指标体系。

▶ 本章小结

本章讲述了组织设计目的、原则、流程和步骤，常见的组织结构类型以及岗位设置。

本章讲述了工作分析的含义、常见术语，工作分析在人力资源管理过程中的作用，工作分析的目的、原则。

本章讲述了工作分析的项目以及如何走出工作分析的误区。

▰▰▰➡ 知识掌握 ▰▰▰

随堂测 1-1

1.选择题（其中有单选和多选）

（1）常见的组织结构中，（   ）的主要特点是集中决策，分散经营。

A.直线职能制   B.事业部制

C.矩阵制   D.企业集团

（2）组织设计的原则包括目标导向、专业分工、（   ）、（   ）、（   ）和柔性经济原则。

A.管理幅度   B.决策层级   C.横向沟通   D.统一指挥

（3）工作分析由两部分组成：工作描述和工作规范。工作描述包括工作名称、工作内容、（   ）、（   ）和聘用条件的描述。

A.工作条件   B.一般要求   C.工作社会环境   D.心理要求

（4）（   ）是指一人担负的由一项或多项任务组成的活动。

A.职责   B.工作   C.任务   D.工作要素

（5）工作分析的原则包括系统原则、（   ）、目的原则、（   ）、（   ）和应用原则。

A.动态原则   B.参与原则   C.静态原则   D.经济原则

（6）（   ）涉及头脑反应判断力、注意力集中等方面的要求。

A.工作知识   B.工作经验   C.智力水平   D.心理素质

2.简答题

（1）岗位设置的原则有哪些？

（2）工作分析的作用是什么？

（3）当工作职责产生分歧时，怎么办？

（4）如何消除工作分析中员工的恐惧心理？

（5）如何把握工作分析的最佳时机？

（6）如何走出工作分析的误区？

▰▰▰➡ 知识应用 ▰▰▰

·案例分析

某公司人力资源部总监与研发部经理的对话

某公司人力资源部总监对研发部经理说："我决定不了你需要何种计算程序设计师，但我确定下来的每一位候选人都精通FORTRAN语言，这也是工作描述中所列出的。"研发部经理说："的确如此，但是在10年前我们就已经不使用FORTRAN语言了。我们需要的是精通最新软件的人，而不是你给我的这些所谓能够胜任的人。"

问题：公司的工作分析结果适用于任何时候吗？

分析提示：工作分析的结果并非适用于任何时候，并不是说工作分析已经过时，而正说明了工作分析结果并不是一成不变的，需要随着情况的变化而及时更新；否则，将失去对现实工作的指导和参考价值。同时，工作分析要把握最佳时机，在此基础上，编写符合实际需要的工作说明书,并据此制定招聘选人标准,引进真正合适的优秀人才。

▶ 实践训练

学生6~7人为一组,每组选出组长(轮流担任组长)。组长带领小组成员共同策划并组建自己的模拟公司,绘制出组织结构图;并进行部门设置,最终绘制出公司的部门设置总表。

任务完成效果评价:

(1)小组代表陈述与教师点评。各小组选出代表陈述本小组的作业成果;教师根据各小组代表的陈述内容进行点评。

(2)小组内互评。小组成员根据完成任务过程中个人的表现,按照表1-3的评价项目和分值、指标对每个成员进行评分,然后上交小组成员内部评价表和小组作业成果。

表1-3　　　　　　　　　　　　　　　小组成员内部评价表

小组成员	评价项目和分值、指标				总成绩
	与人交流能力	与人合作能力	解决问题能力	职业态度	
	25分	25分	25分	25分	
	围绕主题,恰当、清楚表达意思的表现	与他人协作,处理合作过程矛盾的表现	编制组织结构图和部门设置总表的质量	主动、认真地完成任务的表现	
(组长)					

(3)教师评价。教师根据小组评分参考表(见表1-4)的评价项目和分值、指标给各个小组评分。

表1-4　　　　　　　　　　　　　　　小组评分参考表

组别	评价项目和分值、指标				总成绩
	计划与实施能力	学习能力	任务完成的效率	组员参与程度	
	25分	25分	25分	25分	
	模拟公司的可操作性	对组织结构、岗位设置的理解深度	能按时或提前完成任务	参与讨论的成员数目	
第一组					
第二组					
第三组					
第四组					
教师评语					
第一组					
第二组					
第三组					
第四组					

（4）最终成绩计算方式：

个人最终成绩=小组成员个人成绩×60%+所在小组成绩×40%

▶ 课外拓展

　　关注新媒体平台，获取人力资源管理领域最新的观点、方法、技巧，了解人力资源管理的前沿资讯。

　　微信公众号"人大人力资源"由中国人民大学劳动人事学院人力资源与领导力开发中心打造，致力于推动中国企业人力资源管理的转型和升级，重塑中国企业新经济时代的核心竞争力，分享最新管理文章，剖析最佳管理实践，整合人力资源管理顶级专家团队，打造最具价值培训课程。请在微信公众账号中搜索"人大人力资源"或"ruchrmldc"，或用手机扫描二维码即可关注。

第2章 工作分析方法

学习目标

通过本章学习，你应该达到以下目标：

知识目标：掌握观察法、问卷调查法、工作日志法、访谈法等工作分析方法的原理、步骤、优缺点等，了解资料分析法和能力要求法。

技能目标：掌握不同工作分析方法中调查问卷、观察提纲、工作日志以及访谈提纲等工具的使用。

素养目标：培养学生具有运用不同工作分析方法进行岗位信息收集的能力以及诚实守信的职业素养。

内容架构

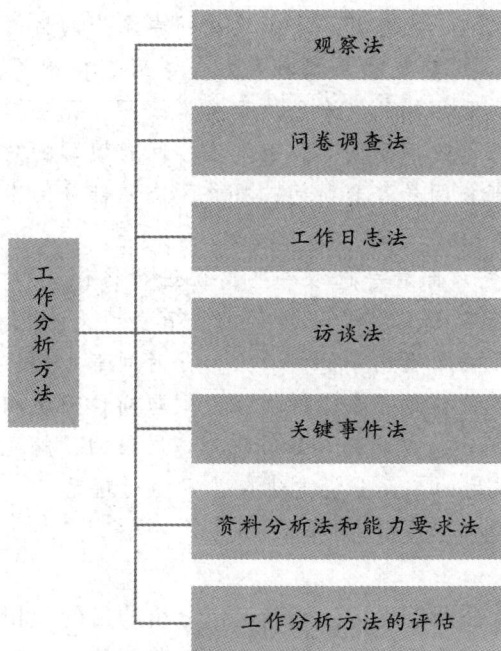

工作分析方法
- 观察法
- 问卷调查法
- 工作日志法
- 访谈法
- 关键事件法
- 资料分析法和能力要求法
- 工作分析方法的评估

> ■■■■➡ 引例 ■■■■

A公司工作分析的方法

A公司是我国中部省份的一家房地产开发公司。近年来，随着当地经济的迅速增长，房产需求强劲，公司抓住机遇，规模持续扩大，逐步发展为一家中型房地产开发公司。随着公司的发展和壮大，员工人数大量增加，很多组织管理问题逐渐凸显出来。公司现有的组织结构是基于创业时的公司规划，随着业务扩张的需要逐渐扩充而形成的。在运行的过程中，组织结构与业务上的矛盾已经逐渐凸显出来。部门之间、岗位之间的职责与权限缺乏明确的界定，扯皮推诿的现象不断发生。有的部门抱怨事情太多，人手不够，任务不能按时、按质、按量完成；有的部门又觉得人员冗杂，人浮于事，效率低下。面对企业存在的以上问题，人力资源部开始着手进行组织结构的变革，变革首先从进行工作分析、确定岗位价值开始。

首先，人力资源部开始寻找进行工作分析的工具与技术。在阅读了国内目前流行的基本工作分析书籍之后，从中选取了一份工作分析调查问卷，作为收集岗位信息的工具。然后，人力资源部将问卷发放到各个部门经理手中，同时在公司的内部网上发了一份关于开展问卷调查的通知，要求各部门配合人力资源部的问卷调查工作。

据反映，问卷在被发放到各个部门经理手中之后，被一直搁置在各个部门经理的手中，并没有发下去。很多部门是直到人力资源部开始催收时才把问卷发下去。同时，由于大家都很忙，很多人在拿到问卷之后，都没有时间仔细思考，草草填写完事。还有很多人在外地出差，或者任务缠身，自己无法填写，而由同事代填写。此外，据一些较为重视这次调查的员工反映，大家都不了解这次问卷调查的目的，也不理解问卷中那些生疏的专业术语，很多人想就疑难问题向人力资源部进行询问，可是也不知道具体该找谁。因此，在回答问卷时只能凭借自己的理解来填写，无法把握填写的规范和标准。一个星期之后，人力资源部收回了问卷，但发现，问卷填写的效果不太理想，有一部分问卷填写不全，还有一部分问卷答非所问；另外，有一部分问卷根本没有收上来。问卷调查没有发挥它应有的价值。

与此同时，人力资源部着手选取一些岗位进行访谈。但在试着访谈了几个岗位之后，发现访谈的效果也不好。人力资源部的主管负责对部门经理级以下的人员进行访谈，但在访谈中，出现的情况出乎意料。大部分时间都是被访谈人在发牢骚，指责公司的治理问题，抱怨自己的待遇不公等，而在谈到与岗位分析相关的内容时，被访谈人又顾虑重重。访谈结束之后，被访谈人都反映对该岗位的了解还是停留在模糊的阶段。

问题：A公司所采用的工作分析方法存在哪些问题呢？

资料来源　作者根据百度文库相关资料整理。

➡■■■■

这一引例表明：A公司首先应该明确工作分析的目的和相关信息的收集，如公司的组织结构图，已有的访谈和调查资料，原有的工作内容、岗位职责、工作条件以及相关的知识、技能、能力要求等。其次，确定工作分析的样本与工作分析方法，明确工作分析的人数，采用以问卷调查法为主、访谈法为辅的手段，之后再设计调查问卷。

　　"工欲善其事，必先利其器"，作为人力资源管理的基础，工作分析有它科学的方法体系。工作分析的方法多种多样，但没有一种"最好的方法"，也就是说，没有一种方法适用于所有情况。工作分析的内容取决于工作分析的目的与用途，不同的组织所进行的工作分析的侧重点会有所不同。因此，在工作分析内容确定后选择适当的工作分析方法就十分重要了。在选择工作分析方法时，关键要考虑方法与目的的匹配性、适用性以及成本的可行性。在此基础上，如果能综合应用各种方法，将会使企业的时间、精力和资金等得到最有效的配置。

微课：运用
不同方法收
集岗位信息

2.1　观察法

2.1.1　观察法概述

1）观察法的定义

　　观察法是一种传统的工作分析方法，指工作分析人员通过感官或利用其他工具对员工正常的工作状态进行观察记录，获取有关工作内容、工作环境以及人与工作的关系等信息，并通过对信息进行分析、汇总等方式得出工作分析结果的一种方法。

◇◇◇◇▶ 知识链接 2-1

　　观察法是使用最早的分析方法。早在20世纪初，科学管理之父弗雷德里克·泰罗为了让工人使用标准的操作方法完成较高的工作定额，就采用观察法进行动作与时间研究的科学实验。而泰罗的追随者加尔布雷夫妇，是第一批对动作进行观察并利用动作影片来分析和改进动作顺序的人。基于对动作的研究，他们把垒外墙砖的动作从18个减少到4个，使工人的效率提高了2倍。

2）观察法的优缺点

观察法的优点：

（1）工作分析人员通过观察法能够比较全面和深入地了解工作要求。

（2）适用于那些主要用体力活动完成的工作，如装配工人、保安人员等。

观察法的缺点：

（1）不适用于脑力劳动成分比较高的工作，以及处理紧急情况的间歇性工作。例如，律师、教师、急救站的护士、经理等。

（2）对有些员工而言难以接受，他们会觉得自己受到监视或威胁，从而从心理上对工作分析人员产生反感，也可能造成操作动作变形。

（3）不能得到有关任职者资格要求的信息。

◇◇◇◇▶ 小思考 2-1

　　使用观察法的前提条件是什么？

　　答：（1）要求观察者有足够的实际操作经验。

　　（2）要求工作应相对稳定，即在一定时间内，工作内容、工作程序、对工作人员的要求不会发生明显的变化。

（3）适用于大量标准化的、周期较短的、以体力活动为主的工作，不适用于以脑力劳动为主的工作。

2.1.2　观察法的操作步骤

1）第一步：准备阶段

（1）收集现有文件资料（组织结构图、员工手册、旧的工作说明书等），对工作形成总体的概念（工作目标、工作任务、工作流程等）。

（2）准备一份工作分析观察提纲，作为观察的依据。

（3）若有辅助观察设备（摄像机、有关仪器等），也应提前准备好。

（4）对于事先所得的模糊但很重要的信息，应做好注释，以备正式观察时有所注意。

2）第二步：观察阶段

（1）确保所选择的观察对象具有代表性。

（2）选择不同的员工在不同的时间内进行观察。

（3）以标准格式记录所观察到的结果（重要的工作内容与形式等）。

3）第三步：面谈阶段

（1）观察后要与员工进行面谈，请员工自己补充。

（2）与该员工的直接主管面谈，了解工作整体情况。

4）第四步：合并信息阶段

（1）合并从各个方面所得的信息（现有文件资料、观察员工的资料、与员工面谈的资料、与主管面谈的资料），形成一个综合的工作描述。

（2）工作分析人员应随时补充资料。

（3）结合所列提纲，明确任务，保证每一项都已得到回答或确认。

5）第五步：核实阶段

（1）工作分析人员认真检查整个工作描述，并在遗漏或含糊的地方做标记。

（2）核实阶段应以小组形式进行，把所得的工作描述分发给员工及其主管。

（3）员工及其主管核实并反馈。

（4）召集所有参与对象，确定工作描述相关信息最终的完整性及精确性。

2.1.3　应用观察法的注意事项

观察法简便易行，但为了使观察更有效，在进行工作分析的实际操作中要注意以下问题：

（1）作为观察者的工作分析人员要有足够的实际操作经验。

（2）观察前要对现在的工作充分了解，以免记录时因不能正确归类而造成混乱。

（3）观察前应事先准备好观察提纲，以便随时填写观察记录。

（4）观察时设计的问题力求结构简单，便于记录。

（5）要避免机械记录，应反映与工作相关的内容，并对所获信息进行比较和提炼。

（6）要注意工作行为样本的代表性。

（7）要求所观察工作相对稳定，即在较长一段时间内，工作内容、工作程序、对任职者的要求不会太明显改变。

（8）要尽量多观察几名任职者的工作，这样可以保证观察不只是针对某一特定个体的特定操作。

（9）观察者在观察时尽可能不要引起被观察对象的注意，至少不应干扰被观察对象的工作。

2.1.4　观察提纲和观察表范例

在运用现场观察法时，观察者需有一份详细的观察提纲或观察表，这样才能全面、准确地进行观察。观察提纲和观察表的具体范例见表2-1和表2-2。

表2-1　　　　　　　　　　　　　　**工作分析观察提纲**

被观察者姓名：　　　　　　　　　　　　　被观察者职位：

工作类型：　　　　　　　　　　　　　　　直接主管：

观察内容：　　　　　　　　　　　　　　　观察时间：

1.什么时候开始正式工作＿＿＿＿＿＿

2.上午共工作多少小时＿＿＿＿＿＿

3.上午休息几次＿＿＿＿＿＿

4.第一次休息的时间是从＿＿＿＿＿＿到＿＿＿＿＿＿

5.第二次休息的时间是从＿＿＿＿＿＿到＿＿＿＿＿＿

6.上午完成多少件产品＿＿＿＿＿＿

7.平均多长时间完成一件产品＿＿＿＿＿＿

8.一共与同事交谈几次＿＿＿＿＿＿

9.平均每次交谈大约多长时间＿＿＿＿＿＿

10.室内温度是多少度＿＿＿＿＿＿

11.抽了几支烟＿＿＿＿＿＿

12.喝了几次水＿＿＿＿＿＿

13.什么时候开始午休＿＿＿＿＿＿

14.产出了多少件次品＿＿＿＿＿＿

15.搬了多少次原材料＿＿＿＿＿＿

16.工作噪声是多少分贝＿＿＿＿＿＿

表2-2　　　　　　　　　　　　　　　　**观察表**

序号	工作任务	工作操作程序与方法	权限	结果	时间消耗	备注
1	起草文件	领会领导意图→撰写→修改	需审核	1份	2小时	
2	开介绍信	领导签字→开介绍信→登记	执行	1份	10分钟	
⋮	⋮	⋮	⋮	⋮	⋮	

◇◇◇◇➡ **实践练习2-1**

您认为下面哪些情况适合用观察法进行工作分析？哪些不适合？

（1）脑力劳动成分比较高的工作（如律师、设计师、程序员、工程师的工作）

（2）处理紧急情况的间歇性工作（如急救护士的工作）

（3）要用体力活动完成的工作（如保洁员、保安人员、装配工人的工作）

（4）当进行工作分析是为了得到有关任职资格方面要求的信息时

（5）标准化且周期较短的工作

（6）周期较长的工作

（7）高层管理者或研究人员的工作

参考答案：

适合的有：（3）（5）

不适合的有：（1）（2）（4）（6）（7）

2.2 问卷调查法

2.2.1 问卷调查法概述

1）问卷调查法的定义

问卷调查法是工作分析中最常用的一种方法。具体来说，首先，由有关人员事先设计出一套工作分析的问卷；然后，由承担工作的员工填写问卷，也可以由工作分析人员填写；最后，将问卷加以归纳分析，做好详细记录，并据此写出工作描述。需要注意的是，形成的工作描述需要再征求任职者的意见，并进行补充和修改。

2）问卷调查法的优缺点

问卷调查法的优点：

（1）费用低，速度快，节省时间，可以在工作之余填写，不会影响正常工作；

（2）调查范围广，可用于多种目的和用途的工作分析；

（3）调查样本量很大，适用于需要对很多工作者进行调查的情况；

（4）调查资源可以量化，由计算机进行数据处理。

问卷调查法的缺点：

（1）设计理想的调查问卷要花费较多时间、人力、物力，费用成本高；

（2）在问卷使用前，应进行测试，以了解员工理解问卷中问题的情况，为避免误解，还经常需要工作分析人员亲自进行解释和说明，这就降低了工作效率；

（3）填写调查问卷是由被调查者单独进行，缺少交流和沟通，因此被调查者可能不积极配合、不认真填写，从而影响调查的质量。

2.2.2 怎样设计调查问卷

1）设计调查问卷的方法

设计一份好的工作分析调查问卷对于实施问卷调查法至关重要。那么怎样设计一份理想的工作分析调查问卷呢？可从以下几方面考虑：

（1）确定内容。一份典型的工作分析调查问卷通常包括以下内容：①该项工作的各种活动内容及花费在各种活动上的时间比例；②工作职责；③工作协调和监督责任；④工作中经常使用的机器设备与工具；⑤工作环境；⑥任职资格要求；⑦工作接触；⑧所需培训活动内容；⑨考核的内容及标准等。

（2）确定类型。以不同的标准划分，工作分析调查问卷有不同的类型。①通用型问卷和专用型问卷。通用型问卷，其内容具有普遍性，适合于各种工作岗位的调查；专用型问卷是专门为特定的工作岗位设计的，其内容具有特殊性。一般来说，一份问卷只适合一种工作。②开放式问卷和封闭式问卷。对于开放式问卷，任职者可自由回答所提问题；对于封闭式问卷，任职者只需从所列答案中选择合适答案。③工作定向问卷和人员定向问卷。工作定向问卷强调工作本身的条件和结果；人员定向问卷集中于了解员工的工作行为。

（3）掌握技巧。在设计问卷时，还要注意掌握一些技巧，例如：

一是先易后难。设计问卷时，要把容易回答的问题放在前面，而难以回答的问题放在后面。适当的时候也可考虑采用"漏斗性技术"提问，即先问范围广泛的、一般性的问题，后问与工作岗位关联性很强的问题。

二是逻辑顺序。设计问卷时，所涉及的问题可按逻辑顺序排列，如按时间先后、从内部到外部、从上级到下级等顺序排列。

三是形式多样化。设计问卷时，若采用不同形式提问，有助于引起被调查者的兴趣。

2）调查问卷的范例

表2-3至表2-12是调查问卷的范例。

表2-3　　　　　　　　　　　　　　　一般工作分析问卷（部分）

1.职务名称_____

2.比较适合任此职者的性别是_____（请选择，下同）

A.男性　　　　　B.女性　　　　　C.男女均可

3.最适合任此职者的年龄是_____

A.20岁及以下　　B.21～30岁　　　C.31～40岁　　　D.41～50岁　　　E.51岁及以上

4.能胜任此职者的文化程度是_____

A.初中及以下　　B.高中、中专　　C.大专　　　　　D.本科　　　　　E.本科及以上

5.此职的工作地点是_____

A.本地市区　　　B.本地郊区　　　C.外地市区　　　D.其他

6.此职的工作主要在_____（指75%以上时间）

A.室内　　　　　B.室外　　　　　C.室内外各一半

7.任此职者的一般智力最好在_____

A.90分及以上　　B.70～89分　　　C.30～69分　　　D.10～29分　　　E.9分及以下

8.此职的工作信息主要来源是_____

A.书面材料（文件、报告、书报杂志、其他各种材料等）

B.数字材料（包括各种数据、图表等）

C.图片材料（设计草图、照片、地图等）

D.模型装置（模型、模式、模板等）

E.视觉显示（数字显示、信号灯、仪器等）

F.测量装置（气压表、气温表等各种表具）

G.人员（消费者、客户、顾客等）

表2-4   **推销员工作分析问卷（部分）**

说明以下职责在你工作中的重要性（最重要的打10分，最不重要的打0分，标在右侧的横线上）

1.和客户保持关系＿＿＿＿＿
2.接待好每一个客户＿＿＿＿＿
3.详细介绍产品的性能＿＿＿＿＿
4.正确记住各种产品的价格＿＿＿＿＿
5.拒绝客户不正当的送礼＿＿＿＿＿
6.掌握必要的销售知识＿＿＿＿＿
7.善于微笑＿＿＿＿＿
8.送产品上门＿＿＿＿＿
9.参加在职培训＿＿＿＿＿
10.把客户有关质量问题反馈给有关部门＿＿＿＿＿
11.准备好各种推销工具＿＿＿＿＿
12.每天拜访预定的客户＿＿＿＿＿
13.在各种场合推销本企业产品＿＿＿＿＿
14.讲话口齿清楚＿＿＿＿＿
15.思路清晰＿＿＿＿＿
16.向经理汇报工作＿＿＿＿＿
17.每天总结自己的工作＿＿＿＿＿
18.每天锻炼身体＿＿＿＿＿
19.和同事保持良好关系＿＿＿＿＿
20.自己设计一些小型促销活动＿＿＿＿＿
21.不怕吃苦＿＿＿＿＿

表2-5   **交警任务调查表**

逐步核对，在符合本职任务的项目上划"√"，并说明它对工作的重要性

代号   N   1   2   3   4   5
重要性   无关   很低   低   一般   高   很高

1.保护交通事故现场证据＿＿＿＿＿
2.在经常发生事故的地段注意防止新事故＿＿＿＿＿
3.使用闪光信号灯指挥交通＿＿＿＿＿
4.使用交通灯指挥交通＿＿＿＿＿
5.发现违章驾驶员并填写情况表＿＿＿＿＿
6.估计驾驶员的驾驶能力＿＿＿＿＿
7.对违反交通规则的人解释交通规则和法律知识＿＿＿＿＿
8.跟踪可疑车辆，观察违章情况＿＿＿＿＿
9.签发交通传票＿＿＿＿＿
10.对违反交通规则的人发出警告＿＿＿＿＿
11.监视交通情况，搜寻违章车辆和人员＿＿＿＿＿
12.检查驾驶执照或通行证＿＿＿＿＿
13.护送老人、儿童、残疾人过马路＿＿＿＿＿
14.参加在职培训＿＿＿＿＿
15.参加射击训练＿＿＿＿＿
16.操作电话交换机＿＿＿＿＿
17.擦洗和检查装备＿＿＿＿＿
18.维修本部门的交通工具＿＿＿＿＿

表2-6　　　　　　　　　　　　　**某公司开放式工作分析调查问卷**

工作部门		职务名称	

一、职责内容

（一）概述

（二）所做工作

工作项目	处理方式及程序	所占每日工作时数

二、职责程度

（一）工作复杂性

（二）所受监督

（三）所循规章

（四）对工作结果的负责程度

（五）所需创造力与资格

（六）与人接触

（七）所予监督

填表人	以上所填均属正确 　　　　　　　　　　　　　　（签名盖章）		
所属部门 上一级主管	（签名盖章）	所属部门 直接主管	（签名盖章）

表2-7   **某公司某部门的工作分析描述表格**

岗位描述	此空格不填
1.员工姓名_____ 2.岗位编号_____ 3.现行工资水平_____	

4.岗位描述的原因
□新岗位 □例行公事 □现岗位发生变化 □检查

5.工作地点	6.部门名称_____ 岗位名称_____

7.隶属何部门、接受谁的指导
部门_____   姓名_____

8.具体描述本岗位的工作，按所费时间的多少进行排列。要说明干什么，怎么干，使用哪些设备。用百分比说明每项任务花费的时间。如果本岗位的工作发生了变化，要注明何时及如何发生变化的

任务	时间

9.上述各项任务持续了多长时间_____

10.列出所使用的机器和设备以及工作环境_____

11.进行管理所花费的时间百分比（培训员工、分配和检查工作）_____

12.帮助下级人员数目_____

13.我保证上述岗位描述是我本人所写，并尽可能详尽和准确

签名：_____   日期：_____

资料来源 郑晓明，吴志明. 工作分析实务手册［M］. 北京：机械工业出版社，2006.

表2-8 **工作分析调查问卷**

为了深化公司人事制度的改革，配合我们进一步实施工作分析和工作评价，特开展本次调查工作。需要说明的是：本次调查只针对具体工作，不针对具体人员，所以请您不必顾虑，如实填写。谢谢您的合作！

填表日期： 年 月 日

姓名		职称		现任职务		工龄	
性别		部门		直接上级		进入公司时间	
年龄		学历		月平均收入		从事本工作时间	

工作目标	主要目标：
	其他目标：

工作概要	用简练的语言描述一下您所从事的工作：

工作活动内容	工作项目	处理方式及程序	所占每日工作时数

任职资格要求	请列举您所从事的工作需要哪些文凭及证书：
	您所从事的工作主要需要哪些方面的知识和技能？
	为了顺利履行您所从事的工作，需要具备哪些方面的其他工作经历？最低需多长时间？

	其他工作经历	最低时间要求

	您觉得工作中最困难的事情是什么？您通常会怎样处理？

	最困难的事情	处理方法

	为了顺利履行工作职责，应进行哪些方面的培训？需要多长时间？

	培训科目	培训内容	最低培训时间（月）

	您所从事的工作有何体力方面的要求？

续表

工作压力	在您所选的答案上画圈即可。 1.您的工作是否要求精力高度集中？ A.是　　　　　　B.否 2.如果是，占工作总时间比重是多少？ A.20%　　　　B.40%　　　　C.60%　　　　D.80%　　　　E.100% 3.您的工作是否需要注意细节？ A.没有　　　　B.很少　　　　C.偶尔　　　　D.许多　　　　E.非常频繁 4.您的工作是否经常需要快速做出决定？ A.没有　　　　B.很少　　　　C.偶尔　　　　D.许多　　　　E.非常频繁 5.您在工作中是否经常被打断？ A.没有　　　　B.很少　　　　C.偶尔　　　　D.许多　　　　E.非常频繁 6.在工作中是否存在着一些令人不愉快的因素（非人为的）？ A.没有　　　　B.有一点　　　C.能感觉到　　D.多　　　　E.非常多 7.在工作中是否需要灵活处理问题？ A.不需要　　　B.很少　　　　C.偶尔　　　　D.多　　　　E.非常多 8.在工作中是否需要运用不同方面的专业知识和技能？ A.不需要　　　B.很少　　　　C.偶尔　　　　D.多　　　　E.非常多
工作中使用的设备与工具	请列举为了完成您所从事的工作，您经常使用的设备与工具：
工作接触	请列举要求与其他部门或员工接触的工作任务，并说明其频繁程度：

工作环境

劳动强度与劳动条件	等级	程度
劳动强度		1→2→3→4→5 非常小　　　　非常大
劳动条件		1→2→3→4→5 非常恶劣　　　非常舒适

绩效考核：对于您所从事的工作，您认为应考核哪些因素，考核标准是什么？

考核因素	考核标准

其他	您认为您所从事的工作还存在哪些不合理的地方？希望如何改进？

表2-9　　　　　　　　　　　　　　　　**工作分析调查表（一）**

一、基本信息

姓　　名：　　　　　　　　　　　　　填写日期：　　年　　月　　日

职务名称：　　　　　　　　　　　　　职务编号：

所属部门：　　　　　　　　　　　　　部门经理姓名：

二、调查信息

1.请准确、简洁地列举你的主要工作内容（若多于8条可以附纸填写，下同）。

（1）　　　　　　　　　　　　　　　（2）

（3）　　　　　　　　　　　　　　　（4）

（5）　　　　　　　　　　　　　　　（6）

（7）　　　　　　　　　　　　　　　（8）

2.请认真、详尽地描述你的日常性工作（如果有工作日志，请附后）。

3.请详尽地列举你有决策权的工作项目。

（1）　　　　　　　　　　　　　　　（2）

（3）　　　　　　　　　　　　　　　（4）

（5）　　　　　　　　　　　　　　　（6）

（7）　　　　　　　　　　　　　　　（8）

4.请详尽地列举你没有决策权的工作项目。

（1）　　　　　　　　　　　　　　　（2）

（3）　　　　　　　　　　　　　　　（4）

（5）　　　　　　　　　　　　　　　（6）

（7）　　　　　　　　　　　　　　　（8）

5.请简明地描述你的上级是如何监督你的工作的。

表2-10　　　　　　　　　　　　　　　**工作分析调查表（二）**

1.请简明地描述你的哪些工作是不被上级监督的。

2.请详细地描述你在工作中需要接触到哪些职务的其他员工，并且讲明接触的原因。

3.请简明地列举你编写的需要作为档案留存的文件名称和内容提要。

（1）　　　　　　　　　　　　　　　（2）

（3）　　　　　　　　　　　　　　　（4）

（5）　　　　　　　　　　　　　　　（6）

（7）　　　　　　　　　　　　　　　（8）

4.请列举工作中需要用到的主要办公设备和用品。

5.请描述你在人事和财物方面的权限范围。

6.你认为胜任这个职务需要几年的相关工作经验？

不需要　　　　　　1年　　　　　2年

3年　　　　　　　4年　　　　　5年及以上　　　不好估计

7.你认为胜任这个职务需要什么样的文化程度？

初中　　　　　　高中　　　　　　大专

本科　　　　　硕士及以上　　　　不好估计

8.你认为一位没有相关工作经验的大专学历的人员，需要多长时间的培训可以胜任这个职务？

不需要培训　　　3天以内　　　　15天以内　　　　　1个月以内

3个月以内　　　半年以内　　　　半年以上　　　　　不好估计

9.你认为什么样的性格、能力的人能更好地胜任这个职务？

10.你认为什么样的心理素质的人能更好地胜任这个职务？

表2-11　　　　　　　　　　　工作分析调查表（三）

1.你认为什么样的知识范围能够更好地胜任该职务？

2.请描述该职务的工作环境，你认为什么样的工作环境更适合该工作？

3.请列举你直接领导的下属的职务、姓名和工作内容。

4.你对该职务的评价。

5.你认为如何才能很好地完成工作？

6.请将该表没有列出但你认为有必要的内容写在下面：

注意事项：

1.填写人应保证以上填写的内容真实、客观，并且没有故意隐瞒

2.该调查表的内容将作为工作分析的重要依据，如果填写人在填的时候发现有遗漏、错误，或有其他需要说明的情况，请立即与人力资源部职务分析小组联系

填写人签字：

工作分析负责人签字：

　　资料来源　作者根据相关资料整理。

表2-12　　　　　　　　　　　　　**公关宣传部经理填写的调查问卷**

为了进一步深化公司人事制度改革，特开展本项调查工作。调查只针对职位，不针对具体人员，请不必顾虑，如实回答，谢谢！

部门	集团办公室	职位	公关宣传部经理
上级主管	集团办公室主任	下属	品牌管理专员、公共关系专员、组织宣传专员

工作的时间要求	1.正常的工作时间每日从（8：30）开始至（17：30）结束 2.每日午餐时间为（1）小时，（50%）情况下可以保证 3.每周平均加班时间为（5）小时 4.实际上下班时间是否随业务情况经常变化？（总是，有时候，偶尔是，否） 5.所从事的工作是否忙闲不均？（是，否） 6.若工作忙闲不均，则最忙时常发生在哪段时间？（公关活动期间） 7.每周外出时间占正常工作时间的（30%） 8.外地出差情况每年平均（10）次，每次平均需要（6）天 9.本地外出情况每月平均（15）次，每次平均（4）小时
工作目标	1.为公司业务发展创建良好的公共关系环境 2.使公司的品牌得到推广，扩大知名度 3.使组织文化渗透到员工之中
工作概要	用简练的语言描述一下您所从事的工作： 通过各种形式推广宣传组织的形象和品牌，建立广泛的公共关系，并在组织内外宣传组织文化

	工作活动内容	占全部工作时间的百分比	权限	
			全权	部分
工作职责	协助	15%	√	
	举办各种宣传推广活动	30%	√	
	负责公司形象广告和产品	30%	√	
	创办对外宣传刊物《世纪海灯火》	10%	√	
	创办内部刊物《世纪海人》	5%	√	
	公关活动的组织接待	10%	√	

	内容	1 轻　　2 较轻　　3 一般　　4 较重　　5 重
失误的影响	经济损失	2
	公司形象损害	4
	经营管理损害	2
	若您的工作出现失误，会发生下列哪种情况： 1.不影响其他人工作的正常进行 2.只影响本部门内少数人 3.影响整个部门 4.影响其他几个部门 5.影响整个公司	说明：如出现多种情况，请按影响程度由高到低依次填写在下面括号内（5）

内部接触	只与本部门几个同事接触（5） 需与其他部门的人员接触（4） 需要与其他部门的部分领导接触（4） 需要与所有部门的领导接触（2）	将频繁程度等级填入括号中： 1 偶尔　　　　2 经常 3 比较频繁　　4 非常频繁 5 总是
外部接触	与其他公司的人员接触（4） 与其他公司的人员和政府机构接触（4） 与其他公司、政府机构、外商接触（4）	
监督	直接和间接监督的人员数量（5） 直接监督人员的层次：一般员工、基层领导、高层领导	
监督	只对自己负责（　　　） 对员工有监督指导的责任（　　　） 对员工有分配工作、监督指导的责任（　　　） 对员工有分配工作、监督指导和考核的责任（√）	
工作的基本特征	对自己的工作结果不负责任（　　　） 仅对自己的工作结果负责（　　　） 对整个部门负责（√） 对自己的部门和相关部门负责（　　　） 对整个公司负责（　　　）	
工作的基本特征	在工作中时常做些小的决定，一般不影响其他人（　　　） 在工作中时常做一些决定，对有关人员有些影响（　　　） 在工作中时常做一些决定，对整个部门有影响，但一般不影响其他部门（√） 在工作中时常做一些决定，对自己的部门和相关部门有影响（　　　） 在工作中要做重大决定，对整个公司有重大影响（　　　）	
工作的基本特征	有关工作的程序和方法均由上级详细规定，遇到问题时可随时请示上级解决，工作结果需报上级审核（　　　） 分配工作时上级仅指示要点，工作中上级并不时常指导，但遇到困难时仍可直接或间接请示上级，工作结果仅受上级要点审核（√） 分配任务时上级只说明要达到的任务或目标，工作方法和程序均由自己决定，工作结果仅受上级原则审核（　　　）	
工作的基本特征	完成本职工作的方法和步骤完全相同（　　　） 完成本职工作的方法和步骤大部分相同（√） 完成本职工作的方法和步骤有一半相同（　　　） 完成本职工作的方法和步骤大部分不同（　　　） 完成本职工作的方法和步骤完全不同（　　　）	

续表

工作的基本特征	工作中您所接触的信息常为： 1.原始的，未经加工处理的信息 2.经过初步加工的信息 3.经过高度综合的信息	说明：如果出现多种情况，请按"经常"的程度由高到低依次填写在下面括号（2）
	在您做决定时常根据以下哪种资料： 1.事实资料 2.事实资料和背景资料 3.事实资料、背景资料和模糊的相关资料 4.事实资料、背景资料、模糊的相关资料和难以确定是否相关的资料	说明：如果出现多种情况，请按"依据"的程度由高到低依次填写在下面括号（2）
	在工作中，您需要做计划的程度 1.在工作中无须做计划 2.在工作中需要做一些小的计划 3.在工作中需要做部门计划 4.在工作中需要做公司整体计划	说明：如果出现多种情况，请按"做计划"的程度由高到低依次填写在下面括号（3）

工作压力	在每天工作中是否经常要迅速做出决定？没有　很少　偶尔　许多　非常　频繁 您从事的工作是否经常被打断？没有　很少　偶尔　许多　非常　频繁 您的工作是否经常需要注意细节？没有　很少　偶尔　许多　非常　频繁 您所处理的各项业务彼此是否相关？ 完全不相关　大部分不相关　一半不相关　大部分相关　完全相关 您在工作中是否要求高度集中精力，如果是，约占工作总时间的比重是多少？ 20%　40%　60%　80%　100% 在您的工作中是否需要运用不同方面的专业知识和技能？没有　很少　有一些　很多　非常多 在工作中是否存在一些令人不愉快、不舒服的感觉？没有　有一点　很明显感到　多　非常多 在工作中是否需要灵活处理问题？不需要　很少　有时　较多　非常多 您的工作是否需要创造性？不需要　很少　有时　较需要　很需要
	学历要求：初中、高中、本科、研究生
	为履行工作职责，应进行哪些方面的培训，需要多少时间

培训科目或内容	最低培训时间
广告学	1个月
公共关系学	1个月
市场营销	1个月
大型活动策划	1个月

	一个刚刚开始您所从事的工作的人，要多长时间才能基本适应工作？（1年）
	为了顺利履行您所从事的工作，需具备哪些方面的其他工作经历，约多少年？
	公共关系、广告、宣传等方面的工作经历，5年
	其他能力要求：1低　2较低　3一般　4较高　5高
任职 资格 要求	领导能力（4）　　　　　资源分配能力（4） 时间管理能力（4）　　　公文写作能力（3） 激励能力（4）　　　　　信息管理能力（4） 授权能力（4）　　　　　协调能力（5） 分析能力（3）　　　　　冲突管理能力（3） 创新能力（4）　　　　　谈判说服能力（4） 计划能力（4）　　　　　判断、决策能力（4）
工作 环境	劳动强度：较轻 劳动条件：较舒适

2.2.3　问卷调查法的操作步骤

使用问卷调查法进行工作分析的具体操作如下：

（1）事先征求被调查员工直接上级的意见，得到其支持。

（2）提前通知被调查员工，向他们说明此项工作分析的意义，并需要提供安静的场所和充裕的时间。

（3）向被调查员工分发调查问卷，并说明填写调查问卷的注意事项。

（4）向被调查员工强调，在填写问卷时不是填写自己的相关事项，而是填写在其职位的合格员工应该达到的要求。

（5）鼓励被调查员工真实地填写工作分析调查问卷，消除被调查员工的顾虑。

（6）工作分析人员要随时解答被调查员工在填写问卷过程中的疑问。

（7）被调查员工填写完毕后，工作分析人员要认真检查，查看是否有填写不完整的问卷，若有漏填或填错现象，要请被调查员工修正。

（8）工作分析人员对收回的问卷进行分析与归纳，并做好详细的记录。

（9）工作分析人员描述出该工作岗位的信息。

（10）征求任职者及其直接上级的意见，得到反馈后，再对该工作岗位进行描述并给予必要的修改和补充。

（11）在此基础上编写工作说明书。

2.2.4　问卷调查法的注意事项

1）设计问卷时须注意事项

（1）明确要获得何种信息，将信息化为可操作的项目或问题。

（2）设计问卷时要注意科学性、合理性，每个问题的目的要明确，语言应简洁易懂，必要时可附加说明。

（3）调查表的调查项目可根据工作分析目的的不同加以调整。

◇◇◇◇▶ **实践练习2-2**

工作分析中需要注意的一个问题：工作分析的目的不同，工作分析的重点就会有所不同，所以应根据工作分析的目的对一些调查项目做相关调查。您认为不同的目的应该更看重哪些项目呢？请将合适的选项填入对应的表格（见表2-13）。

项目示例：

A.工作责任　　　　　B.工作时间　　　　　C.工作复杂性

D.劳动强度　　　　　E.工作危险性　　　　F.工作活动内容

表2-13　　　　　　　　　　　　　　　　**工作分析调查项目表**

目　的	调 查 项 目
明确工作职责	1.
工作设计和再设计	2.
制订培训计划	3.
人力资源开发	4.
进行绩效考核	5.

参考答案：

1.A、F

2.A、B、C、D、E、F

3.C、E、F

4.C、F

5.A、C、F

2）使用调查问卷时须注意事项

（1）使用调查问卷的人员，一定要受过工作分析的专业训练。

（2）对于一般企业来说，尤其是小企业，不必使用标准化的问卷，因为成本太高，可考虑使用定性分析法或开放式问卷。

（3）在调查时，对调查问卷中的调查项目应进行必要的说明和解释。

（4）及时回收调查问卷，以免遗失。

（5）对调查问卷提供的信息做认真的鉴定，结合实际情况，做必要的调整。

2.3　工作日志法

2.3.1　工作日志法概述

工作日志法是由任职者自行进行的一种工作分析方法。该方法的基本依据是：任职者本人最了解所从事工作的情况与要求。因此，由任职者本人记录最为直接，而且所获信息可靠性较高，所需费用较少。

1）工作日志法的定义

工作日志法又称工作写实法，是指任职者按时间顺序详细记录自己的工作内容与工作过程，然后经过归纳、分析，达到工作分析目的一种方法。

2）工作日志法的优缺点

工作日志法的优点：

（1）信息可靠性很高，适于确定有关工作职责、工作内容、工作关系、劳动强度等方面的信息；

（2）所需费用较少；

（3）对于分析高水平与复杂的工作，显得比较经济有效。

工作日志法的缺点：

（1）将注意力集中于活动过程，而不是结果；

（2）使用这种方法必须做到，从事这一工作的人对此项工作的情况与要求最清楚；

（3）适用范围小，只适用于工作循环周期较短、工作状态稳定、无大变化的岗位；

（4）整理信息的工作量大，归纳工作烦琐；

（5）工作执行人员在填写时，会因为不认真而遗漏很多工作内容，从而影响分析结果，另外，在一定程度上，填写日志会影响正常工作；

（6）若由第三者进行填写，人力投入量就会很大，不适于处理大量的岗位；

（7）存在误差，需要对记录分析结果进行必要的检查。

◇◇◇◇▶ **小思考 2-2**

如何写好工作日志？

答：工作日志的内容包括做什么、如何做与为什么做 3 个方面。在描述工作者做什么时，应以工作岗位的脑力和体力活动描述为特征。描述工作者如何做与为什么做时，应准确描述所在工作岗位的每一项工作活动内容和工作活动结果。需注意的是，为了保证填写内容的真实性和有效性，工作日志应该随时填写，比如，以 10 分钟、15 分钟为一个周期，而不应该在下班前一次性填写。

2.3.2　工作日志法的操作步骤

运用工作日志法进行工作分析，流程方便简捷，易于操作。一般来说，分为以下几步：

（1）由工作分析人员设计出详细的工作日志表；

（2）发放给任职者，要求其认真填写工作内容与工作过程信息；

（3）收回工作日志表，并对信息进行分析与整理；

（4）检查记录和分析结果，可由任职者的直接主管来承担；

（5）修正、补充进而得到新的分析结果。

2.3.3　工作日志法的适用范围

这种方法要求工作者每天按时间顺序记录自己所进行的工作任务、工作程序、工作方法、工作职责、工作权限，以及各项工作所花费的时间等，一般要连续记录10天以上。这种方法提供的信息完整详细，且客观性强，适用于对管理岗位或其他随意性大、内容复杂的岗位进行工作分析。

2.3.4 填写工作日志时应注意的事项

（1）填写工作日志的目的是清楚地了解员工的工作任务和职责，以便改进工作流程，提高工作效率。关注的焦点是工作本身，绝对不涉及对工作的评价。

（2）关于工作日志中时间的填写方法：

开始时间：一项工作活动开始的时间。

结束时间：一项工作活动结束的时间。

所耗时间：从事一项工作活动总共所耗费的时间（以分钟为单位）。

当一项活动是延续一段时间的活动时，可以记下开始时间和结束时间及耗费时间（中间如果插入其他活动，另外记下交叉情况）；当活动持续的时间非常短暂，但是在一段时间内反复出现时，可以不记录每次的开始时间和结束时间，而记下在一段时间内发生的次数和总共所耗的时间。

（3）在每天工作开始前将工作日志放在手边，按工作活动发生的顺序及时填写，切忌在一天工作结束后一并填写。

（4）对工作活动内容的描述要尽可能具体化，判断工作内容描述是否具体化的标准就是没有亲自观察过员工工作过程的人可以比较清晰地想象出员工的工作活动。

（5）不要遗漏那些细小的工作活动，以保证信息的完整性。

（6）活动的描述中用岗位代替人名，以免使看工作日志的人感到费解。

（7）若因工作需要外出办事，应在归来后立即补充记录。

（8）要提供真实的信息，以免损害员工的利益。

（9）请注意保管，以防遗失。

2.3.5 工作日志范例

根据不同的工作分析目的，需要设计不同的"工作日志"格式，这种格式常常以特定的表格体现。填写完毕的表格可以提供有关工作的内容、程序和方法，工作的职责和权限，工作关系以及所需要的时间等信息。

下面是某公司员工工作日志的实例示范（见表2-14、表2-15、表2-16），以及工作日志表格范例（见表2-17和表2-18）。

表2-14　　　　　　　　　　　**某公司员工工作日志（封面）**

姓名：

年龄：

岗位名称：

所属部门：

直接上级：

从事本业务工龄：

填写日期：自　　月　　日

　　　　　　至　　月　　日

表2-15   **某公司员工工作日志（封二）**

工作日志填写说明：

（1）请在每天工作开始前将工作日志放在手边，按工作活动发生的顺序及时填写，切忌在一天工作
   结束后一并填写

（2）要严格按照表格要求进行填写，不要遗漏细小的工作活动，以保证信息的完整性

（3）请提供真实信息，以免损害您的利益

（4）请注意保留，防止遗失

感谢您的真诚合作！

表2-16   **某公司员工工作日志（正文）**

4月29日

工作开始时间8：30

工作结束时间17：30

序号	工作活动名称	工作活动内容	工作活动结果	时间消耗	备注
1	复印	协议文件	4页	6分钟	存档
2	起草公文	贸易代理委托书	8页	75分钟	报上级审批
3	贸易洽谈	玩具出口	1次	40分钟	承办
4	布置工作	对日出口业务	1次	20分钟	指示
5	会议	讨论东欧贸易	1次	90分钟	参与
6	请示	贷款数额	1次	20分钟	报批

表2-17   **工作日志**

日期：____年____月____日 星期_____ 部门_____ 姓名_____

事务序号	事务来源			事务内容及处理	处理时间	是否完成		备注
	计划	上级	例外			是	否	

表2-18　　　　　　　　　　　　　　　　　公关宣传部经理的工作日志

8月10日（星期二）

开始时间	结束时间	所用时间（分钟）	工作活动
8：30	9：30	60	审阅组织宣传专员送来的最新一期《世纪海人》稿件，对稿件的内容和排版设计提出意见
9：30	11：30	120	与广告公司协商广告有关事宜，品牌管理专员同时参加
11：30	12：00	30	继续阅读稿件
13：00	14：30	90	到集团公司开会，讨论关于举办大型广场晚会的问题
14：30	15：30	60	向公共关系专员传达集团办公室主任对广场晚会的意见，并讨论有关具体实施的问题，让公共关系专员草拟具体的实施计划
15：30	16：00	30	与几个媒体的朋友通电话，讨论广告宣传的有关问题
16：00	17：30	90	与组织宣传专员讨论对最新一期《世纪海人》稿件的意见，并进一步讨论对今后该杂志发展的意见

8月11日（星期三）

开始时间	结束时间	所用时间（分钟）	工作活动
8：30	9：00	30	回复几个有关的e-mail
9：00	11：00	120	面试两个公关宣传专员的应聘者
11：00	12：00	60	与人力资源部劳动关系主管讨论《世纪海人》杂志的有关问题
13：00	15：30	150	参加市场部有关暑期促销活动的会议
15：30	16：00	30	与几个媒体的朋友通电话，讨论广告宣传的事项
16：00	17：30	90	审阅《世纪海人》双周刊的大样

8月12日（星期四）

开始时间	结束时间	所用时间（分钟）	工作活动
8：30	9：30	60	广告公司送来最新的广告样片，提出修改意见
9：30	10：30	60	在各部门、各分公司的兼职宣传员工作会议上讲话
10：30	12：00	90	回复e-mail，处理信件、传真
13：00	17：30	270	去参加大型广告传媒博览会
17：30	21：00	210	领导全部门员工准备明天迎接上级单位和新闻媒体到公司参加的事宜

8月13日（星期五）

开始时间	结束时间	所用时间（分钟）	工作活动
8：30	12：00	210	接待上级单位和新闻媒体参观
12：00	13：30	90	陪同领导午餐
13：30	14：30	60	与部门员工一起开会，总结本次接待参观中的经验教训，并对部门一周的工作进行总结，提出下周的主要工作安排
14：30	17：30	180	撰写本周的工作总结和下周工作计划

◇◆◆▶ **实用案例2-1**

　　北京的一家网络服务公司人力资源部，专门对售后服务工程师（或者技术支持工程师）一天的工作进行了跟踪记录调查。调查人员事先做了充分的准备，准备好记录纸、表格。这家公司售后服务工程师的工作每天就是用电话回答客户提出的问题。在调查中，调查人员用表准确记录第一个电话接了几分钟，第二个电话接了几分钟，保证调查的准确性。调查结果是，在一天时间里售后服务工程师一共接听了70个电话，其中最长的电话达14分钟，最短的电话为3分钟。分析结果是，8个小时中大概6个小时都在接电话，加上中间去吃饭的时间，还有去洗手间的时间，应该说是任务排得很满。

　　问题：根据上述资料，你认为售后服务工程师工作存在什么问题？应如何改进？

2.4　访谈法

2.4.1　访谈法概述

1）访谈法的定义

　　访谈法，又称面谈法，是工作分析人员通过与任职者及其主管等面对面谈话来收集相关工作信息资料的一种工作分析方法。

　　2）访谈法的优缺点

访谈法的优点：

（1）可以对任职者的工作态度与工作动机等较深层次的内容比较详细了解；

（2）运用面广，能够简单而迅速地收集多方面的工作分析资料；

（3）由任职者亲口讲出工作内容，具体而准确；

（4）使工作分析人员了解到短期内直接观察法不容易发现的情况，有助于管理者发现问题；

（5）可为任职者解释工作分析的必要性及功能；

（6）有助于与任职者的沟通，缓解工作压力。

访谈法的缺点：

（1）访谈法要有专门的技巧，需要受过专门训练的工作分析人员来操作；

（2）较费精力、费时间，工作成本较高；

（3）收集到的信息可能已经被扭曲并失真；

（4）易被任职者认为这是对他工作业绩的考核或是作为薪酬调整的依据，所以会夸大或弱化某些职责。

▶ **小思考 2-3**

访谈法有几种类型？

答：访谈法主要有三种类型：

一是个别员工访谈法，主要适用于各个员工的工作有明显差别、工作分析时间又比较充裕的情况。

二是群体访谈法，主要适用于多个员工从事同样或相近工作的情况。使用群体访谈法时，必须邀请这些工作承担者的主管人员在场或者事后向主管人员征求对所收集材料的看法。

三是主管人员访谈法，指与一个或多个主管面谈，因为他们对工作分析非常了解，有助于缩短工作分析的时间。

2.4.2　访谈法的操作步骤

1）工作分析访谈内容

（1）工作目标：组织为什么设置这个工作岗位，并根据什么给予报偿。

（2）工作的范围与性质（面谈的内容）：所承担的工作与组织其他工作的关系，所需的一般技术知识、管理知识、人际关系知识，需要解决问题的性质及自主权，工作在多大范围内进行，员工行为最终结果如何度量。

（3）工作内容：任职者在组织中发挥多大作用，其行动对组织的影响有多大。

（4）工作责任：涉及组织战略决策、执行等方面的情况。

▶ **知识链接 2-2**

技能点：访谈的典型提问方式

•你所做的是一种什么样的工作？

•你所在职位主要的工作是什么？你又是如何做的呢？

•你的工作环境与别人有什么不同？

•做这项工作需具备什么样的受教育水平、工作经历和技能？要求你必须具有什么样的文凭或工作许可证？

•你都参与了什么活动？

•这种工作的职责和任务是什么？

•你所从事的工作基本职责是什么？你的工作标准有哪些？

•你真正参与的活动都包括哪些？

•你的责任是什么？你的工作环境和工作条件如何？

•工作对身体的要求是怎样的？工作对情绪和脑力的要求又是怎样的？

• 工作对安全和健康有何影响？

• 在工作中你的身体可能会受到伤害吗？你在工作时会处于非正常的工作条件下吗？

2）访谈法操作步骤

访谈法是一种运用最为广泛的工作分析方法，但它很少单独使用，往往与问卷调查法结合起来使用，从而有助于了解任职者的工作态度与工作动机等更深层次的信息。那么，该怎样使用访谈法进行工作分析呢？要点如下：

（1）事先征求被访谈员工直接上级的意见，得到其支持。

（2）事先通知被访谈员工，并确定访谈的时间和地点。

（3）向被访谈员工讲明此次工作分析的目的，消除其疑虑。

（4）工作分析人员按访谈提纲的顺序，由浅入深地进行提问。

（5）工作分析人员要控制整个谈话局面。

（6）鼓励被访谈员工真实、客观地回答问题。

（7）在不影响被访谈员工谈话的前提下，做好访谈记录。

（8）在访谈结束时，让被访谈员工查看访谈记录，并确认信息准确无误。

（9）将所获信息交由被访谈员工的直接上级核对，反馈后进行改进和补充。

（10）得到相关信息，在编写工作说明书时备用。

◇◇◇◇➤ **实践练习 2-3**

如果您是一名工作分析人员，请问在工作分析的访谈中，如何做才能控制整个局面？

参考答案：

在工作分析的访谈中，工作分析人员应具备一定的控制能力，使访谈指向一定的目标。可以考虑以下做法：

• 帮助对方根据问题的逻辑顺序去思考和交谈。

• 给对方足够的时间回答问题。

• 从一个问题转向另一个问题前，要使对方注意具体而又全面的信息。如果离题了，必须及时回到还没有被涵盖的问题上来。

• 提供已经完成的阶段性总结，这样的总结有利于保持谈话主题，如果回答者离题了还能使其返回主题。

◇◇◇◇➤ **实用案例 2-2**

工作分析访谈提纲

一、访谈目的

收集并确认职位信息，以编制正确的工作说明书。

二、访谈对象

各典型职位。

三、访谈参与人员

负责分析典型职位的成员和所分析的职位职员及其直属主管。

四、访谈时间

11月16—19日。

五、访谈主要内容

依据一张可以核对和比较的工作分析调查问卷来进行访谈提问，主要包括工作的职责等与工作分析相关的问题。

六、访谈准则

1.访谈人员与该职位的直属主管要密切合作。

2.访谈人员与被访谈者的关系要融洽，让对方明白访谈的目的。

3.访谈结束后，要让被访谈者或其直属主管对所收集的工作信息进行最后核查。

4.当完成任务的方式不是很有规律性时，应让工作承担者按照任务的重要性和发生频率的大小将其一一列举出来。

七、主要问题

1.你向谁汇报？

2.谁向你汇报？

3.你所做的是一种什么样的工作？

4.你的主要职责是什么？你又是如何做的？

5.你的工作环境与别人有什么不同？

6.做这项工作所需具备的受教育程度、工作经历、培训要求是怎样的？

7.你都参与了哪些活动？

8.说明你工作绩效的标准有哪些？

9.工作对身体的要求是怎样的？对脑力和情绪的要求又是怎样的？

10.工作对安全和健康的影响如何？

11.在工作中你有可能受到身体伤害吗？工作时你的心理压力怎样？

12.对你来说工作中最具挑战性的是什么？

13.你和公司内或公司外哪些人经常定期接触？

14.这个工作对你的利益和解决问题的能力有什么样的挑战性？

2.4.3 如何保证工作分析访谈的有效性

为了保证访谈有效进行，工作分析人员作为访谈者必须掌握两种基本技能，即提问设计与访谈技巧。

1）提问设计

工作分析中的许多资料收集工作是通过对工作者或其他人员的提问来完成的。观察、访谈和问卷这三种最基本的资料收集方法都或多或少地依赖于调查问题的设计。因此，设计问题便成为一个工作分析者必须具备的一项重要的技能。下面是有关问题设计的建议：

（1）你需要保持设计问题的热情，直到你认为问题已经足够为止。不妨自我提问：我想知道的是什么？为什么？哪些内容适合于要调查和访谈的问题？

（2）根据有关的资料和先前经验检测所设计的问题。这里主要指的是可以得到的现有问卷和调查表、先前的工作分析计划以及发表的统计资料。如果有关材料无法找到，那么可以通过CIT体系中的相关方法来收集关键事件。

（3）只选择那些与所调查资料直接相关的问题。

（4）把问题按一定的逻辑顺序排列，把那些容易的、没有挑战性但必要的问题排在前面。

（5）构造一个粗略的工具，对少量的被访谈者进行一个先导性的实验访谈。

（6）检查结果，修改或删除问题。

（7）修改不清楚的问题，包括：①删除重复的问题，除非有检查被访谈者的诚实性的需要；②把有双重含义的问题分成两个问题，如果无法分开就删除；③删除那些属于被访谈者能力范围之外的问题；④把放在一起的容易使被访谈者感觉有倾向性的问题分开。

（8）在做了上述修改后，构建一个问题清单。

（9）通过整理资料的方式来使问题的回答选择化。对定性资料，只要是或否两种回答形式就可以了。对于顺序的或更高水平的资料，可以考虑选择性回答。

（10）进行第二次实验访谈，这次的重点是检查问题和回答项是否足够。

（11）通过检查第二次实验访谈结果来构建最终的访谈提纲。

2）访谈技巧

访谈是工作分析中资料收集的基本方法之一，在资料收集和分析的所有阶段都有一定的应用。在问卷形成阶段，在确定研究的目的和范围，设计问卷、清单和分析的其他工具等方面，访谈都是必需的。访谈还可以用于收集资料的最后阶段。所以了解怎样进行访谈是工作分析取得成功的要素之一。

实践中，已经形成了下面一些访谈的技巧：

（1）事先清楚地说明访谈的目标和方法。访谈是一个与目的相联系的交谈。在工作分析中，目的是收集有关工作的有用信息。在访谈前，访谈者应该对访谈什么、为什么访谈和怎样访谈有一个很明确的计划。

（2）在访谈前，确认访谈是不是得到所需信息的合适工具。为达到这个目的，访谈者应检查问题计划并自我回答下列问题：这些问题中是不是有让回答者难堪的问题？哪个问题能使回答者感到有威胁？有没有会使回答者感到不舒服或给出虚拟答案的题目？访谈要得到的信息能通过更廉价的观察、公司记录或其他手段获得吗？如果对这些问题有任何肯定的回答，分析者应重新考虑是否采用访谈的形式，观察、无记名问卷或其他方法可能会成为更合适的选择。如果没有其他更好的选择，那么访谈者在访问那些敏感的问题时必须具备专门的知识和能力，因此在进行访谈前应该接受专业技能方面的培训。

（3）要与主管人员密切配合，找到最了解工作内容、最能客观描述其工作职责的员工作为被访谈者。如果是做观点、价值观、态度和其他情感变量的调查，则需要大量的回答者；如果是做理解工作方法、过程和工作环境等客观特征的调查，那么只需要少数有相关知识的人足够了。在所有情况下，回答者的理解水平与所问的问题要求之间应该能相互适应。

（4）为达到访谈的目的，需要取得回答者的支持，这是特别重要的，因为访谈结果可能受到回答者态度的影响。

（5）控制访谈，使访谈指向一定的目标。下面是一些使访谈定向的准则：①帮助回答者根据问题的逻辑顺序去思考和交谈。②给回答者足够的时间回答问题。③从一个问题转向另一个问题前，使回答者注意具体而又全面的信息。如果离题了，必须及时回到还没有完全涵盖的问题上来。④提供已经完成的阶段性总结，这样的总结有利于保持谈话主题，如果回答者离题了还能使其返回主题。

（6）控制个人举止、行为等其他会影响结果的因素。下面是与此有关的一些准则：①用清楚、易懂的语言进行访谈。②不要与回答者发生争辩。③在所讨论的问题上不要显示任何偏好。④在整个访谈过程中要有礼貌和谦恭。⑤不要高人一等地对待回答者。⑥访谈时不受个人影响而又不失对话题的兴趣。⑦不要让你受个人爱好和观点的影响。

（7）记录下意外的重要信息，尤其是正式访谈计划中没有想到的或新的信息。

只有掌握了一定的提问设计与访谈技巧，才能保证访谈的真实有效性，也更便于工作分析访谈活动顺利进行。

▷◇◇◇▶ **实践练习2-4**

怎样将观察法与访谈法结合使用来进行工作分析？

参考答案：

观察法虽然经常被使用，但若单独使用，所得资料往往不完整，不能仅凭此信息来源编写工作说明书。所以，实际上，观察法经常会与访谈法结合起来使用。两者结合有两种方式可供选择：其一，工作分析人员可以在员工的工作期间观察并记录下他的工作活动，然后在积累了足够多的信息时，再与员工面对面地访谈，请他对工作分析人员不懂的关键点进行解释，并补充一些工作分析人员没有观察到的工作活动情况。其二，在员工工作时，工作分析人员一边观察一边进行访谈，两者同时使用会减少员工由于受被观察影响而违反常规操作的可能性。当然，选择何种方式，可视工作性质、员工特征等具体情况而定。

2.5 关键事件法

2.5.1 关键事件法概述

1）关键事件法的定义

关键事件法，又称关键事件技术（critical incident technique，CIT），是指通过对某个职位上的员工的调查，找到反映其绩效好坏的"关键事件"，据此来进行工作分析的一种方法。

◇◇◇◇▶ **知识链接2-3**

推销员工作的关键事件

•推销员从顾客那里收到了关于某种型号产品质量的抱怨。他未能对此事件加以调查和协调，致使劣质产品被退到批发商或零售商处。虽说经济利益未受损失，但是顾客长时间耿耿于怀。

• 大批顾客对我们的产品质量加以抱怨并决定购买我们竞争对手的产品。公司查找了抱怨的原因并决定采取新的营销方案。推销员向顾客宣布了这一新举措并答应将在下一订单中实施。但是，他并未与批发商及时协调，致使批发商仍按原方案执行顾客订单。

• 推销员在街头看到一辆卡车上装载的设备可能会用到自己公司的产品，便尾随卡车找到了设备的使用地点，从而促成了一份新的订单的签订。

从上述内容可看出，反映推销员绩效好的成功的关键事件有：推销员在街头看到卡车上装载的设备可能会使用该公司产品，就尾随其后并最终促成一份新订单。反映推销员绩效不好的失败的关键事件有：推销员从顾客那里收到了关于某种型号产品质量的抱怨但他未能对此事件加以调查和协调；推销员未与批发商及时协调公司实施的新举措，致使批发商仍按原方案执行顾客订单。

2）关键事件法的优缺点

关键事件法的优点：

（1）关键事件法被广泛用于人力资源管理方面。比如，识别挑选标准及培训的确定，尤其应用于绩效考评的行为锚定与行为观察中。

（2）由于在行为进行时观察与测量，所以描述职务行为、建立行为标准更加准确。

（3）能更好地确定每一行为的利益和作用。

关键事件法的缺点：

（1）需要花大量的时间去收集那些"关键事件"并加以概括和分类。

（2）关键事件法并不是对工作提供一种完整的描述。比如，它无法描述工作职责、工作任务、工作背景和最低任职资格的轮廓。

（3）中等绩效的员工难以涉及，遗漏了平均绩效水平。

2.5.2　关键事件法的操作步骤

1）关键事件记录的内容

对每一个事件的描述内容应包括：

（1）导致该事件发生的背景原因。

（2）员工的行为哪些是特别有效的，哪些是特别无效的。

（3）关键行为的后果能否被认知。

（4）员工控制上述行为后果的能力。

将上述各项详细地记录以后，对这些数据资料做出分类，并归纳总结出该职位的主要特征和具体要求。

◇◇◇◇◇➡ 实用案例2-3

图书馆参考工具书部门员工的关键事件

某单位要对图书馆参考工具书部门的员工的工作进行分析。先要求员工具体描述一下他们的工作。描述如下：就资料查找等回答顾客的提问，并引导他们查找资料；教某些读者如何使用参考资料或图书馆的特别工具；陪同新顾客参观图书馆；另外，工作需要使用计算机。在此基础上，要找出反映问题的关键事件。

分析提示：比如，对于他们来说，其中的一个关键事件是：倾听顾客，并就寻找图书馆资料等回答顾客的提问。

2）关键事件法操作步骤

关键事件法是一种常用的行为定向法，要求工作分析人员把注意力集中在与工作成功息息相关的员工行为上。其主要原则是，认定员工相关的工作行为，并选择其中最重要、最关键的部分来评定。关键事件法的操作步骤如下：

（1）确定某项工作任务的总体目标。这一总体目标应当是这一领域的专家提出的一份简要陈述，陈述中所表达的目标应得到大多数人的认可。

（2）制订收集与此项工作活动有关的事件的计划。其中给观察者提供的说明要尽可能明确，同时要有用于评定和区分所观察到行为的标准。

（3）信息的采集。事件可以通过访谈得到，也可由观察者自己描述。无论哪种形式都要保证表达的客观性，并包含所有相关的细节。

◇◇◇◇➡ 实践练习2-5

通过面谈收集有效关键事件的形式：

"请你回想一下你下属最近的行为，谈谈其中对你们的产品产量有重要影响的一件事。"（停顿，直至他表示他心目中确定有这么一件事）

"这件事的结果使得产品在3月份增加了1%，是吗？"

（如果回答"不"，就再问）"你是不是再想想最近的一次你的某个员工做了某件事，才使得产量提高了这么多。"（当他表示心中确实想起这么一件事）

"当时是在什么情况下发生这件事的？"

"为什么这件事对你们影响这么大？"

"这件事是什么时候发生的？"

"这个人的具体工作是什么？"

"他做这种工作有多长时间了？"

"他的年龄是多大？"

（4）信息的分析。分析的目的在于以直观的方式来总结和描述所得到的资料，使分析结果可以有效地应用于不同的目的。一般来说，分析的客观性会受到分析者的影响，难以保持上一步骤的水平。

（5）解释和报告此项分析活动中受到的影响。在上面四步分析过程中存在的偏颇和受到的影响，都应加以明确说明。研究者不仅有责任指出最终结果的局限，也有责任阐明其可信程度与价值。

使用关键事件法的重点是识别关键事件并进行正确的描述。通过它，既能获得有关工作的静态信息，又可了解其动态特点。

▶ **实践练习 2-6**

请您对会计的工作进行一下调查，试着描述会计工作中的关键事件有哪些。

（1）调查的期限不宜过短。

（2）关键事件的数量应足以说明问题，事件数目不能太少。

（3）正反两方面的事件要兼顾，不得偏颇。

▶ **知识链接 2-4**

销售工作的15种关键行为

- 善于把握客户订货的信息和市场信息。
- 密切注意市场需求的瞬间变化。
- 善于与销售部门的管理人员交流信息。
- 善于同生产部门的管理人员和执行人员交流信息。
- 对上级和客户都忠诚老实、讲信用。
- 能够说到做到。
- 坚持为客户服务，了解和满足客户的要求。
- 积极收集产品的售后反馈信息。
- 向客户宣传企业其他产品。
- 积极扩大产品销售额及市场占有率。
- 不断掌握新的销售技术和方法。
- 在新的销售途径方面有创新精神。
- 维护公司形象，树立企业良好的声誉。
- 结清账目。
- 工作态度积极主动。

2.6 资料分析法和能力要求法

2.6.1 资料分析法概述

1）资料分析法的定义

利用资料分析法主要是为进一步的工作分析提供基础资料信息。它利用的是原有资料，所以分析成本低，且工作效率较高，因而不失为一种经济有效的工作分析方法。资料分析法指通过查阅、参考相关的文献资料来达到工作分析目的的一种工作分析方法。

相关的文献资料包括作业统计和人事档案等。作业统计是对每个员工出勤、产量、质量、消耗等的统计，这为了解员工的工作内容、负荷以及建立工作标准提供了重要依据。在收集工作分析信息时，应对这些记录认真考虑、仔细分析。人事档案是每个组织都具备的，从中可以反映出任职者的基本资料，比如性别、年龄、受教育程度以及受培训的经历等。这些企业现有的资料，收集起来比较方便，有利于降低工作分析的成本。但是在实际应用的时候，要确认其与实际情况之间是否存在差异。例如，有的企业对岗位责任制的执行并不严格，工作的实际履行情况与岗位责任制的规定相差甚远，或者是对作业统计的记录并不真实，可能存在水分。因此，有必要运用其他的方法做进一步的调查。

2）资料分析法的优缺点

资料分析法的优点：

（1）分析成本较低，工作效率较高。

（2）能够为进一步工作分析提供基础资料信息。

资料分析法的缺点：

（1）一般收集到的信息不够全面，尤其是小型企业或管理落后的企业往往无法收集到有效、及时的信息。

（2）一般不能单独使用，要与其他工作分析法结合起来使用。

2.6.2 资料分析法的操作步骤

（1）确定工作分析的对象，即要针对什么样的工作岗位进行分析。

（2）选择可获得资料的渠道。可以来自组织，也可以来自个人，如员工、部门主管、企业高层领导等。

（3）收集可利用的原始资料。比如，企业的组织结构图、岗位责任制文本文件、现有的工作说明书、工作流程图等。通过这些资料，对每个工作的任务、责任、权力、任职资格等有一个大致的了解。

（4）从所获资料中筛选出与所分析工作相关的信息。

（5）对相关信息加以整理分析。

（6）描述这些信息，作为下一步工作分析的参考。

◇◇◇◇➡ **实践练习 2-7**

一般来说，工作分析人员在实践中并不仅是采用一种方法进行工作分析。比如，在分析管理性工作时，工作分析人员可以采用问卷来调查，并辅之以访谈和必要的观察；在分析生产性工作时，可以采用广泛的观察和必要的访谈。

那么，您认为在您熟悉的某个工作岗位上，可以用到哪些方法来进行工作分析呢？资料分析法是否实用？

2.6.3 能力要求法概述

1）能力要求法的定义

能力要求法认为，任何一项工作所需要的技能都是由最基本的能力要素构成的。通过对这些基本能力加以描述，就能得到该项工作对任职者的技能资格要求，所以它主要用于企业的招聘与选拔工作。

能力要求法（ability requirements approach，ARA），指通过一张包括任何工作都需要的可能的能力清单，来选择合适的工作分析项目的一种方法。

2）能力要求法的优缺点

能力要求法的优点：

（1）常用于招聘与选拔人员，尤其是当求职者并不被期望在进入工作门槛时便拥有特定技能的情况下。

（2）也被用来进行身体素质标准的确定。

（3）由于 ARA 提供了全面的人的能力清单，故工作分析人员在进行每一次工作分析时不需要重新从零开始。

能力要求法的缺点：所收集的信息在范围上有限。比如，关于工作任务与工作背景，则无法提供信息。所以，ARA 的使用一般要与其他工作分析法结合起来加以使用。

2.6.4 能力要求法的操作步骤

（1）确定工作分析的对象，即要针对什么样的工作岗位进行分析。

（2）参照 ARA 提供的能力清单表（见表2-19），选择合适的工作分析项目。

表2-19　　　　　　　　　　　　　能力清单表

心理能力	口头理解、书面理解、口头表达、书面表达、观念正确、独创性、记忆、问题敏感性、数学推理、数字反应、演绎推理、归纳整理、信息整理和思维灵活性
知觉能力	知觉速度、知觉灵活性、空间定向形象化
心理动力能力	控制精确、多肢协调、反应定向、速度控制、反应时间、臂-手稳定性、手腕灵活、手指敏捷、腕-指速度、腿臂运动速度、选择性注意和时间分享
生理能力	静止力量、爆发力量、动态力量、躯干力量、伸展灵活性、动态灵活性、总的身体协调、总的身体平衡和耐力
感官能力	近视力、远视力、视觉色彩辨别力、夜视力、周边视力、深度知觉、一般听力、语言能力和语言清晰度

（3）对所选出的项目一一进行具体分析。

（4）在单个分析项目的基础上综合评价工作。

（5）描述所获信息，得出工作分析结果。

◇◇◇◇➡ **实践练习2-8**

请参照下面的例子，应用能力清单对销售人员的工作进行分析。

参考实例如下：

应用能力清单，加以实际的观察分析，对护士工作的身体要求主要有：

• 能够屈体、运动或帮助运转50磅以上的重物；

• 能够在8小时值班中站立或行走80%以上的时间；

• 视力和听力敏锐。

应用能力清单，加以实际的分析，对销售人员的能力要求主要表现在以下方面：

◇◇◇◇➡ **知识链接2-5**

技能点：怎样使用测时法进行工作分析

测时法是进行工时研究的一种行之有效的方法。它以工序作业时间为研究对象，对其进行深入的分析，从而为制定工时定额提供第一手数据资料。

测时法：以某一工序或作业为研究对象，按照操作顺序进行实地观察和测量并研究工时消耗的一种工作分析方法。

使用测时法进行工作分析的步骤如下：

第一步，测时前的准备阶段

为了保证测时工作有效完成，做好测时前的准备工作很重要。准备工作主要包括：

•测时对象的选择。要根据不同的测时目的选择不同的测时对象。

•向员工做出说明。测时对象确定以后，要向相关的生产或操作员工做出详细说明，主要是要讲清楚测时的目的、意义以及对他们的要求，这样更容易取得他们的配合，便于测时工作顺利进行。

•对被测对象的初步了解。测时前要了解被测对象加工作业方面的基本情况，如工种、技术等级、设备工具、工作场地以及工作环境等。

•工序的初步划分。根据不同的情况，将工序划分为不同的操作组。一般来说，基本时间和辅助时间要分开；机动时间、手动时间要分开。在划分的基础上，确定区分上下操作的定时点，以保证每次观察的一致性和有效性。

> **提醒您**
> 测时最好在上班 1～2 小时之后，待生产运作稳定时再进行！

第二步，实地测时阶段

实地测时要注意观察每步操作，并按操作顺序连续记录下起止时间。如果工序中的一些操作延续时间较短，不容易连续记录，也可以交替测定记录。在测时过程中，应严格按照定时点进行记录。测时记录表的样式见表2-20。

表2-20　　　　　　　　　　　　　　　**测时记录表的样式**

序号	操作名称	定时点	项目	观察次数								平均工作时间
				1	2	3	4	5	6	7	8	
			起止									
			延续									
			起止									
			延续									
			起止									
			延续									

第三步，测时后的资料分析阶段

获取资料后要进行资料的整理与分析工作。首先要根据测时记录，删去其中不正常的数值，求出正常条件下的延续时间。然后根据有效的观察次数，求出每一步操作的平均延续时间。再结合整个工序的操作，计算出工序的作业时间。最后经过工时评定，得到符合定额水平的时间值，并作为制定时间定额的依据。

通过测时，帮助工人改进操作方法，使之更趋于合理化、科学化，从而减轻工人的体力消耗和劳动强度。

资料来源　王小艳．如何进行工作分析［M］．北京：北京大学出版社，2003.

◇◇◇◇ ➤ **实践练习 2-9**

测时法和前面所讲的工作日志法都可以用来进行工时研究，但两者之间有不同，您认为主要表现在哪些方面？

参考答案：

两者的不同主要表现在以下 4 个方面：

• 两者的范围不同。测时法适用于侧重对工时进行研究分析；工作日志法适用于获得有关工作职责、工作内容、工作关系以及劳动强度等方面的信息。

• 两者的对象不同。测时法是以某一工序或作业为研究对象，按照操作顺序进行实地观察和测量并研究工时消耗的一种工作分析方法；工作日志法是任职者按时间顺序详细记录下自己的工作内容与工作过程，然后经过工作分析人员归纳、提炼，获取所需工作信息的一种工作分析方法。

• 两者对工时观察的精细程度不同。测时法比工作日志法对工时观察得更精细。

• 两者的具体作用不同。测时法是通过测时，帮助工人改进操作方法，使操作方法更趋于合理化、科学化，从而减轻工人的体力消耗和劳动强度；工作日志法不仅对工作分析非常有用，而且是任职者自我诊断的重要工具。

2.7 工作分析方法的评估

2.7.1 工作分析方法与人力资源管理活动

在前面我们已经讨论过工作分析与其他人力资源管理活动之间的联系和影响。工作分析是人力资源管理的基础，它的目标就是为人力资源规划、招聘与录用、绩效评估、培训与开发、薪酬设计、职业生涯规划等服务。

那么工作分析方法的选择与人力资源管理活动有何关系呢？如何评估每种工作分析方法应用于这些活动的效果呢？表 2-21 给出了工作分析方法与各种人力资源管理活动之间的相互关系，供工作分析人员参考。

表2-21　　　　　　　　　　**工作分析方法与人力资源管理活动的关系**

目的　　方法	工作说明	考核	面试	工作评估	培训方案设计	绩效评估系统	职业生涯规划
工作日志法		×	×		×	×	
关键事件法	×	×	×		×	×	
观察法		×	×				
访谈法	×	×	×		×		
问卷调查法	×	×	×	×	×	×	×

注："×"号代表方法和目的相适应。

◇◇◇◇ ➤ **实用案例2-4**

下面就以一个拥有30人以上、500人以下，集开发、生产加工、维修、销售为一体的中小型电子科技企业为例，详细谈谈使用定性分析方法，如观察法、访谈法、关键事件法等，开展工作分析的关键步骤和技术规范。

步骤一：各类岗位信息的初步调查

•浏览企业组织已有的各种管理制度文件等资料，并和企业组织的主要管理人员进行交谈，对组织中开发、生产、维修、会计、销售、管理等岗位的主要任务、主要职责及工作流程有个大致的了解。

•准备一个较为粗略的提纲，并确定几个关键的工作岗位和事件，作为深入访谈和重点观察分析的参考、指南。

•列出各岗位的主要任务、特点、职责、要求等。

步骤二：工作现场的初步观察

•对预先确定的关键或不太熟悉的工作岗位、现场进行初步观察。

•工作现场的初步观察的目的是使分析者熟悉工作现场的环境、条件，了解工作人员使用的工具、设备、机器，一般的工作条件、工作内容、工作环境特点，以及工作岗位对工作人员的要求和工作职责。

•对复杂或不太熟悉的工作设备、流程、环境及条件亲自进行观察了解，以便于进一步分析。

•最好由熟悉相关工作岗位的人员或由任职人员的上级陪同参加现场观察，以便于了解工作岗位的情况，并可随时进行有效的咨询。

步骤三：深入访谈

•首先，确定深入访谈的对象，主要是该岗位的实际担任者，如技术开发、维修、销售人员等，他们有责任完成此工作岗位的各项任务，并能为调查人员提供最为直接、详尽的岗位信息；其次，应选择员工中的典型代表作为访谈对象，如部门经理，当然，关键岗位的管理人员也是十分必要的，如总经理、总经理办公室主任等。

•根据初步的调查、了解和所应收集的岗位分析信息要求，制定较为详细的结构化访谈提纲。比如，针对电脑光驱维修这一岗位，就可以提出这样的访谈问题：光驱维修一般包含哪些程序？每一维修程序具体应做些什么？光驱维修人员应掌握哪些知识？对一个光驱维修人员的心理、生理及电脑技能主要应有哪些要求？工作中需要哪些人的配合？疲劳情况怎么样？维修工作对工作环境、工作条件有什么要求……

•第一次的访谈对象最好是基层的管理者，他们能更好地提供有关工作的情况，并能将职责与岗位很好地联系起来。其次是从事某一岗位的具体工作人员。在这个访谈的过程中，要不断与关键管理岗位的人员沟通。

•每天的访谈对象最好不要超过2人，访谈时间每人不超过3小时，访谈过程中最好有较为详细的记录，便于分析。

•针对某一关键事件，如顾客投诉公司的产品质量及售后服务，召集各部门关键人员进行座谈，就可以深入了解开发、生产、维修、销售等岗位的职责要求及存在的问题等。

步骤四：工作现场的深入观察

•深入观察工作现场，主要是为了澄清、明确或进一步充实通过前期调查和访谈获得的信息。

•深入观察工作现场之前，应拟定需明确的有关问题、信息。例如，每人每天能维修多少台光驱？维修质量怎么样？一般工作多长时间后会出现疲劳现象？

•深入观察工作现场，最好仍与最初陪同观察和访谈的基层管理人员一同参加观察。

•深入观察，不应仅仅停留在观察上，而应与工作人员多交流，并不断咨询相关人员。最好有录音设备进行记录。

步骤五：岗位信息的综合处理

这一阶段的工作较为复杂，需要投入大量的时间对资料进行分析和研究，必要时，还需要用到诸如计算机、统计分析等分析工具和手段。

•对根据文件查阅、现场观察、访谈及关键事件分析得到的信息，进行分类整理，得到每一岗位所需要的各种信息。

•针对某一岗位，根据岗位分析所要收集的信息要求，逐条列出这一岗位的相关内容，即为初步的工作说明书。

•工作分析者在遇到问题时，还须随时与公司的管理人员和某一岗位的工作人员进行沟通。

步骤六：完成工作说明书的撰写

•召集整个工作分析中所涉及的人员，并给每位分发一份工作说明书初稿，讨论根据以上步骤所制定的工作说明书是否完整、准确。讨论要求仔细、认真，甚至每个词语都要认真斟酌。工作分析专家应认真记下大家的意见。

•根据讨论的结果，最后确定出一份详细的、准确的工作说明书。

资料来源　作者根据相关资料整理。

2.7.2　评估工作分析方法时必须考虑的因素

（1）多功能性/适应性：在分析各种不同的工作时该方法的适合程度。

（2）标准化：该方法制定的标准能否在不同的时间和不同来源的工作分析资料中进行比较。

（3）使用者的接受程度：使用者能否接受这种方法（包括这种方法所采用的形式）。

（4）使用者的理解/参与程度：使用这种方法的人，或被其结果所影响的人，对这种方法的了解程度，以及是否能参与到工作分析资料的收集过程中来。

（5）培训需求：在使用这种方法时需要进行培训的等级。

（6）使用上的便利：在使用该方法进行工作分析时的便利程度。

（7）完成时间：实施该方法及获得分析结果所需要的时间。

（8）信度和效度：使用该方法所获结果的一致性，以及该方法对职责的重要性、完成职责所需要的技术和能力的描述的准确性。

（9）成本：与使用该方法花费的成本相比，组织通过使用这种方法所获得的利益或价值的总量大小。

◇◇◇◇➡ **实用案例2-5**

不同工作分析方法的选择

达成公司所做的工作分析目前面临着方法选择的问题。经过认真的研究和思考，公司决定对"行政文员"的工作分析采取问卷调查法与观察法相结合的方法，对于"销售经理"的工作分析采用问卷调查法与访谈法相结合的方法。

理由是：问卷调查法使用起来方便、省时，而且能获得广泛的工作信息和任职者资格信息，所以对公司的大多数职位都适合。"行政文员"一职，一般都是处理一些事务性的工作，所以将观察法也用于其中，有利于直观、全面地了解相关信息。"销售经理"所做的工作经常在变化，而且工作态度、工作动机等起很大作用，所以将访谈法用于其中，能够获得更深层次的东西，以弥补问卷调查法的不足。

2.7.3 不同工作分析方法的比较

在前面的内容里，共介绍了七种工作分析方法：观察法、访谈法、问卷调查法、工作日志法、关键事件法、能力要求法和资料分析法。面对这些不同的方法，在实际的工作分析中，可能一时不知如何选择是好。

表2-22详细列出了以上七种方法的优缺点和适用情况，以供进行工作分析方法选择时参考。

表2-22　　　　　　　　　　**工作分析方法优缺点及适用情况比较**

方法	优点	缺点	适用情况
观察法	更全面、更深入地了解工作要求	1.不适用于以脑力为主的工作、间歇性的工作、周期较长的工作 2.不能得到任职者资格的相关信息	1.标准化、周期较短、以体力为主的工作 2.事务性的工作
访谈法	1.可了解任职者的工作态度、动机等更深层次的内容 2.有助于沟通 3.简单、迅速	1.成本较高 2.员工会夸大或弱化某些职责	以脑力为主的工作
问卷调查法	1.成本低、速度快 2.调查范围广	1.设计问卷成本高 2.缺少沟通	任职者具备一定阅读理解能力的所有工作
工作日志法	1.经济、有效 2.所获信息可行	1.使用范围小 2.整理信息的工作量大	1.周期较短、状态稳定的工作 2.复杂琐碎的工作
关键事件法	1.准确 2.广泛用于人力资源管理活动	1.费时 2.遗漏了平均绩效水平	识别挑选标准、确定培训内容、进行绩效评估的行为观察
能力要求法	方便、省时、成本低	不能得到工作信息	主要用于招聘与录用工作
资料分析法	1.成本低 2.工作效率较高	缺乏灵活性	比较常见、正规且有一定历史的工作

除了上述所提到的工作分析方法外，工作分析方法还有许多种，比如主管人员分析法、测时法等。需要注意：每个方法都有自身的优点和缺点，要根据企业的具体情况进行选择，以获得尽可能详细、真实的工作信息和任职者资格要求的信息。

◇◇◇◇➡ 知识链接2-6

员工技能库的建立

许多管理人员对于他们的下属员工有什么样的任职能力缺乏完整、准确的了解，因此无论是因为自然减员还是因为新机会出现而导致职位空缺时，他们都只是简单地把空缺职位写在公司的公告栏上，这当然不可能保证所有的员工都能看到布告，也不可能保证每一位员工都能对布告上面的信息做出准确的解释。改善这种状况从而使组织内合格的候选人有机会进入甄选程序的一个办法是：建立完整的能及时反映员工最新状况的技能库。

无论是从员工技能库内容的建立方面来看，还是从员工技能库内容的更新方面来看，这项工作还需要员工的投入。他们必须相信此技能库的有效性，而只有他们有机会参与技能库的建立时，他们才有可能相信这一点。如果员工本来就可以接触到计算机，技能库内容的建立和更新在他们的工作地点就可以做了。如果情况不是如此，工作量就要大很多，必须把每一位员工找来，让其根据自己的情况，从所列的技能范围、类别、技能标准、各种技能等级中做出选择，以真实地描述其能力状况。

当一名员工完成一门功课、参加完一个研讨班、参加了一段在工厂的工作或完成一项工作任务之后，就应当对员工的技能库进行及时而规范的更新。如果在企业中计算机的使用尚不是很普遍，就应当在每季度允许员工有20~30分钟的时间更新自己的技能库内容。有一种办法可以使员工用于更新技能库内容的时间缩短到最少，就是在实际输入资料之前，每隔一段时间发给员工一张硬卡片，上面标明他们的技能内容。技能内容至少在每一年绩效评估的时候重新评估一次。如果员工对于技能的等级和种类有疑问，主管人员和人力资源管理专业人员应当提供帮助。对于技能库内容和程序应进行定期检查，并应对所有的员工进行培训，以确保系统的有效性能够得到维护。

当企业内出现职位空缺时，与职位申请人进行面谈的人（人力资源管理人员或小企业中的管理人员）首先应明确工作要求任职者具备的特点，即所应具备的技能类型和等级（这是建立在工作分析基础之上的）。这时，就可以运用员工技能库来提供一个符合工作特点要求的员工名单。然后，根据其他一些要素，如考勤、绩效状况、在职时间或候选人的兴趣等，对这一名单进行调整。然后，可以给符合条件的每一位员工发一封信，通知他们职位空缺的情况，并且告知他们，如果有兴趣的话，可以申请这些职位。与此同时，要给他们的主管人员发一份复印件。

一家希望留住员工的企业，往往会鼓励员工表达他们对于负有更高责任的职位的兴趣。与其他的员工相比，那些看到企业确实是在鼓励自己成长和发展的员工，通常会更愿意留在企业中。像这样一种由员工广泛参与、积极鼓励员工更新技能、随时使员工了解晋升机会的技能库系统的建立，自然会留住优秀的员工。

资料来源　王小艳. 如何进行工作分析［M］. 北京：北京大学出版社，2003.

◆◆◆◆➡ **实训项目 2-1**

工作分析的方法选择

一、实训目的

通过本次实训，理解并掌握工作分析的基本方法，对几种常用的工作分析方法进行横向比较，总结各自的优缺点，熟练运用问卷调查法和访谈法，学会对工作分析过程中收集的信息进行整理和归纳。

二、实训所需条件

（一）实训时间

实训时间为1周，课下到各岗位进行调研约需2课时，课上时间为4课时，其中，课上设计和编写工作分析调查问卷与访谈提纲约需2课时，课上问卷发放和回收、岗位信息整理、实施访谈约1课时，课上教师总结点评约需1课时。

（二）实训地点

多媒体教室，所在高校的各系办公室和人力资源等部门。

（三）实训所需材料

本实训需要收集专职教师、高校辅导员这两类职位的信息。

本实训的背景设计如下：

假设学校要重新对全校教职员工绩效考核制度进行一次修订，重点修订对象为专职教师和高校辅导员这两类职位。学校希望通过此次工作分析，准确界定这两类职位的具体工作职责以及责任细分，提炼出操作简单、有效、实用的衡量工作完成效果的指标，并提供依据。

三、实训内容和要求

（一）实训内容

1.设计和编写工作分析调查问卷并开展调查问卷发放、回收及整理岗位信息等工作。

工作分析调查问卷是一种常用的获取工作（职务）信息的方法。一份完整的工作分析调查问卷一般包括的调查项目有任职者资料、工作的主要内容、工作职责与绩效标准、工作权限、工作的付酬依据、工作联系、工作时间要求、工作所需知识和技能、工作所需的受教育程度和工作经历、工作环境和工作条件、工作对身体的要求等。

2.设计和编写访谈提纲并实施访谈和整理岗位信息。

专职教师是典型的知识工作者，其工作行为不易直接观察，且工作任务周期长；高校辅导员是典型的职能型岗位，具有工作结果难以衡量、绩效考核指标难以制定等特点。我们可以采用访谈法了解其工作态度、工作动机等较深层次的内容，掌握这两种职务的一些关键信息。

（二）实训要求

1.设计和编写专职教师、高校辅导员的工作分析调查问卷。

2.开展问卷发放、回收及整理岗位信息等工作。

3.设计和编写专职教师、高校辅导员的访谈提纲。

4.开展专职教师、高校辅导员岗位访谈及整理岗位信息等工作。

四、实训组织方法与步骤

（一）问卷调查法

建立问卷调查实施小组（每组5～7人），以小组为单位开展以下各项活动：

第一步，实训前做好准备，复习有关问卷调查法的知识，熟练掌握问卷调查法的程序及实施注意事项。

第二步，挑选专职教师、高校辅导员的典型人员作为调查对象，和其直接上级面谈，进行工作分析问卷调查的前期调研，面谈内容涉及任职者资料、工作的主要内容、工作职责和绩效标准、工作的付酬依据、工作权限、工作联系、工作时间要求、工作所需的知识和技能、工作所需的受教育程度和工作经历、工作环境和工作条件、工作对身体的要求等。

第三步，以小组为单位，就收集的岗位信息展开讨论，充分发表个人观点，确定专职教师、高校辅导员的关键岗位信息。

第四步，以小组为单位，确定调查内容，设计调查问卷。

第五步，实施调查问卷的发放、填写及回收工作以及岗位信息整理工作。

问卷发放：以专职教师、高校辅导员全体任职者为调查对象；调查样本包括这两类职务的直接上级，以及有代表性的其他相关人员。

问卷填写：跟踪相关人员填写状况，解答调查过程中出现的疑难问题，统一填写要求。

问卷回收：按照工作分析计划按时回收问卷。

第六步，教师就各小组设计的工作分析问卷及实施过程适时讲评。

（二）访谈法

建立访谈实施小组（每组5～7人），以小组为单位开展以下各项活动：

第一步，实训前做好准备，复习有关访谈法的知识，熟练掌握访谈法的程序以及实施注意事项。

第二步，以小组为单位，开展讨论，充分发表个人观点，制订访谈计划，编制访谈提纲。

访谈计划包括的内容有：明确访谈目标；确定访谈对象；选定合适的访谈技巧等。例如，访谈的结构化程度以及访谈的形式，访谈的时间、地点，准备访谈所需的材料和设备。

访谈提纲包括的内容有任职者资料、工作的主要内容、工作职责和绩效标准、工作的付酬依据、工作权限、工作联系、工作时间要求、工作所需的知识和技能、工作所需的受教育程度和工作经历、工作环境和工作条件、工作对身体的要求等。

第三步，运用访谈法，挑选专职教师、高校辅导员中的典型人员作为访谈对象，和其直接上级进行访谈，注意访谈技巧的使用。

第四步，收集典型岗位的信息，整理访谈记录，整理岗位信息。

第五步，教师就各小组编制的访谈提纲及实施过程适时讲评。

五、实训考核方法

（一）成绩划分

实训成绩可分为优秀、良好、中等、及格、不及格5个等级。

（二）评定标准

1.问卷调查法实训的评定标准

（1）实训前对编制和实施工作分析调查问卷的操作流程和注意事项是否熟练掌握。

（2）小组成员分工合作是否合理，合作过程是否和谐、顺畅。

（3）各小组在调研访谈和课堂讨论过程中，是否认真、积极地投入，体现出良好的团队协作精神。

（4）是否依据专职教师和高校辅导员的关键岗位信息编制工作分析调查问卷。

（5）编制的工作分析调查问卷是否包括任职者资料、工作内容、工作职责、工作绩效标准、付酬依据、工作权限、工作环境、工作联系、任职资格要求等内容。

（6）是否按照问卷调查法的程序进行操作，调查问卷内容能否做到主题明确、结构合理、通俗易懂、长度适宜、适于统计，问卷结构安排是否规范、合理，文字是否简练、清楚，问卷的发放、跟踪和回收过程是否准时无误。

（7）课堂讨论、工作分析问卷调查操作过程占总成绩的60%，实训作业占40%。

2.访谈法实训的评定标准

（1）实训前对访谈法的操作流程和注意事项是否熟练掌握。

（2）小组成员分工合作是否合理，合作过程是否和谐、顺畅。

（3）各小组在课堂讨论过程中，是否认真、积极地投入，体现出良好的团队协作精神。

（4）是否依据专职教师和高校辅导员的关键岗位信息编制访谈提纲和进行访谈。

（5）编制的访谈提纲内容是否规范，是否包括职位主要职责、主要工作任务、工作绩效标准、付酬依据、工作权限、工作环境和条件、工作联系、工作对身体的要求、任职资格要求等。

（6）是否按照访谈法程序进行操作，访谈问题安排是否合理、完整，语言是否简练、清楚，所收集的岗位信息是否完整、重点突出。

（7）课堂讨论、调研和访谈过程占总成绩的60%，实训作业占40%。

▰▰▰▶ 本章小结 ▰▰▰

本章讲述了观察法的定义、优缺点、操作步骤以及注意事项。

本章讲述了问卷调查法的定义、优缺点、操作步骤、注意事项以及怎样设计调查问卷。

本章讲述了工作日志法的定义、优缺点、操作步骤、适用范围、注意事项以及工作日志范例。

本章讲述了访谈法的定义、优缺点、操作步骤以及如何保证工作分析访谈的有效性。

本章讲述了关键事件法的定义、优缺点以及操作步骤。

本章讲述了资料分析法的定义、优缺点、操作步骤以及能力要求法的定义、优缺点、操作步骤。

本章讲述了工作分析方法与人力资源管理活动、评估工作分析方法时必须考虑的因素以及不同工作分析方法的比较。

知识掌握

随堂测 2-1

1.选择题

（1）（   ）不适用于脑力劳动成分比较高的工作，以及处理紧急又偶然的工作。

A.观察法   B.问卷调查法

C.工作日志法   D.关键事件法

（2）（   ）可以对工作态度与工作动机等较深层次的内容比较详细了解。

A.观察法   B.访谈法   C.工作日志法   D.问卷调查法

（3）（   ）只适用于工作循环周期较短、工作状态稳定、无大变化的岗位。

A.观察法   B.访谈法   C.工作日志法   D.问卷调查法

（4）（   ）具有成本低、速度快和调查范围广的优点。

A.关键事件法   B.访谈法   C.工作日志法   D.问卷调查法

2.简答题

（1）观察法的优缺点及适用范围是什么？

（2）问卷调查法的操作步骤是什么？

（3）工作日志法的优缺点是什么？

（4）访谈法的优缺点及适用范围是什么？

（5）如果您是一名工作分析人员，请问在工作分析的访谈中，如何做才能控制整个局面？

（6）如何对工作分析方法的使用进行评价？

知识应用

•案例分析

夏普公司的工作分析

李明是夏普公司的新任人力资源部经理，他希望能够立即在公司中开展工作分析。在其接任后的第六个星期，他就将工作分析调查问卷发给员工，但是填写的结果令人迷惑不解。从操作员工（机器操作工、技术员、抄写员等）那里得到的关于其工作的反馈，与从他们的直接上级那里得到的大不相同。管理者所列出的都是比较简单的、例行的工作职责，而一般员工认为自己的工作非常复杂，而且经常会有偶然事件发生，自己必须具备各种技能才能处理好工作。

管理者与员工对工作的不同理解更加坚定了李明进行工作分析的信心，他想通过这次工作分析活动，使管理者和一般员工对工作的认识达成一致，出现的争论和错误达到最少。

问题：（1）你认为夏普公司是否应该进行工作分析？

（2）针对夏普公司的具体情况，你认为应采取何种方法才能使工作分析的结果更加有效？

分析提示：（1）从把握工作分析的时机入手分析，该公司应该进行工作分析。

（2）分析不同工作分析方法的原理、优缺点及适用范围。

实践训练

接着第 1 章的实践训练，首先选择模拟企业中的 10 个岗位。然后设计运用不同的工作分析方法进行工作分析所需的各种工具——观察提纲、访谈提纲、问卷调查表、工作日志等。

任务完成效果评价：

（1）小组代表陈述与教师点评。各小组选出代表陈述本小组的作业成果，教师根据各小组代表的陈述内容进行点评。

（2）小组内互评。小组成员根据完成任务过程中个人的表现，按照表 2-23 的评价项目和分值、指标对每个成员进行评分，然后上交小组成员内部评价表和小组作业成果。

表 2-23   小组成员内部评价表

小组成员	评价项目和分值、指标				总成绩
	与人交流能力	与人合作能力	解决问题能力	职业态度	
	25 分	25 分	25 分	25 分	
	围绕主题，恰当、清楚表达意思的表现	与他人协作，处理合作过程矛盾的表现	设计各种工具的质量	主动、认真地完成任务的表现	
（组长）					

（3）教师评价。教师根据小组评分参考表（见表 2-24）的评价项目和分值、指标给各个小组评分。

表2-24　　　　　　　　　　　　　　　小组评分参考表

组别	评价项目和分值、指标				总成绩
	计划与实施能力	学习能力	任务完成的效率	组员参与程度	
	25分	25分	25分	25分	
	针对不同岗位选择不同的工作分析方法收集岗位信息的能力	对不同工作分析方法的理解深度	能按时或提前完成任务	参与讨论的成员数目	
第一组					
第二组					
第三组					
第四组					
教师评语					
第一组					
第二组					
第三组					
第四组					

（4）最终成绩计算方式：

个人最终成绩=小组成员个人成绩×60%+所在小组成绩×40%

▶ 课外拓展

关注新媒体平台，获取人力资源管理领域最新的观点、方法、技巧，了解人力资源管理的前沿资讯。

微信公众号"欣闻人力资源"是《人力资源报》（由四川日报报业集团主管主办）的微信公众平台，致力于构建"媒体+咨询+培训+人才测评+人才交流+猎头服务"人力资源完全服务体系，打造全国人力资源领域最具权威影响力的专业融媒体平台。请在微信公众账号中搜索"人力资源报"或"rlzybs"，或用手机扫描二维码即可关注。

第3章　工作分析实施

▶ 学习目标 ▶

通过本章学习，你应该达到以下目标：

知识目标：掌握工作分析的基本流程、工作分析实施过程中常见问题诊断等，了解工作分析实施的时机、信息收集者。

技能目标：掌握工作分析实施的每个阶段的主要任务及如何在工作分析中渗透人本管理的思想、如何对员工较少的岗位进行工作分析、如何克服动态环境对工作分析的影响等技能。

素养目标：培养学生具有制订工作分析总体实施方案的能力以及较强逻辑思维能力的职业素养。

▶ 内容架构 ▶

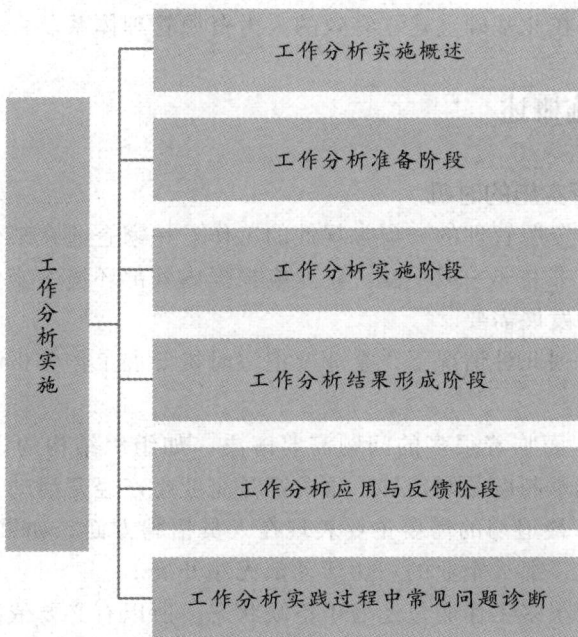

▰▰▰▰▶ **引例** ▰▰▰▰

杂乱的人力资源体系如何整合

　　某公司是我国中部省份的一家房地产开发公司，近年来，随着当地经济的迅速发展及房地产需求的不断增长，该公司逐步发展为一家中型房地产开发公司。随着该公司的发展和壮大，员工人数大大增加，众多的人力资源管理问题逐步凸显出来。例如，在人员招聘方面，人力资源部给出的招聘标准比较含糊，招聘主管无法准确地加以理解，这使得招来的员工大多不尽如人意。许多岗位不能做到人事匹配，员工的能力无法得到充分发挥，严重挫伤了员工的士气，影响了员工的工作效率。该公司员工的晋升决定以前由总经理直接做出，而现在公司规模扩大了，总经理几乎没有时间与基层员工及部门主管打交道，基层员工及部门主管的晋升只能根据部门经理的意见来决定，这使得在晋升过程中，上级和下属之间的私人感情成了影响晋升的决定性因素，许多优秀的员工由于不能获得晋升而另谋高就。面对上述种种问题，公司领导责成人力资源部进行人力资源管理变革。变革首先从工作分析开始，而工作分析究竟如何开展，如何抓住工作分析过程中的关键点，是摆在该公司人力资源管理人员面前的首要难题。

　　资料来源　刘葵. 招聘与录用实务［M］. 3版. 大连：东北财经大学出版社，2019.

◀▰▰▰▰

　　这一引例表明：某公司的迅速发展使得公司的人力资源管理活动发生了质的变化，即改变了过去单纯依靠人的管理模式，由经验式管理转变为规范的制度化管理。而公司人力资源管理的规范化、制度化的基础，就是工作分析。为此，公司应该成立专门的工作小组，有计划地对公司的关键岗位进行科学的工作分析，明确工作职责范围、工作标准和用人条件等，并在此基础上建立有效的人力资源管理体系。

3.1　工作分析实施概述

3.1.1　工作分析实施的时机

　　工作分析是人力资源管理的一项常规性的工作。一家企业在某个时期进行的工作分析及形成的工作说明书并非一成不变。企业应根据内外部环境的变化，对工作做出适当的调整，以适应新的发展需要。

　　一般来说，在下列几种情况下，企业要把握时机开展工作分析活动：

　　1）企业新建立时

　　企业建立之初，面临着很多的问题需要解决，如组织结构的设计、工作岗位的设置、人员的招聘、规章制度的制定等，这些都是企业生产经营活动正常运行的前提，而此时进行工作分析，最迫切的需要主要表现在人员招聘方面。如果没有可参考的标准，企业招不到合适的人，那么企业的一切活动都无法开展。

　　新建的企业由于很多工作职位还处于空缺状态，所以有必要依据企业的组织结构来形成一个粗略的工作分析。在这个阶段，工作分析的初步结果能满足企业招聘所需的工作描述及任职资格要求即可，而更为详细的工作分析可在企业稳定后再进行。可见，对新建的企业进行工作分析，可为后续的人力资源管理工作奠定基础。

2）工作发生变动时

企业战略的调整、业务的发展或新技术的应用等使工作内容和性质发生较大的变化时，就需要重新进行工作分析，及时更新说明变动的工作部分。工作的变动主要表现在工作职责变更及任职资格要求变更两方面。必须明白，工作分析不是一成不变的，在工作发生变动时，要及时进行新的工作分析，以确保所获工作信息及时、有效、真实、客观。

3）制度建立和修改时

由于建立制度的需要，比如招聘、薪酬、培训、绩效考核的制度建立时，就需要进行相关的工作分析。有了工作分析这个基础，其后的工作便能顺利展开。通过工作分析，可以明确一项工作的具体内容，以及该工作与其他工作的关系，从而确定从事这项工作的人员所必须具备的任职资格，进而用来决定招聘人才的标准；通过工作分析，可以明确各个岗位在企业中的地位，其任职者所承担的责任、所需的能力和知识等，从而为制定合理的薪酬制度提供重要依据；通过工作分析，可以明确培训的必要性，从而根据具体要求制订培训计划；通过工作分析，可以得出员工绩效考核的标准，为考核提供尺度，为晋升提供依据，从而减少绩效考核的主观因素。

4）存在问题隐患时

对于工作分析，很多企业没有给予足够的重视，所以导致很多问题发生。例如，缺乏明确的工作说明，以至于员工对工作职责要求模糊不清；虽然有书面的工作说明，但与实际情况不符，很难遵照它去实施。另外，企业中经常有职责不清、扯皮推诿的现象。所以，工作分析不能停留在形式上，而要从实质上开展，这样更有利于问题的防范与解决。

3.1.2　组建工作分析小组

工作分析小组是为了进行工作分析而临时组建的团队，并不是企业的常设机构。工作分析小组是工作分析的指导者和实施者，其工作的好坏直接关系到工作分析的进程与结果。那么，怎样来组建一个高效精干的工作分析小组呢？

◇◇◇◇◇➡ **小思考3-1**

工作分析人员应具备什么条件？

答：工作分析人员应具备如下条件：

• 具有人力资源管理、心理学的一般知识，对工作分析的技术与程序比较了解；

• 掌握观察、面谈、记录等技巧；

• 具有较强的文字表达能力；

• 具有关于被分析的工作的常识；

• 具有较强的责任心、耐心；

• 具有良好的理解力、记忆力和分析能力；

• 具有获得他人信赖与合作的能力。

1）选择工作分析小组成员

一般来说，专门的工作分析小组成员主要包括：

（1）企业高层管理者。企业高层管理者主要作为相关政策的发布者与工作分析的验收者，为工作分析进行多方面的授权，在组织内安排相应的人员以协调组织工作分析过程。同时，作为工作分析结果的验收者，企业高层管理者任命他人或亲自审核，使工作分析结果与实际工作需要相符合。

（2）工作分析专家。工作分析专家主要负责工作分析的策划，并提供技术支持。工作分析专家可以来自企业内部（比如人力资源总监），也可以来自企业外部的咨询机构。

◇◇◇◇ ➡ 小思考 3-2

聘请外部专家进行工作分析的优缺点是什么？

答：聘请外部专家进行工作分析的优点如下：

• 聘请外部专家进行工作分析比在组织内部保留专职的工作分析人员更节省费用。

• 外部专家作为组织外部的人员，对组织内问题的分析会更加客观、可信。

• 外部专家往往具有在不同组织中进行工作分析的丰富经验，而组织内部的人员往往不具备更多的工作分析经验。

聘请外部专家进行工作分析的缺点如下：

• 当工作地点分布较广时，在差旅、时间及相关方面的花费会比较高。

• 工作分析专家对具体的工作业务缺乏了解，他们会花费大量时间去了解工作业务，可能会影响工作分析的进程。

• 在有些情况下，工作任职者会感到外部专家的压力，对外部专家不能完全接受，在提供与工作相关的信息方面会受到限制。

（3）人力资源部专员。人力资源部专员主要负责联络协调以及工作分析的具体实施，一般由企业内部的人力资源部员工担任。

（4）工作任职者的上级主管。工作任职者的上级主管主要负责对收集的信息进行检查与核对。

2）确定工作分析小组成员的数量

工作分析小组成员的数量视情况而定。在涉及的工作数量多且难度大时，工作分析小组成员的数量相对多一些；如果只涉及少数的工作数量且难度较小时，工作分析小组成员的数量相对少一些。通常情况下，工作分析小组成员的数量是单数，这样有利于工作分析结果的形成。

3）明确工作分析小组成员的工作职责

职责分明，有利于避免互相推诿现象产生，从而保证工作分析的效率和质量。工作分析小组成员的工作职责主要包括两个方面：一方面，在基本步骤中制订更为详细的工作计划，涉及计划方案的组织与细化，这主要是由工作分析专家和人力资源部专员负责；另一方面，审查与监督计划方案的实施，其中会涉及工作分析的实施情况，需要各部门主管的参与，并由公司的高层管理者进行审查。

4）培训工作分析小组成员

工作分析小组成员应是受过专门训练、掌握一定的工作分析方法与技巧的专业人员。从本质上看，通过培训可培养工作分析小组成员的实际动手能力，而不是机械地学习分析规则。

总之，工作分析小组成员的素质及工作效率决定着工作分析的进度与质量，所以在选择工作分析小组成员时要仔细慎重，不可马虎。

3.1.3 工作分析信息的来源

工作分析信息的来源可以分为以下4种：

1）书面资料

一些组织里都有关于现任职务的资料记录、岗位责任说明以及供招聘用的广告等，这些资料对工作分析非常有用。

2）任职者的报告

一种方式是通过访谈，要求任职者自己描述所做的主要工作以及这些工作是如何完成的。这种访谈对现任职务的分析是很重要的一环，但很难保证所有的工作方面都能在访谈中涉及，而且任职者本人所提供的信息难免会有失客观或者故意弄虚作假。另一种方式是要任职者做工作日志和记录。由于这是在工作中完成的，所以可以避免主观性和因记忆不准造成的失误。当然这是一种很费时的方法。

3）同事的报告

除了直接从任职者那里获得有关的资料外，也可以从任职者的上级、下属等处获得资料。同事的报告有助于提供一个对比，也有助于弥补仅从任职者那里获得的资料不足的弊端。对于结构性问卷，如工作分析问卷，上级的评估还可检查结果是否有效。

4）直接的观察

到任职者的工作现场进行直接观察也是一种获取有关工作信息的方法。尽管工作分析人员出现在任职者的工作现场会对任职者造成一定的影响，但这种方法仍能提供一些其他方法所不能提供的信息。

除此之外，工作分析的资料还可以来自下属、顾客和用户等处。尽管信息的来源多种多样，但作为工作分析人员，要寻求最可靠的信息来源渠道，以避免信息失真。

3.1.4 实施工作分析的基本流程

工作分析是一个非常复杂的、完整的过程，需要一定的时间来进行，一般需要两个月左右。当然每个企业的情况不同，有的时间较长，有的时间较短。另外，各个企业中的工作种类和所使用的分析方法存在不同之处。但是不论是哪种情况，工作分析一般都要遵循一个多步骤的基本流程，包括4个阶段，即准备阶段、实施阶段、结果形成阶段及应用与反馈阶段。在每一个阶段里，又包括若干步骤。

1）准备阶段

准备阶段的主要任务是了解有关情况，寻求并建立与各种信息渠道的联系，设计总体的工作分析方案，确定调查分析的范围、对象与方法等。准备阶段具体包括：

（1）确定工作分析的目的和侧重点；

（2）制订总体实施的方案；

（3）收集和分析有关的背景资料；

（4）确定所欲收集的信息；

（5）选择收集信息的方法等。

2）实施阶段

实施阶段的主要任务是根据总体方案，对各项工作的内容、过程、工作环境以及工作人员等方面进行全面细致的调查研究。在具体实施分析时，应灵活运用观察法、访谈法、问卷调查法等，来广泛收集与工作有关的各种资料信息。实施阶段具体包括：

（1）与有关人员沟通；

（2）制订具体的实施操作计划；

（3）收集和分析工作信息等。

3）结果形成阶段

结果形成阶段的主要任务是对各个工作岗位进行全面而深入的分析、整理和综合，从而揭示出各种工作的主要活动和关键性的影响因素。结果形成阶段具体包括：

（1）与有关人员审查和确认工作信息；

（2）形成工作说明书。

4）应用与反馈阶段

工作分析结果形成后，就要被应用于现实的管理活动中，也只有在应用的过程中才能发现其中存在的问题。针对出现的问题，要及时反馈，这一活动始终贯穿于组织的经营管理活动之中。应用与反馈阶段具体包括：

（1）工作说明书的使用培训；

（2）使用工作说明书的反馈与调整。

工作分析关键步骤见表3-1。

表3-1 **工作分析关键步骤**

序号	关键步骤	主要内容	主体
1	组织培训	编写工作分析培训资料 组织各部门的经理、岗位代表、员工代表接受培训	人力资源部
2	提供信息	按照要求填写岗位信息调查表	岗位代表 岗位直接上级
3	整理修改	系统整理本部门所有岗位信息，查漏补缺，保证信息完整、清晰 初步编制工作说明书	员工代表
4	编写工作说明书	确定规范化、标准化的工作说明书内容	人力资源部
5	沟通、确认	与部门内负责的主管沟通、确认 与部门经理沟通，确认工作说明书的内容	部门主管 部门经理

资料来源 张江燕，樊晓熙，陈立华，等. 正略钧策看人力资源管理〔M〕. 北京：人民邮电出版社，2007.

◇◇◇◇◆➤ **实用案例3-1**

某公司2022年度工作分析的实施程序

　　某公司2022年度工作分析主要分为4个阶段进行，即准备阶段、实施阶段、结果形成阶段、应用与反馈阶段（见表3-2）。

表3-2 　　　　　　　　　　**某公司2022年度工作分析实施程序**

阶段	主要工作
准备阶段 （4月10日—4月20日）	1.对现有资料进行分析研究 2.选择待分析的工作职位 3.选择工作分析的方法 4.设计调查用的工具 5.制订总体的实施方案
实施阶段 （4月21日—5月21日）	1.召开员工大会，进行宣传动员 2.向员工发放调查表、工作日志表 3.实地访谈和现场观察
结果形成阶段 （5月22日—6月1日）	1.对收集所得信息进行归纳与整理 2.与有关人员确认信息 3.编写工作说明书
应用与反馈阶段 （6月2日—6月10日）	1.将工作分析所得结果反馈给员工和其直接主管 2.获取他们的反馈意见 3.对工作说明书的内容进行调整和修改

3.2　工作分析准备阶段

　　在工作分析的准备阶段，主要解决以下几方面的问题：

3.2.1　确定工作分析的目的和侧重点

　　要想进行工作分析，首先要明确目前所要进行的工作分析的目的，也就是进行工作分析主要想解决什么问题，获取的工作分析信息的用途是什么。工作分析的目的直接决定了进行工作分析的侧重点，决定了在进行工作分析的过程中需要获取哪些信息，以及用什么方法获得这些信息。

微课：工作
分析前准备

　　工作分析的目的不同决定了收集信息时的侧重点也不同。

　　（1）以组织优化为导向的工作分析：强调对工作职责、权限的明确界定，岗位边界的明晰化；强调将工作置于流程与战略分解体系中，重点思考其定位。

　　（2）以人员招聘为导向的工作分析：强调对工作所需受教育程度、工作经验、知识、技能与能力的界定；确定各项任职资格要求的具体等级或水平。

　　（3）以员工培训为导向的工作分析：强调岗位的入职培训与在职培训内容的初步界定；为制订公司员工培训方案提供参考和依据。

（4）以员工职业发展为导向的工作分析：强调员工可晋升岗位与轮岗的初步确定；为制定公司岗位职业发展路径提供参考和依据。

（5）以绩效考核为导向的工作分析：强调对工作职责以及责任细分的准确界定；为制定衡量工作完成效果的指标提供依据。

（6）以薪酬设计为导向的工作分析：强调对与薪酬决策有关的工作特征的评价分析，如岗位定位，所需知识、技能，任务的复杂程度，工作环境等。

考虑工作分析的目的时还应考虑所要做的工作分析的精确程度。在做工作分析时，是将工作分解成一个个极其精细的部分，还是在一个比较概括的水平上进行。当然这是两个极端情况，但在工作分析之前还是要对分析的精确程度做出规定。工作的种类、复杂程度不同，工作分析的精确程度也不同。同时，为了确保所收集的信息的质量，我们必须事先确定信息收集的种类和范围。

我们还应注意确定所要分析的职位有哪些，因为当一个组织中的职位特别多时，常常需要选取具有代表性、典型性的职位进行分析。对于相似的职位，并不一定需要对每个职位都进行分析，可能只选取其中的一部分。

3.2.2　制订总体实施方案

实施一次完整的工作分析活动，往往需要调动大量的资源，需要花费相当长的一段时间，需要来自各个方面的人员的分配，因此这样一个比较复杂的活动需要在实施之前制订一个方案，以便有计划、有条理地实施工作分析。总体实施方案也就是工作分析的蓝图。

以下我们来说明工作分析实施方案的撰写要点。

1）说明组织实施工作分析的背景

（1）组织的有效运行受到阻碍。

（2）发生了组织变革或者在组织中引入了新流程或新技术。

（3）人力资源管理的各项工作缺乏依据或者基础性的信息。

2）确定工作分析的目的和所侧重信息的类型

工作分析的不同目的决定了收集信息时的侧重点、工作分析的工作量、工作分析人员的选择及所需费用等的不同。

3）收集和分析有关背景资料

工作分析应该调查的背景资料包括组织的战略、文化、各项制度和政策，组织机构图，工作流程图，各部门职能、职责分工，岗位配置图，岗位办事细则以及原有的工作说明书等。

4）选择典型工作

当需要分析的工作很多，彼此之间又比较相似时，就需要选择典型工作进行分析。

5）确定需要收集的信息以及收集信息的方法

（1）确定要收集的信息。确定依据：工作分析的目的和侧重点；现有资料需要侧重调研或需进一步澄清的信息；按照6W1H的内容确定需要收集的信息。

（2）选择收集信息的方法。选择依据：工作分析要达到的目的；所分析的岗位的特点；考虑实际条件的限制。

6）组织及人员方面的准备

组织和进行工作分析的人员要做好工作分析实施前的各项准备工作。

7）工作分析的实施程序

在工作分析实施方案中将工作分析实施分出若干阶段，说明每阶段具体的工作安排。

◇◇◇◇➡ 实用案例3-2

A公司工作分析实施方案

一、背景

A公司是一家大型的电子产品公司。最近，某大学经济管理学院专家组为其进行了组织诊断与组织再设计工作。通过该项工作，A公司形成了新的组织结构、职能权限体系和工作业务流程。为使A公司实现有效的组织运行，必须实施工作分析。

二、目的

通过工作分析，使A公司组织设计的结果进一步深入和细化，将部门的工作职能分解到各个职位，明确界定各个职位的职责与权限，确定各个职位主要的工作绩效指标和任职者基本要求，为各项人力资源管理工作提供基础。

三、工作分析的内容与结果

本次工作分析要完成下列工作内容：

1.了解各个职位的主要职责与任务。

2.根据新的组织结构运行的要求，合理、清晰地界定职位的职责、权限以及职位在组织内外的关联关系。

3.确定各个职位的关键绩效指标。

4.确定工作任职者的基本要求。

工作分析的最终成果将形成每个职位的工作说明书。

四、工作分析的方法

工作分析涉及的方法有：

1.资料调研。

2.工作日志。

3.访谈。

4.职位调查。

5.现场观察。

五、工作分析的实施者

本次工作分析由某大学专家组和A公司有关人员共同组成工作分析实施小组。该实施小组的组成为：某大学专家组负责项目总体策划与实施；A公司人力资源部人员作为项目的协调与联络人；A公司高层领导提出总体的原则并对工作结果进行验收。

六、工作分析的实施程序

本次工作分析主要分3个阶段进行，即准备阶段、实施阶段和结果整合阶段。

阶段一：准备阶段（6月10日—6月20日）

1.对现有资料进行研究。

2.选定待分析的职位。

3.设计调研用的工具。

阶段二：实施阶段（6月21日—7月31日）

1.召开员工会议，进行宣传动员。

2.制订具体的调研计划。

3.记录工作日志。

4.实施访谈和现场观察。

5.发放调查表。

阶段三：结果整合阶段（8月1日—8月20日）

1.对收集来的信息进行整理。

2.与有关人员确认信息，并做适当的调整。

3.编写工作说明书。

七、需要的资料

1.组织结构图。

2.各部门职能说明书。

3.职权体系表。

4.职位责任制。

5.人员名单。

资料来源　郑晓明，吴志明．工作分析实务手册［M］．北京：机械工业出版社，2006.

3.2.3　收集和分析有关的背景资料

在工作分析中，一些现有的背景资料对工作分析具有非常重要的参考价值，不能忽视对这类资料的收集。这些背景资料主要包括两类：一类是可供参考的职业分类标准，即根据一定的分类原则，采用一定的标准，对各种社会职业进行全面、系统的划分与归类；另一类是组织中现有的资料，如组织结构图、规章制度、工作流程图、部门职能说明书等。

1）职业分类标准

职业分类是采用一定的标准，依据一定的分类原则，对从业人员所从事的各种社会职业进行全面、系统的划分与归类。职业分类的基本依据是工作性质的同一性。2022版《中华人民共和国职业分类大典》（以下简称《职业分类大典》）将职业分类结构调整为8个大类、79个中类、449个小类、1 636个细类。每一个层次都有不同的划分原则和方法。大类层次的职业分类是依据工作性质的同一性，并考虑相应的能力水平进行的；中类层次的职业分类是在大类的范围内，根据工作任务和分工的同一性进行的；小类的职业分类是在中类的范围内，按照工作环境、功能及相互关系的同一性进行的；细类的职业分类即为职业的划分和归类，是在小类的基础上，按照工作分析的方法，根据工艺技术、对象、操作流程和方法的同一性进行的。

职业的细类主要是根据工作分析方法得出的，是对在许多不同组织中进行工作分析结果的总结。因此，职业细类的描述对于进行工作分析非常重要。

在《职业分类大典》中，每个职业的功能按照对资料、对人、对物的关系进行标准化编码（见表3-3）。

表3-3 职业功能编码标度

	资料	人	物
复杂 ↑ ↓ 简单	0综合 1调整 2分析 3汇编 4加工 5复制 6比较 7服务	0指导 1谈判 2教育 3监督 4转换 5劝解 6交谈-示意 7服务 8接受指示、帮助	0创造 1精密加工 2操作控制 3驾驶、操作 4处理 5照料 6反馈-回馈 7掌握

◇◇◇◇➡ 实践练习3-1

出纳（财务人员）职位描述

211.362-18 出纳（财务人员）

收进和支出资金，并保存资金的记录和财务交易中的可转让票据。

接收现金和支票并存在银行中，核对数目，检查支票背书；核对签名和余额之后将支票兑现；将交易的记录输入计算机，并出具计算机生成的收据；安排日常的现金供应，计算将要入账的现金；平衡现金支票，对账；开新账户，提取存款；使用打字机、复印机，准备支票和其他财务文件。

GOE: 07.03.01　STRENGTH: L　GED: R4 M3 L3　SVP: 5

在上面的职位描述中，左上角的数字表示的是职业代码。前3位数字表示的是分类编码。第4到第6位表示的是对职位所从事的活动的评定，第4位表示与资料的关系，第5位表示与人的关系，第6位表示与物的关系。在上面这个"出纳"职位中，与资料的关系是"汇编"，与人的关系是"交谈-示意"，与物的关系是"操作控制"。在上面中的符号和数字中，"GOE"表示按照职业兴趣、能力倾向等对职业进行的分类，"07.03.01"表示的是"商业细节、财务细节、支出与收进"；"STRENGTH"表示职业所需的体力程度，"L"表示轻度体力活动；"GED"表示受教育水平，"R"表示推理能力水平，"M"表示数学能力水平，"L"表示语言能力水平，均分为1~6分，6分表示最高的水平，1分表示最低的水平；"SVP"表示从事该职业所需的经验，"5"表示6个月到1年的经验。

在进行工作分析时，首先可以查阅《职业分类大典》，找到类似职位的描述，除非所要分析的职位是全新的职位。但一定要注意，不可照搬现有的资料，只可将现有的资料作为参考，因为《职业分类大典》中的职位描述并不是针对某个具体组织中的职位。很多情况下，在不同的组织中，名称相同的职位其具体的职责、任务、任职要求等都有很大的差异。因此，应针对具体组织中的实际情况做出具体的分析。

2）组织中的有关资料

对工作进行分析时，组织中的一些资料是非常重要的。组织结构图是用来描述组织各个组成部分之间相互关系的，从组织结构图中，可以看到部门或职位之间的关系，每一个部门或职位应该向谁负责，每一个部门或职位的下属是谁，发生关联的部门和职位有哪些等。通过组织结构图，可以很清楚地理解各个职位在组织中的位置（举例如图3-1所示）。

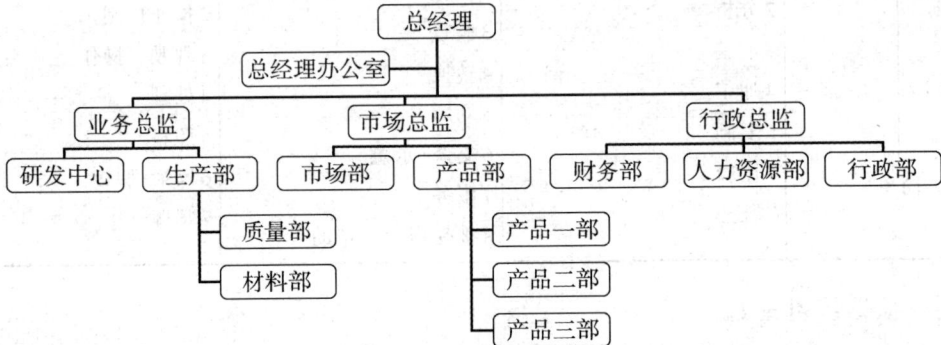

图3-1　组织结构图举例

组织结构图表示的是部门或职位之间的一种静态联系，而工作流程图则表明了部门或职位之间的动态联系。在工作流程图中，我们可以看出在一项工作活动中，某个部门或职位需要接受来自哪些部门或职位的信息或指令，需要对信息和指令做出哪些处理，需要向哪些部门或职位发出信息或指令等。通过工作流程图，可以比较好地了解工作任务以及工作中的关联关系（举例如图3-2所示）。

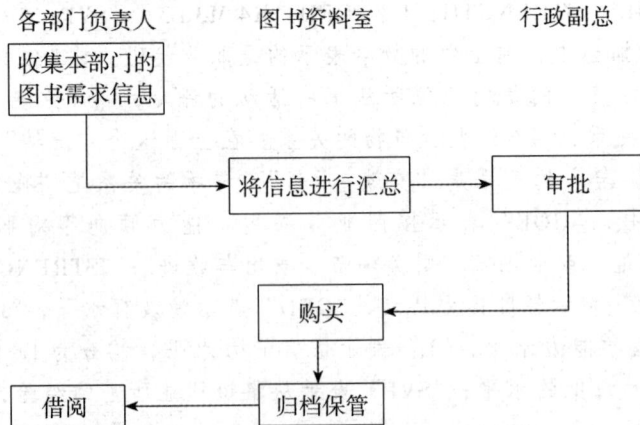

图3-2　购买图书资料的工作流程

除了组织结构图和工作流程图之外，组织中各个部门的职能说明书也是进行工作分析时非常有用的资料。部门的职能说明书规定了组织中一个部门的使命和职能，而工作分析就是要将部门的职能分解到下属的职位上去。仔细研究现有的部门职能说明书，可以帮助我们将部门的职能全面有效地分解到部门内部的各个职位上。部门职能说明书的形式见表3-4。

表3-4　　　　　　　　　　　　　　　　　**部门职能说明书例表**

人力资源部职能说明书

部门名称	人力资源部	部门负责人	人力资源部经理	直接主管	行政副总
职位设置	人力资源部经理、招聘专员、培训专员、薪酬福利专员				
部门使命	人力资源部负责建立和健全人力资源开发与管理体系，并确保其得到持续、有效实施，为各部门提供人力资源管理服务和支持				
部门主要职能	1.拟定人力资源管理规范 2.制定人力资源规划，进行人力资源需求分析 3.实施工作分析，编写工作说明书 4.实施人员招募、甄选、评估工作 5.组织实施集团的绩效考核工作 6.建立与调整薪酬福利体系 7.分析培训需求，拟订培训计划，组织实施培训				

3）现有的工作说明书或工作描述资料

在很多组织中，并不是第一次实施工作分析，因此组织中一般会有一些现成的工作说明书或工作描述等资料。这些现有的资料尽管可能不尽完善，或者由于工作的变化已经与现在的实际状况不符，但仍会提供工作职位的一些基本信息，因此仍然具有参考价值。

3.2.4　选择收集信息的方法

收集工作信息的方法多种多样，有定性的方法，也有定量的方法；有以考察工作为中心的方法，也有以考察任职者特征为中心的方法。那么在具体进行工作分析时，如何选择最有效的方法呢？

首先，要考虑工作分析所要达到的目的。当工作分析需要达到不同的目的时，使用的方法也有所不同。例如，当工作分析用于招聘时，就应该选用关注任职者特征的方法；当工作分析关注薪酬体系的建立时，就应当选用定量的方法，以便对不同工作的价值进行比较。

其次，选择收集工作信息的方法时，要考虑所分析的职位的不同特点。例如，有的职位的活动比较外显，以操作机械设备为主，那么这样的职位可以使用现场观察法；而有的职位的活动以内隐的脑力活动为主，不容易进行观察，那么运用观察法对这样的职位收集工作信息不适合。再比如，有些方法要求被调查者具有一定的书面表达能力，如开放式问卷的方法，这时一些文化水平要求较低的职位的任职者就无法回答。

再次，选择收集工作信息的方法时，还应考虑实际条件的限制。有些方法虽然可以得到较多的信息，但可能由于花费的时间或财力较多而无法采用。例如访谈法，可以较直接地从任职者处获得信息，而且访谈者与被访谈者之间可以进行交流，能够较深入地挖掘有关工作的信息，但它需要花费的时间较多。而问卷的方法，虽然获得的信息有限，但可以很多人同时回答，效率较高，很合适在时间要求较紧的情况下采用。

实际上，每一种收集工作信息的方法都有其独特之处，也有其适合的场所，有其优点，也有其不足之处，并不存在一种普遍适用的或最佳的方法。在进行工作分析时，应该根据具体的目的和实际情况，有针对性地选择一种或几种方法，这样才能取得较好的效果。

选定了收集信息的方法之后，有的方法需要事先设计一定的程序或准备一定的文件，如访谈的提纲、调查问卷、观察的记录表格等。

需要注意的是，要成立专门的工作分析小组。在这样的工作分析小组中，常常包括进行策划和提供技术支持的专家，也包括具体实施操作的专业人员，另外应有负责联络协调的人员。在准备阶段，应该明确小组成员各自的职责，这样在工作时就可以保证分工明确，并能很好地协调，保证工作的效率和质量。

◆◆◆◆➡ 实训项目 3-1

撰写工作分析实施方案

一、实训目的

通过本次实训，建立对工作分析的具体操作流程的直观印象，熟悉并理解工作分析的基本流程，对具体工作分析中将要遇到的问题及在工作分析中应该注意的事项有初步的了解，学会撰写工作分析实施方案。

二、实训所需条件

（一）实训时间

本项目实训时间以 4 课时为宜，到本校各系办公室和人力资源管理部门进行调研访谈约需 2 课时，撰写工作分析实施方案以及教师总结点评约需 2 课时。

（二）实训地点

多媒体教室，本校各系办公室和人力资源管理部门。

（三）实训所需材料

本实训需要收集有关学校组织方面的背景资料和专职教师、高校辅导员这两类岗位的具体资料。

本实训的背景设计如下：

假如学校要重新对全校教职员工绩效考核制度进行一次修订，重点修订对象为专职教师和高校辅导员这两类岗位。学校希望通过此次工作分析，准确界定这两类岗位的具体工作职责以及责任细分，提炼出操作简单、有效、实用的衡量工作完成效果的指标，并提供依据。

三、实训内容与要求

（一）实训内容

撰写对专职教师、高校辅导员进行工作分析的实施方案。

（二）实训要求

参照本书所提供的范本撰写工作分析实施方案，要求步骤清晰、明确，内容安排合理，文字简练、清楚。

四、实训组织方法与步骤

第一步，做好实训前的准备，复习有关撰写工作分析实施方案和工作分析流程方面的知识，准确把握此次工作分析的实施背景和目的。

第二步，对学生进行分组，建立工作分析实施方案撰写小组（每组5～7人）。

第三步，各撰写小组按照此次工作分析的流程进行内部分工，确定要访谈的部门、人员和所需收集资料的类型。

到人力资源管理部门进行调研访谈需要收集的资料包括本校的发展战略、文化、各项制度和政策，组织机构图，工作流程图，各部门职能、职责分工，岗位配置图，专职教师、高校辅导员岗位办事细则，以及原有两类岗位的工作说明书等。

到本校各系办公室进行调研访谈所需要收集的资料包括两类职务的主要职责与任务、职责权限、职位在组织内外的联系、职务的关键绩效指标、对任职者的基本要求等。

第四步，以小组为单位，就所收集的资料展开讨论，充分发表个人观点，确定工作分析实施过程中涉及的工作分析的背景及目的、工作分析的内容与结果、所需要的资料、可使用的工作分析方法、工作分析的实施者以及实施程序等。

第五步，讨论结束后，在规定的时间内，每位学生必须撰写工作分析实施方案。

第六步，教师就学生撰写的工作分析实施方案适时讲评。

五、实训考核方法

（一）成绩划分

实训成绩可分为优秀、良好、中等、及格、不及格5个等级。

（二）评定标准

1.实训前对工作分析流程和撰写工作分析实施方案等方面的知识是否熟练掌握。

2.小组通过调研收集的资料是否全面、翔实。

3.各小组成员分工合作是否合理，合作过程是否和谐、顺畅。

4.各小组在调研访谈和课堂讨论过程中，是否认真、积极地投入，体现出良好的团队合作精神。

5.是否按照工作分析流程进行操作，工作分析实施方案的内容安排是否规范、合理，文字是否简练、清楚。

6.课堂讨论、调研过程占总成绩的60%，实训作业占40%。

3.3 工作分析实施阶段

经过充分的准备之后，就可以进入工作分析的具体实施阶段了。

3.3.1 与有关人员进行沟通

由于工作分析需要深入到具体的每个职位上，在进行这项工作的过程中必然要同大量的任职者和管理者发生关系，因此赢得他们的理解与支持是非常必要和重要的。

在开始实施工作分析时，需要与涉及的人员进行沟通。这种沟通一般可以通过召集员工会议的形式进行，在会上可以由工作分析小组对有关人员进行宣传和动员。

与参与工作分析的有关人员进行沟通的目的主要有3个：

第一，让参与工作分析的有关人员了解工作分析的目的和意义，消除其内心的顾虑和压力，争取在实际收集信息时得到他们的支持与合作。可以向他们介绍工作分析对于开展工作的意义、对于管理工作的好处，提高他们的兴趣。另外，要澄清他们对工作分析的一些认识。要让他们认识到工作分析的目的是针对工作的，是为了分析工作的一些特性，而不是评估任职者的表现，消除他们一些不必要的担心，让他们认识到工作分析的结果并不是给大家增加工作量，而是通过职责分工的明确和效率的提高，减轻大家的工作负担。

第二，让参与工作分析的人了解工作分析大致需要进行多长时间，大概的时间进度是怎样的。这样，他们就会了解自己大概会在什么时候花费多少时间进行配合，便于他们事先做好工作安排，留出足够的时间来配合工作分析。

第三，让参与工作分析的人了解在工作分析中可能会使用到的方法，以及在各种方法中他们需要如何进行配合、如何提供信息，这样会使收集到的信息更加有效。

◇◇◇◇➡ 知识链接3-1

技能点：如何在工作分析中渗透人本管理的思想

人本管理思想就是"以人为中心"的人力资源管理思想，但它不是简单地"以人为中心"，而是追求人的全面而自由的发展。具体来说，人本管理认为，人是组织中最重要的资源，应根据人的兴趣、能力以及个性特征等来科学地安排员工到合适的岗位上，并充分考虑员工的个人发展和自我价值的实现。同时，人本管理强调对员工的激励，通过激励手段，充分调动和发挥员工的积极性、主动性和创造性，从而提高工作效率，最终为达到组织的发展目标做出最大的贡献。

人本管理：以人本管理思想为指导，把谋求人的全面、自由发展作为终极目标管理活动。

人本管理已经逐步渗透到人力资源管理活动的方方面面。那么，如何在工作分析中体现并渗透人本管理思想呢？我们可以从以下4个方面进行：

•角色转换

工作分析人员在必要时，需要调整思考的角度，进行角色转换，即从员工的立场出发，来考虑与分析问题。员工站在企业组织的生产管理活动的最前沿，他们往往接触的是企业中最基础又必不可少的工作，所以对工作情况有最直观的认识和感觉。作为工作分析人员，只有亲临现场，体会员工的具体工作，才有可能站在员工的立场上来认识和处理问题，也必然会赢得员工的支持与帮助，这对在工作分析中获取有价值的工作信息是至关重要的。

•重视沟通

沟通无时不在、无处不在，在工作分析中也不例外，且贯穿始终。在工作分析实施之前，要与相关的人员进行沟通，向他们讲明工作分析的目的、意义等，以此消除他们内心的恐惧和压力，争取在实际收集信息时得到他们的支持与合作。正式开始工作分析时，更需要与员工进行沟通，了解相关工作情况，获取有用信息，这是编写工作说明书很重要的参考资料。在工作分析结束后，仍要保持与员工的沟通，以得到其意见反馈，以及其对工作中发生的新变化及时报告，这有助于更新已有的工作说明书，使其更具有实用价值。

•鼓励参与

工作分析不是工作分析人员单方面的活动，需要组织中各个部门、员工的积极参与，需要得到他们的支持与配合。鼓励员工参与到工作分析中，有助于加强他们的归属感，使其真正把它当成自己的一项工作用心完成，从而保证工作分析收到良好的效果。

•加强激励

激励是调动员工积极性的有效手段。激励机制的运作，一方面可以使员工充分发挥才能，变消极为积极，从而保持工作的有效性和高效性；另一方面可以激发员工的创造性，从而大大提高绩效。在工作分析中，工作分析人员要学会用激励的手段来激发员工的参与热情，向他们宣传工作分析所能给他们带来的好处，激发他们的兴趣，使他们更好地配合具体工作。同时，要注重情感激励，要尊重员工、关心员工、与员工建立平等和谐的关系，从而激励员工全身心地投入到工作分析中去。

总之，人本管理注重以人为本，在工作分析中体现出对员工人性化的关怀，对工作分析的顺利开展是非常有益的。

◇◇◇◇➡ **实践练习3-2**

1.请你举出两个实际工作中与人本管理有关系的例子。

2.对于工作分析中的人本管理，你的理解是：

3.3.2 制订具体的实施操作计划

在工作分析的准备阶段，已经有了工作分析的总体实施方案。但这样的方案，往往只是提供了大致的计划，在具体实施时，还应该有更细致的操作计划。

在实施的操作计划中，应该列出具体的、精确的时间表，具体到在每一个时间段，每个人的具体职责和任务是什么。对于接受访谈或调研的人，也应事先制定好时间表，以便其安排手头的工作或事务。

这一具体的实施操作计划，在执行的过程中可能还会做出一定的调整。一旦计划发生改变，应及时通知相关的人员。

◇◇◇◇◇➡ **实用案例3-3**

工作分析实施计划草案

一、工作时间

2022年10月21日至2022年11月30日

二、小组成员

组长：钟××

副组长：时××

组员：叶××、陈××、张××、王××、胡××、文××、曹××、周××、康××

三、工作计划

第一步：查阅资料，拟定职位分析问卷、访谈提纲和工作日志，小组成员进行工作任务分配。

负责人：钟××（10月21日至10月31日）。

工作成果：职位分析问卷、访谈提纲、工作日志、工作任务分配计划。

任务分配：本组共11人，按工作岗位分为4个组。

第一组：钟××、曹××、王××3人负责支局长、副书记、副局长、局长助理、会计、出纳、统计、质检、总务以及司机组和后勤组及经营的18个职位的分析。

第二组：时××、文××、胡××3人负责营业部的13个职位的分析。

第三组：周××、康××两人负责快递组的8个职位的分析。

第四组：叶××、陈××、张××3人负责储蓄组、大宗组以及发行组和电信组的共14个职位的分析。

第二步：填写职位分析问卷和工作日志。

负责人：邮局领导（11月1日至11月8日）。

工作成果：填写好的职位分析问卷和工作日志。

第三步：小组成员阅读问卷、准备职位访谈、选定典型职位。

负责人：各分组组长（11月9日至11月15日）。

工作成果：详细的各职位访谈计划。

第四步：对邮局的典型、重要职位进行访谈。

负责人：各分组组长（11月16日至11月19日）。

工作成果：职位访谈报告。

第五步：组织编写工作说明书。

负责人：各分组组长（11月20日至11月23日）。

工作成果：各职位的工作说明书。

第六步：对每一个工作说明书进行讨论。

负责人：钟××（11月24日至11月25日）。

工作成果：比较规范的工作说明书。

第七步：工作说明书交给专家审阅。

负责人：钟××（11月26日至11月28日）。

工作成果：审阅后的工作说明书。

第八步：修改工作说明书。

负责人：钟××（11月29日至11月30日）。

工作成果：规范的工作说明书。

具体安排见表3-5。

表3-5 **工作分析计划表**

时 间	任 务	负责人	工作成果
10月21日至10月31日	1.查阅资料 2.拟定职位分析问卷、访谈提纲和工作日志 3.小组成员进行工作任务分配	钟××	1.职位分析问卷 2.访谈提纲 3.工作日志 4.工作任务分配计划
11月1日至11月8日	填写职位分析问卷和工作日志	邮局领导	填写好的职位分析问卷和工作日志
11月9日至11月15日	小组成员阅读问卷、准备职位访谈、选定典型职位	各分组组长	详细的各职位访谈计划
11月16日至11月19日	对邮局的典型、重要职位进行访谈	各分组组长	职位访谈报告
11月20日至11月23日	组织编写工作说明书	各分组组长	各职位的工作说明书
11月24日至11月25日	对每一个工作说明书进行讨论	钟××	比较规范的工作说明书
11月26日至11月28日	工作说明书交给专家审阅	钟××	审阅后的工作说明书
11月29日至11月30日	修改工作说明书	钟××	规范的工作说明书

资料来源 作者根据相关资料整理。

3.3.3 实际收集与分析工作信息

这一阶段是整个工作分析过程的核心阶段，主要是按照事先选定的方法，根据既定的操作程序或计划收集与工作有关的各种信息，并对信息进行描述、分类、调整、转换和组织，使之成为书面文字。

一般来说，对工作信息的收集和分析通常包括以下内容：

1）职位名称分析

对职位名称进行分析时，应注意使职位名称标准化，并符合人们一般的理解，使人们通过职位名称可以了解职位的性质和内容。命名应准确，不易发生歧义；名称应有美感，切忌粗俗。

2）工作内容分析

工作内容分析是为了全面地认识、了解工作。其具体内容包括：

（1）工作任务。明确规定某职位所要完成的工作活动或任务，完成工作的程序与方法，所使用的设备和材料。

（2）工作责任与权限。以定量的方式确定工作的责任与权限。例如，财务审批的金额、准假的天数等。

（3）工作关系。了解和明确工作中的关联与协作关系，该职位会与哪些工作发生关联关系，会对哪些工作产生影响，会受到哪些工作的制约，会与谁发生协作关系，可以在哪些职位范围内进行晋升和轮换。

（4）工作量。确定工作的标准活动量，规定劳动定额、绩效标准、工作循环周期等。

3）工作环境分析

（1）工作的物理环境。这包括环境中的温度、湿度、照明度、噪声、振动、异味、粉尘、辐射等，以及任职者与这些环境因素接触的时间。

（2）工作安全环境。这包括工作的危险性、可能发生的事故、事故的发生率和发生原因、对身体的哪些部分易造成危害以及危害程度、易患的职业病、患病率以及危害程度等。

（3）社会环境。这包括工作地点的生活便利程度、环境的变化程度、环境的孤独程度、与他人交往的程度等。

4）工作任职者的必备条件分析

确定工作任职者所应具有的最低资格条件，主要有：

（1）必备的知识。这包括最低学历要求，有关理论知识和技能（如机器设备的操作技能、工艺流程知识、材料性能知识、安全知识、管理知识和技能等）的最低要求，对有关的政策、法令、规定或文件的了解和掌握程度等。

（2）必备的经验。这包括过去从事同类工作的时间和成绩，应接受的专门训练的程度，完成有关工作活动的实际能力等。

（3）必备的身体素质。这包括工作任职者应具备的行走、跑步、攀登、站立、平衡、旋转、弯腰、举重、推拉、握力、耐力、手指与手臂的灵巧性、手眼协调性、感觉辨别力等方面的身体素质。

（4）必备的操作能力。这包括通过典型的操作来规定从事该职位的工作所需的注意力、判断力、记忆力、组织能力、创造能力、决策能力等。

（5）必备的个性特征。这包括工作任职者应具备的耐心、细心、沉着、诚实、主动性、责任感、支配性、情绪稳定性等方面的特点。

◇◇◇◇▇▇➡ 知识链接 3-2

技能点：如何对员工较少的岗位进行分析

企业中并不是所有工作岗位都需要很多人，有一部分工作由两三个人就能完成，这种职位会给实际的工作分析带来一定的局限性。比如，由于人少，难以抽到有代表性的样本，也难以收集到能够说明问题的足够信息。但不能因为员工少而不对其岗位进行分析，这丝毫解决不了问题。

对于员工较少的岗位进行分析，最为关键的是要强化对工作分析人员的培训，要"就事论事"，不能"就人论事"。具体地说，对工作分析人员进行培训的内容主要包括以下方面：

• 观念的培训

在对少数员工的工作进行分析时，不要把目光局限于少数员工的实际工作情况上，而是要转移注意力到"这项工作应该怎么做"上来，即要从"是什么"转移到"应该是什么"的问题上来。

• 思维模式的培训

对于员工较少的岗位，要从中收集到有效的信息是很困难的，不能像对别的岗位分析一样，主要是从任职者的实际工作情况获取相关信息。因此，在分析之前，要对工作分析人员进行思维模式方面的培训，如发散思维培训等。

• 方法与技巧的培训

对于员工较少的岗位，不仅需要从员工那里知道他们目前的工作状况，更重要的是要引导他们讲出该岗位应该是什么样的、要向什么目标努力、具体要怎么做等。这相对于平常的工作分析来说，有一定的难度，对工作分析人员的要求也较高。所以需要对他们进行培训，使他们掌握更加实用的工作分析方法与技巧，尤其要注意的是访谈的技巧、问卷设计的技巧等。

对员工较少的岗位进行分析，若能在分析之前，对该岗位的员工进行有针对性的培训，将更有利于工作的开展。

资料来源　王小艳. 如何进行工作分析［M］. 北京：北京大学出版社，2003.

◇◇◇◇▶ **实用案例3-4**

ABC电气公司的工作分析

ABC电气公司是一家非常知名的电气公司，为了更好地组织招聘工作，并对员工进行培训，他们很重视对工作的分析。公司中有的工作由于性质和要求不同，所以不需要太多的人来从事。对于这种工作，ABC公司并没有将这些工作排斥在工作分析活动之外。人力资源部的经理说："一种工作既然在ABC存在，就有它的必然性，也有它存在的意义和重要性。我们看重的是工作本身，而不是说因为人少，就忽视它的存在。关键是要对我们的工作分析人员进行观念、思维模式以及方法技巧的培训。"

◇◇◇◇▶ **实践练习3-3**

现在很多人认为对员工较少的工作岗位没有必要进行分析，浪费人力、财力，从哪方面看都不划算。

1.针对这种想法，您是怎么看的呢？

_____

_____

2.关于对这类工作进行分析，您有什么更好的建议呢？

_____

_____

_____

3.4 工作分析结果形成阶段

工作分析结果通常为每个职位的工作说明书。在结果形成阶段，需要对收集来的信息进一步审查和确认，从而形成工作说明书。

3.4.1 与有关人员审查和确认工作信息

通过各种方法收集来的关于工作的信息，必须有工作任职者和任职者的上级主管的审查、核对和确认，才会避免偏差。经过这样的过程，一方面，可以修正初步收集来的信息中的不准确之处，使工作信息更为准确和完善；另一方面，由于工作任职者和任职者的上级主管是工作分析结果的主要使用者，请他们来审查和确认这些信息有助于他们对工作分析结果的理解和认可，为今后的使用奠定基础。另外，收集工作信息的人实际上可能并没有从事过所分析的工作，因此对工作中的一些实际问题和标准并不是很了解，而在这些方面，恰恰工作任职者和任职者的上级主管更有发言权。让工作任职者和任职者的上级主管共同对工作信息提出意见，也有利于发现他们对工作的一些不一致的看法，使他们能有一次沟通的机会，以便协调一致，便于今后更好地开展工作。表3-6是工作说明书信息反馈表范例。

表3-6   **工作说明书信息反馈表**

职位		部门	
意见	1. 2. 3.		职位直接领导： 部门（章） 年 月 日

➡ 知识链接3-3

合格工作说明书的标准

1.准确性

工作说明书要准确地说明职位的职责要求和任职资格条件。这包含两个方面的意思：其一，工作说明书所载明职位的职责要求和任职资格条件应该是正确的，如实反映组织的职位特征。如副总经理，他对总经理负责，又具体分管某一领域的工作，在副总经理的工作说明书中要正确地标明这种工作关系。其二，工作说明书应是明确的，即工作说明书的表达直接明了，没有模棱两可的地方，也没有含糊其辞的地方。如任职资格，要求5年的工作经验，就不要表达成"要求有工作经验"或"要求有一些年的工作经验"。只有有了准确性，人力资源系统中的招聘、考核等工作才有确实的依据，从而整个人力资源管理系统也才有了坚实的基础。

2. 完备性

工作说明书应完整地表明某一职位的基本情况、工作概要、主要职责及任职资格条件等，不得有遗漏或省略。因为只有这样，才能完整地揭示职位的特征和要求，从而更好地服务于整个人力资源管理系统。

3. 普遍性

工作说明书的每一个模块，都是所有被分析职位所共有的，这样不同的职位之间才会有可比性。例如，尽管职位不同，如副总经理和项目经理，但它们都有各自的主要职责和任职资格条件，从而具有可比性。

4. 简约性

这一方面表现为工作说明书的表达严谨、简洁、精练；另一方面体现在内容上，要求简洁、合理，如对主要职责的叙述，要不交叉、不矛盾、条理分明。

5. 预见性

工作说明书既要严格、如实地反映现实职位特征，又要有一定的柔性或弹性，因为现实是不断发展变化的，所以工作说明书要有一定的预见性，否则，死板地拘泥于静态职位特征，反而会与现实不符。

6. 可操作性

工作说明书是进行具体人力资源管理活动的依据，如招聘、考核、选拔等活动都要依据工作说明书的要求进行。因而，工作说明书必须具有可操作性，其中主要职责的列举、任职资格条件的限定等，都要求在现实中有客观可信的测量标准和器具（方法），能得出确实的、可衡量的结果。

资料来源 作者根据相关资料整理。

3.4.2 形成工作说明书

工作说明书是对工作的目的、职责、任务、权限、任职者基本条件等的书面描述。我们在后面将有专门的一章来介绍如何编写工作说明书，在这里就不做详细的说明，但可以通过"实践练习3-4"的两个范例（见表3-7和表3-8）进一步了解。需要强调的是，这一阶段的工作需要注意以下几点：

（1）根据工作分析规范与经过分析处理的信息草拟"工作描述"和"工作规范"。

（2）将草拟的"工作描述"和"工作规范"与实际工作进行对比。

（3）根据对比的结果决定是否需要进行再次调查研究。

（4）修正"工作描述"和"工作规范"。

（5）若需要，可重复（2）至（4）的工作。例如，对特别重要的岗位，其"工作描述"和"工作规范"就应多次修订。

（6）形成最终的工作说明书。

（7）将工作说明书应用于实际工作中，并注意收集应用的反馈信息，不断完善工作说明书并归档保存，为今后的工作分析提供经验与信息。

◇◇◇◇➡ **实践练习 3-4**

表 3-7   **工作说明书**   编号：

岗位名称				岗位编号	
所在部门		下属员工数		直接上级	
定员		工资等级		分析日期	
分析人		批准人			
职位目的					
工作职责与具体内容					
任职资格要求					
工作条件与环境					
建议考核标准					
备注					

表 3-8   **培训与发展经理工作说明书**

职位名称	培训与发展经理	职位代码		所属部门	人力资源部
直属上级	人力资源经理	管辖人数		职等职级	
晋升方向	人力资源经理	候选渠道		轮转岗位	
薪金标准		填写日期		核准人	

工作内容

★规划、创建、管理面向员工或管理层的培训课程

★评估员工培训要求，创建适合其职业生涯发展的培训课程

★计划并管理有关技术和员工关系主题的培训科目

★对冲突解决、团队建设、员工技能评估进行管理

★评估培训效果

★与培训商洽谈专门培训课程服务

★通过各种培训科目，执行提高员工技能及灌输组织实践和政策的任务

★调查新的培训资源，提出新的培训计划

任职资格

受教育背景：

人力资源管理、行政管理或相关专业大专及以上学历

培训经历：

受过现代人力资源管理技术、劳动法规、基本财务知识等方面的培训

经验：

从事人力资源管理或人事管理实务工作 3 年以上

技能：

能够解决比较复杂的人事管理实际问题，具有较强的计划、组织、协调能力和人际交往能力，能熟练使用办公软件

工作环境

办公室工作环境舒适，基本无职业病危险

3.5　工作分析应用与反馈阶段

　　编写出工作说明书之后，可以说工作分析的工作基本结束了，但是对工作分析结果的应用是非常关键的。因为只有应用了工作分析结果，才能体现出工作分析的价值。在应用工作说明书的过程中，可能会发现一些重要问题，通过反馈，可以为后续的工作分析提出要求。具体来说，工作分析结果应用与反馈阶段包括两方面的工作。

3.5.1　工作说明书的使用培训

　　工作说明书是由专业人员编写的，而它的使用者是实际从事工作的人员。在进行工作说明书的使用培训时，一方面要让使用者了解工作说明书的意义与内容，了解工作说明书中各个部分的含义；另一方面要让使用者了解如何在工作中运用工作说明书，例如，如何在招聘员工时使用工作说明书，如何根据工作说明书与下属员工确定工作目标和标准，如何根据工作说明书考核员工并提出对员工培训的需求等。

　　企业的发展离不开优秀的人才，当企业的人才需求企业内部无法解决时，可以通过外部招聘的渠道吸纳人才，那么企业怎样才能招聘到所需的合适人才呢？当然可以依据空缺职位的任职资格条件进行筛选、录用。这样，可以保证企业招聘到合适的员工，并实现适人适岗、人尽其才、才尽其用。

◇◇◇◇➡ **实践练习3-5**

　　某公司拟招聘中文秘书1名，在招聘工作之前，需要制定出选人的标准与要求，所以招聘广告的编写是关键。

　　表3-9是该公司"中文秘书"一职的工作规范，请您据此来编写这个职位的招聘广告。

　表3-9　　　　　　　　　　　　**某公司"中文秘书"工作规范**

一、职责概要

在一般监督下，完成文书工作。本岗位工作较为复杂，如汇总各种文件资料；准备各类数据资料，并编辑、汇总与分类；草拟各种报告、请示、通知、公告等；速记会议发言等

二、工作时间

一般在规定时间内完成，无须加班加点

三、资格条件

学历：大专及以上

工作经验：做相关工作两年以上

熟练程度：熟练使用五笔输入法，打字速度每分钟100字左右

四、考核项目

1.打字：每分钟100字左右，超过120字最为理想

2.速记：每分钟至少100字，120字最为理想

3.核对稿件：每分钟最少80字，120字最为理想

4.专门知识：《秘书学》《速记方法》《公文写作》等

5.写作能力：语言通顺简洁，内容充实，结构严谨

6.心理测验：考查情绪稳定性，接受外界信息的灵敏性、机警性

参考答案：

招聘广告要以工作规范来编写，不能主观臆断。同时，要注意招聘广告中不要出现"资料恕不退还""谢绝来电来访"的字样，也不要有任何歧视，包括性别歧视、年龄歧视、地区歧视、学历歧视、非名牌大学歧视等。

资料来源　王小艳. 如何进行工作分析［M］. 北京：北京大学出版社，2003.

3.5.2　工作说明书的使用反馈与调整

这一活动将始终贯穿于组织的经营与管理活动之中。随着组织与环境的发展变化，一些原有的工作任务会消失，一些新的工作任务会产生，现有的许多职位的性质、内涵和外延都会发生变化。因此，应经常对工作说明书的内容进行调整和修订。另外，工作说明书是否适应实际工作的需要，需在使用过程中得到反馈。

▶▶▶ 知识链接3-4

技能点：如何克服动态环境对工作分析的影响

随着知识经济时代的到来，现代企业面临着越来越多的挑战与创新。在这种瞬息万变的内外部环境中，工作分析也面临着巨大的冲击，处于不断的动态变化之中。由此而引起工作分析结果的应用周期越来越短，这样就更需要工作分析人员采取有效措施，及时把握这些变化。

动态环境指企业内在、外在因素的变化，使其组织结构、工作构成、人员构成等处于不断变动的状态之中的环境。

应对动态环境对工作分析影响的措施是：

一是进行年度工作分析。

年度工作分析，即以一年为一周期而进行的工作分析。其具体操作步骤如下：

•由各部门主管详细记录一年内工作变动情况。

•每年正式开始实施工作分析之前，各部门主管向人力资源部门递交本部门工作变动情况汇总表。

•由专门的工作分析人员对交上来的工作变动情况汇总表进行整理分析，并据此制订出一个详细的工作分析计划。

•具体实施年度工作分析。

•编写工作分析结果，即形成工作说明书。

二是进行适时工作分析。

适时工作分析：部门主管随时报告本部门的工作变化情况，然后由工作分析人员随时进行的工作分析。

其具体实施如下：

•某种工作已发生变化或有必要改变时，由该部门主管以书面形式向人力资源部门报告。

•由专门的工作分析人员对事实进行考察，并在确定有必要的情况下，针对变动的部分做出分析与修改。

•将分析结果反馈到该部门，以检查是否符合现实的要求。

•改变工作说明书中变动的部分，得到新的工作说明书。

以上两种措施若能结合实际，并加以综合应用，将更有利于问题的预防和解决。

3.6　工作分析实践过程中常见问题诊断

工作分析是对工作进行全面评价的一个过程，通过收集、分析、整合与工作相关的信息来说明工作的目的、内容、方法和技能要求等。工作分析是组织规划与设计的基础，是企业人力资源规划、人员招聘、员工培训和发展、绩效管理、薪酬管理等工作的依据。但是，很多企业的工作分析往往流于形式，在编写工作说明书时为"说明书"而"说明书"。正确认识什么是工作分析，如何科学地做好工作分析，将为科学的人力资源管理体系建设打下坚实的基础。

3.6.1　准备阶段的常见问题与诊断

1）常见问题

（1）目的不明确。在进行工作分析前常常没有明确工作分析的目的，没有很好地理解工作分析的价值，轻过程重结果，为"工作分析"而"工作分析"，从而使人力资源管理的这一核心技术流于形式、没有达到其应有的目的。

（2）工作小组成员或被分析的对象不稳定。在项目进行过程中，工作分析小组成员或被分析的对象发生变换，在离开或换人时工作交接不清楚，导致工作必须从头开始。

（3）宣传不到位。由于宣传不到位，员工不知道工作说明书的作用，有些员工误认为工作说明书编写就是要"定员、定编"，出现员工不理解、不配合、不执行的情况，使工作说明书变成可有可无的摆设。

2）诊断

在工作分析开始前要做好以下的工作：

（1）明确工作分析的目的和意义。我们首先要做到的是明确工作分析目的，向员工宣传并与其达成共识：工作分析是为了使现有的工作内容和工作要求更加明确合理，以便制定切合实际的管理制度和管理机制，调动员工的积极性。同时通过工作分析这一过程能够有效帮助员工重新理解工作的价值和标准，能够帮助员工提高工作效能。

（2）获得高层的支持和认可。在工作说明书编写之前，要和公司的高层领导充分讨论，正确定位工作说明书编写的意义和价值，并取得领导对工作分析的理解、支持和认可。确保项目实施过程中，高层领导能率先树立岗位责任意识，对各项工作实行归口管理，改变原来自由随意的管理风格。

（3）加强工作分析小组的管理。在确定工作分析小组成员后，首先要对小组成员进行工作分析，明确各自的分工、流程、时间表和阶段成果，并要求每个成员在工作中保留过程文档。同时坚持每天开早会，反馈昨天的工作成效和当天的工作计划。工作小组的负责人负责汇总小组成员每天的工作文档，以应对中途发生人员调换情况，保证工作分析工作的有条不紊和信息来源的一致性。每周工作小组最好有个项目交流会，以保持成员间的信息和经验的共享，并不断调整工作分析的方式与方法。

（4）争取各部门主管和员工的参与配合。各部门主管和员工的主动参与是工作分析的关键。在编写工作说明书时，各部门主管和员工是主体，只有他们才最了解工作的实际情况。人力资源部的任务是为各部门提供工作说明书编写的技术，并充分做好编写的准备工作。

◇◇◇◇➡ **实例体验 3-1**

人力资源专员小王接到指示，公司在这个月将开展工作分析。人力资源部的每个成员自然成为工作分析小组成员，小王要负责销售部门各个岗位的工作分析。他决定先从普通的销售员开始，从下往上分析，把销售经理放在最后。

但是普通员工并没有小王预期的那样配合。"工作分析？干什么用的？你们人力资源部还真是吃饱了没事干。"资历较深的员工直接质疑小王。"哦，是不是要裁人啦？怎么突然要工作分析了呢？"胆小者支支吾吾，疑心重重。"真抱歉，手头忙，等过一阵再谈吧。"态度冷淡不配合的更不在少数。一周下来，小王精疲力竭，却收获寥寥。

员工对小王的工作或质疑或冷淡对待，问题并不在小王身上。员工对工作分析实施者态度冷淡，有抵触情绪其实是员工对工作分析恐惧的一种表现。这个实例中，员工之所以对工作分析产生恐惧，主要原因就是事先没有做宣传动员。员工不清楚工作分析的原因、流程和目的，心里没底，自然对这项突如其来的工作不配合，对实施者也有不信任感。所以，假如公司人力资源部决定要进行工作分析，那么应该在工作分析实施前做好充分的准备与铺垫：成立工作分析小组，制订计划、步骤，明确工作分析目的，与高层管理者进行沟通，召开全体员工大会等。让大家明白工作分析的主要目的，就是为了设计、制定高效运行的企业组织结构；制定考核标准及方案，科学开展绩效考核工作；设计出公平合理的薪酬福利及奖励制度方案；使得人尽其才。

如果他们懂得了这是一个客观公正的调查分析，并不是针对个人的裁员或者降薪，他们就会消除心理障碍，那么后面的工作也比较好做了。另外，人力资源部需要把工作分析的执行步骤、方法告诉员工，将流程公开，让员工心中有数，以免引起员工的不安。

3.6.2　实施阶段的常见问题与诊断

1）调查阶段

（1）问题：

① 信息来源不准确。在工作分析中，我们主要是通过员工面谈和问卷方式获取相关信息，但员工在这一过程常常存在四个方面的问题：一是有抵触情绪；二是害怕说错会受到上级的责备；三是不清楚这项工作能为他带来什么；四是不知道什么该说什么不该说。于是在向工作访谈人员描述自己的工作内容和情况时，故意夸大其岗位的复杂程度、技术难度以及工作量，从而使获取的信息不客观、不准确、不全面。

② 收集信息的问卷针对性不够。访谈的问卷没有被系统设计并缺乏针对性，常常使收集的信息不能全面和客观地反映真实的工作。

③ 工作分析没有与企业业务流程优化以及岗位优化相结合。在实施工作分析之前没有对业务流程以及部门与岗位设置进行优化，在实施后才进行调整，导致工作说明书经常被调整和修订，不仅增加了工作量，还降低了工作说明书的权威性和信服力。

（2）诊断：

在工作分析调查阶段我们应该做好以下的工作：

① 通过让员工正确认识工作分析的本质来解决信息正确问题。在工作分析开始之前有必要向员工解释清楚三个方面的内容：实施工作分析的原因和目的；工作分析小组成员组成；工作分析会对员工产生何种影响。只有消除员工心里的困惑，才有可能从员工那里获得更为可靠、全面的信息资料。

② 根据不同对象设计问题。在访谈前，应该把要问的问题系统整理出来，并根据不同访谈对象采用不同的问题，比如说，不能把由主管回答的问题去问普通员工。问卷的设计也要因人而异，针对不同层次，设计不同问卷形式和内容。

③ 把业务流程规划和工作分析相结合。工作分析包含着三个层次的内容：一是对企业业务流程所涉及的各项工作的种类和属性进行分析，可称之为基于流程的工作分析。二是针对具体岗位的职责范围、工作内容、工作条件、权限安排以及任职者所应具备的知识、技能、素质和生理、心理素质等所进行的分析，也就是通常意义上的工作分析，可称之为基于岗位的工作分析。三是对某一项具体工作的操作过程、步骤所进行的分析，这类分析是企业制定岗位操作规程的依据，可称之为基于操作的工作分析。科学的面向流程管理的工作分析需要先对业务流程进行分析和优化，在此基础上进行部门和岗位的调整和优化，然后进行岗位工作分析。

◇◇◇◇ ➡ **实例体验3-2**

"请谈谈你这份工作对公司的价值。"听到这样的问题，杨柳愣住了，该怎么回答呢？当然要说价值很大啦，怎么大呢？思索了半天，她也不知道如何回答，只能说"我的工作是公司正常运转不可缺少的一个环节"，心里暗想，这回答还真是废话。不仅是杨柳，还有不少员工都在面谈中遭遇这样的"宏观"问题。员工们原本以为，人力资源部在了解情况进行工作分析后会对每个人的工作做个评价，谁知道，上来就让员工自己谈价值。这下可把大伙难住啦，说高了，一听就是空话；自谦一下，不等于让人家来炒鱿鱼吗？只好统一口径，简单几句话把进行工作分析的人打发走了。

要想了解一个工作岗位到底有什么样的工作内容、工作流程，从事该项工作的员工有怎样的素质和技能要求，工作分析小组人员需要采取各种方法，了解相关信息。与员工面谈是工作分析的重要方法之一。在面谈时需要一定的技巧和方法，即提问要具体、细致。像杨柳遭遇到的这样大而不当的问题是最忌讳的。因为这样的问题容易引起员工不安，也得不到有效信息。

所以，在采用访谈法的时候，工作分析小组人员应该技巧性地提问，获得的细节越多越好。例如，让员工描述他工作的典型的一天，上班到下班都做了什么。假如他回答开会，可以继续了解和谁开会，开什么会，对开会讨论的问题他发表了怎样的观点，他的意见是否被采纳。访谈时也可以了解员工在不同工作上花费的时间。例如，对于销售人员，可以问问有多少时间是和客户打交道；有多少时间是和同事商量销售方法；工作中遇到最大的问题是什么，如何解决，解决的时候是否找人帮忙等。除本人之外，还可以与他的同事、主管面谈，了解他的具体工作、工作时间分配等情况。

2）分析和编写阶段

（1）问题：

① 为编写而编写。我们往往过多地关注工作说明书的结果或形式，没有侧重工作分析的过程，没有把工作说明书的重新编写工作作为企业现有工作的一次大盘点。工作分析的真正目的应该是规范工作流程、明确岗位职责与权限。

② 缺乏专业的技术或培训。由于缺乏工作说明书编写的专业技能，所以编写的工作说明书往往用语不够准确，描述不够规范。

（2）诊断：

在分析和编写阶段，我们应该做的是：

① 使用规范用语。规范工作说明书的描述方式和用语，关系到工作说明书的质量。标准的工作描述格式应是"动词+宾语+结果"。动词的选择可参照岗位职责动词使用规范表；宾语表示该项任务的对象，即工作任务的内容；结果表示通过此项工作的完成要实现的目标，可用"确保、保证、争取、推动、促进"等词语连接。

② 和咨询顾问合作。为了确保专业水平我们可以聘请专业的咨询顾问，咨询顾问带给我们更多的是专业的方法、最佳实践的范例以及旁观者的客观建议。如果咨询顾问不熟悉企业的流程，不了解企业的实际情况，那么双方的有效配合是工作分析质量的关键。

3）使用和调整阶段

（1）问题：

① 在设计好工作说明书后直接投入使用。在工作说明书使用过程中发现与实际工作有很多不符的地方，结果其他部门以此为借口拒绝使用已编写好的工作说明书，并要求人力资源部重新编写。

② 当使用部门提出修改建议后，编写部门没有尽快进行修改。于是使用部门将工作说明书搁置一旁，所有的努力并没有带来应有的效果。

（2）诊断：

工作说明书设计后要进行试用和调整。

① 根据试用情况调整工作说明书。工作说明书编写好后需要进行试用和调整，以检查信息收集的准确性、设计方案的适用性。如果使用部门在试用过程中提出其建议，编写小组要好好分析产生差异的原因。如果是编写小组的问题，应该及时调整。如果是其他部门认识上的误区，应该耐心地加以说明，使双方达成共识。

② 保留调整的记录。特别要强调的是，所有的修改必须填写修改分析单，明晰导致误差的原因和避免重复出现误差的方法，这样可以保证工作分析工作能够持续改进。

3.6.3　正式应用和持续改进阶段的常见问题与诊断

1）正式应用阶段

（1）问题：

工作说明书在实践中没有被有效应用。我们对工作说明书的功能、用途认识不深，没有把工作说明书当成一个很好的管理工具，在日常的管理过程中将其束之高阁。比如，招聘新员工时没有按照工作说明书的岗位要求和任职资格进行选人，没有根据工作说明书进行员工合格率调查，更谈不上有针对性的员工培训了。

（2）诊断：

制定工作分析和工作说明书的制度。解决这一问题的方法就是在编制工作说明书时，同时编制出工作分析的管理制度，包括如何使用工作说明书、什么时候进行工作调整或修改、修改的流程是什么等，并定期检查各部门是否按制度执行。

2）持续改进阶段

（1）问题：

没有把工作分析阶段性成果和最终成果及时反馈给员工。组织的经营活动不断变化，会直接或间接地引起组织分工协作体制的相应调整，由此可能产生新的任务，一部分原有岗位被取消，增加了一部分新岗位，从而需要对工作分析进行重新调整，以适应变化。我们在工作分析时既没有向员工及时反馈阶段性成果，也没有在工作分析调整时向员工及时反馈调整的原因，从而加深了员工的抵触情绪，难以获取客观的信息，使得工作分析在实践中不能发挥应有的作用。

（2）诊断：

定期评审工作说明书。工作说明书要定期进行评审，看看是否符合实际的工作变化。同时要让员工参与到工作分析的每个过程，一起探讨每个阶段的结果，共同分析原因，遇到需要调整时，也要员工参加调整工作。只有亲身体验才能加强员工对工作分析的充分认识和认同，从而在实践中得到有效实施。

▶ 本章小结

本章讲述了工作分析实施的时机、组建工作分析小组、工作分析信息的来源以及工作分析实施的基本流程。

本章讲述了确定工作分析的目标和侧重点、制订总体实施方案、收集和分析有关的背景资料以及选择收集信息的方法。

本章讲述了与有关人员进行沟通、制订具体的实施操作计划以及实际收集与分析工作信息。

本章讲述了与有关人员共同审查和确认工作信息以及形成工作说明书。

本章讲述了工作说明书的使用培训以及使用工作说明书的反馈与调整。

本章讲述了准备阶段的常见问题与诊断、实施阶段的常见问题与诊断以及正式应用和持续改进阶段的常见问题与诊断。

▶ 知识掌握

1.选择题

（1）收集工作分析信息的方法中，（ ）可以避免主观性和由于记忆不准造成的失误。

A.书面资料   B.任职者报告

C.同事报告   D.直接观察

随堂测3-1

（2）工作分析小组成员包括高层管理者、（ ）、（ ）和工作任职者的上级主管。

A.工作任职者　　　　　　　　　　B.人力资源部专员

C.工作分析专家　　　　　　　　　D.部门经理

（3）（　　）形成工作说明书。

A.准备阶段　　　　B.实施阶段　　　　C.结果形成阶段　　　D.应用与反馈阶段

（4）以（　　）为导向的工作分析强调对工作所需受教育程度、工作经验、知识、技能与能力的界定，确定各项任职资格要求的具体等级或水平。

A.人员招聘　　　　B.员工培训　　　　C.绩效考核　　　　D.员工职业发展

（5）一份合格的工作说明书应具备准确性、（　　　）、普遍性、（　　　）、预见性、（　　　）。

A.完备性　　　　　B.简约性　　　　　C.条理性　　　　　D.可操作性

2.简答题

（1）怎样组建工作分析小组？

（2）实施工作分析的基本流程是什么？

（3）如何在工作分析中渗透人本管理的思想？

（4）实施阶段中常见的问题有哪些？如何诊断？

（5）如何克服动态环境对工作分析的影响？

▶ 知识应用

• 案例分析

A公司高层的决策

A公司是中关村的一家从事软件开发与设计的股份有限公司。该公司在2021年9月进行了大规模的工作分析，根据分析结果，编写了各岗位的工作说明书。在初期，工作说明书确实给企业带来了方便，提高了效率。但从2022年6月，各部门主管开始抱怨，工作说明书中对人员的编制说明禁锢了部门及公司的发展。

公司组织专人对此进行了调研，结果发现：随着生产技术的发展，产品的生命周期已缩短（大约仅为12个月），而工作说明书降低了人力资源使用的弹性。当今软件开发所要求的知识更新速度加快，对任职人员的资格条件也会随之改变，工作说明书若不及时修改，根本起不了作用。所以该公司决定不再进行工作分析，也不再使用工作说明书等任何工作分析结果。

问题：（1）A公司废弃工作分析将会带来什么问题？

（2）工作分析在当今社会所面临的困难主要有哪些？您认为该如何解决呢？

分析提示：从消除动态环境对工作分析的影响入手分析，并明确工作分析每个阶段的主要任务。

▶ 实践训练

学生6～7人为一组，每组选出组长（轮流担当组长）。组长带领小组成员共同制订模拟公司工作分析总体实施方案和工作分析实施计划。

任务完成效果评价：

（1）小组代表陈述与教师点评。各小组选出代表陈述本小组的作业成果；教师根据各小组代表的陈述内容进行点评。

（2）小组内互评。小组成员根据完成任务过程中个人的表现，按照表3-10的评价项目和分值、指标对每个成员进行评分，然后上交小组成员内部评价表和小组作业成果。

表3-10　　　　　　　　　　　　　　　　小组成员内部评价表

小组成员	评价项目和分值、指标				总成绩
	与人交流能力	与人合作能力	解决问题能力	职业态度	
	25分	25分	25分	25分	
	围绕主题，恰当、清楚表达意思的表现	与他人协作，处理合作过程矛盾的表现	提出方案和计划的质量	主动、认真地完成任务的表现	
（组长）					

（3）教师评价。教师根据小组评分参考表（见表3-11）的评价项目和分值、指标给各个小组评分。

表3-11　　　　　　　　　　　　　　　　小组评分参考表

组别	评价项目和分值、指标				总成绩
	计划与实施能力	学习能力	任务完成的效率	组员参与程度	
	25分	25分	25分	25分	
	是否按照工作分析流程操作；方案内容安排是否规范、合理	对工作分析流程、撰写工作分析实施方案等知识的理解程度	能按时或提前完成任务	参与讨论的成员数目	
第一组					
第二组					
第三组					
第四组					
教师评语					
第一组					
第二组					
第三组					

组别	评价项目和分值、指标				总成绩
	计划与实施能力	学习能力	任务完成的效率	组员参与程度	
	25分	25分	25分	25分	
	是否按照工作分析流程操作；方案内容安排是否规范、合理	对工作分析流程、撰写工作分析实施方案等知识的理解程度	能按时或提前完成任务	参与讨论的成员数目	
第四组					

（4）最终成绩计算方式：

个人最终成绩=小组成员个人成绩×60%+所在小组成绩×40%

▶ 课外拓展

关注新媒体平台，获取人力资源管理领域最新的观点、方法、技巧，了解人力资源管理的前沿资讯。

微信公众号"HRoot"是中国领先的人力资源媒体平台，旗下有诸多行业领先品牌与业务，包括全球领先人力资源网站（hroot.com）、卓悦会（HRootInstitute）、大中华区年度人力资源评选、中国人力资本论坛、中国人力资源服务展等。请在微信公众账号中搜索"HRootChina"，或用手机扫描二维码即可关注。

第4章　工作分析结果

▶ 学习目标 ◀

通过本章学习，你应该达到以下目标：

知识目标：掌握工作描述、工作规范的含义以及工作描述、工作规范的编写要求等，了解工作说明书的相关知识。

技能目标：掌握编写工作描述、工作规范、工作说明书的方法和技巧。

素养目标：培养学生具有运用工作分析的理论知识编写工作说明书的能力以及团队分工与协作精神。

▶ 内容架构 ◀

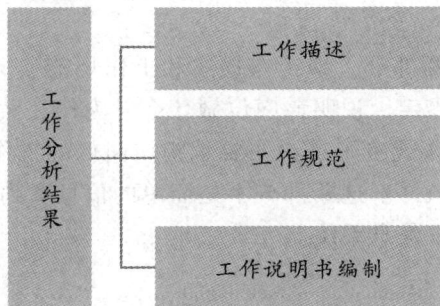

▶ 引例 ◀

工作说明书成为员工守则的一部分

泰山公司成立于2000年，是一家高新技术企业。经过几年的努力，公司拥有15个部门，300位员工。各个部门的经理主要是通过外部招聘，或是内部重组时的人员调配而来，管理经验丰富。员工也比较年轻，知识层次比较高。

由于企业目前正处于快速发展期，在各方面暴露出不少问题：

1.人员紧张。公司业务的不断扩张，使得人员非常紧张，各部门存在一人兼多职的现象。

2.部门间职责不清。作为一个新企业，仅2004年上半年公司组织结构就调整过3次。因时间仓促，导致部门之间职责划分不清，工作互有重叠，不时出现互相推诿的现象。

3. 工资制度也不规范。高新技术行业以前是高工资领域,近年工资也略有调整,以适应竞争。公司拟通过规范工资制度,进一步调动员工工作积极性。

针对这些问题,公司领导决定通过咨询有关专家,明确各个部门职责。专家小组成员走访大量员工,并对公司的各种文献资料进行详细分析。最后,专家认为,上述弊端的根源在于缺乏完备的工作分析。通过与公司高层的沟通,决定采用工作日志、问卷调查和现场观察的形式,制定工作说明书,即首先明确每一个岗位的职责、任职资格、工作性质和范围、岗位目标。

为此,专家和各个部门经理一起探讨部门的岗位设置,力求科学合理。在确定岗位后,开始发动全体员工对确定的岗位进行描述,在专家指导下制定工作说明书。通过工作说明书,明确了部门中每位员工的职责权限及所需资格条件。

资料来源 文征. 员工工作分析与薪酬设计 [M]. 北京:企业管理出版社,2006.

这一引例表明:为了进一步使部门之间职责清晰,提高人力资源管理工作效率,更好地调动员工工作积极性,制定完整、规范、准确的工作说明书很有必要,而人力资源管理者必须清楚地知道工作说明书包含哪些内容,以及如何编写工作说明书。

工作分析的结果就是形成工作说明书,它是以标准的格式对岗位的工作特征及任职者的资格条件进行规范化的描述性文件。利用工作说明书,员工可以了解他们工作的任务,明确其工作职责范围,清楚组织对他们的期望值,还可以为管理者的人事决策提供依据。

工作说明书一般包括两部分,即工作描述和工作规范(又称任职资格)。工作描述是对岗位工作基本信息的界定,说明该岗位做什么、为什么做、做到什么程度以及岗位的工作条件和环境等。工作规范则是说明要承担该岗位的工作职责,必须具备的知识、技能、能力和经验等资格条件。这两部分不是简单的信息罗列,而是通过客观的内在逻辑形成一个完整的工作岗位信息系统。

4.1 工作描述

4.1.1 工作描述的含义

工作描述是对工作岗位本身的内涵和外延加以规范的描述性文件。不同的目的和不同的工作描述使用者,对工作描述的内容具有不同的要求。工作描述的格式有许多种,人们可以根据自己的喜好来选择不同的格式,但每种格式包含的基本内容是固定的。

4.1.2 工作描述的作用

1)了解岗位基本情况

通过工作描述,阅读者可以一目了然地知道该岗位的基本特性、工作概述、工作职责、工作环境、在组织中的地位及工作协作关系等内容。

2)作为招聘的资料

根据工作描述中的工作职责,帮助招聘人员判断应聘者是否可以承担该岗位的工作。应聘者也可以根据自己的工作经验，鉴别自己是否满足该岗位的要求。

3）提供员工的晋升路线

工作关系、工作地位对该岗位在组织中的晋升及调配做了详尽的规定，员工可以明确自己在组织中的晋升路径。

4）作为工作评价的资料来源

工作评价中重要的因素就是岗位的工作职责大小、难易程度和工作条件、环境，而这些都可以在工作描述文件中获得。

4.1.3　工作描述的内容

工作描述的内容包括工作标识、工作概要、工作职责、工作权限、业绩标准、工作关系、工作条件和环境等。

1）工作标识

工作标识是用来区别组织中不同岗位的标志。就好比商品的标签一样，消费者通过标签就可以大体了解商品的产地、成分、质量、价格等信息，通过工作标识，任职者可以了解工作岗位的概况，获得对该工作岗位的基本认识。工作标识有两部分：一是工作岗位的基本信息；二是工作岗位分析的基本信息。其中，工作岗位分析的基本信息包括工作分析的时间以及工作说明书的撰写人、审批人、审批日期等，设置这些信息有利于对工作说明书的统一管理。这里主要介绍工作岗位的基本信息的内容。

（1）工作名称。工作名称是工作标识中最重要的项目，是指一组在职责、权限、技能要求等方面相近的工作岗位的总称。一个好的工作名称能够恰当地表现其工作岗位的主要内容，并且可以把该岗位与其他岗位区别开来，阅读者一看就知道该岗位大概干什么。

◇◇◇◇➡ **知识链接4-1**

怎样确定工作岗位名称

• 工作岗位名称应该准确地反映其主要工作职责。

要做到"名"与"责"相符，切忌名不副实。比如，"设备维修员""招聘主管"等岗位能清晰地区别于其他岗位，而且看到名称就能够联想到该岗位的主要职责是什么，就是很好的工作名称。但令人遗憾的是，在实践过程中，工作名称的设置常常使人产生误解，如某企业办公室设置了一个"行政主管"岗位，而该岗位的工作就是登记办公室的打字机、复印机、传真机等的使用情况，显然与"行政主管"工作职责不符，该岗位叫"办事文员"会更贴切。

• 工作名称要讲究艺术。

名称有心理暗示作用，可以增加工作的社会威望，提高任职者的满意度，如"垃圾收集工"就不如"环卫保洁员"听起来让人更喜欢，"家庭理财顾问"比"保险代理"更容易被人接受。

• 工作名称应该指明工作岗位的相关等级。

如"助理工程师"就没有"高级工程师"的岗位等级高，"高级项目经理"就比

"项目经理"的岗位等级高。

（2）岗位编码。岗位编码又称工作编码、岗位编号等。设置岗位编号的目的是便于岗位管理，迅速查找出工作岗位的信息，而且能够区分各个岗位的所属部门、所属组织，反映出岗位的上下级关系。组织可以参照《中华人民共和国职业分类大典》编码，也可以根据企业的实际情况自行编码。比如，某职业编码为 HR-02-05，其中 HR 表示人力资源部，02 表示主管级，05 表示人力资源部员工的顺序号。

（3）工作地位。工作地位也称工作身份，主要包括以下内容：

一是所属部门，即岗位所在部门名称，如"招聘配置主管"隶属于"人力资源部"。

二是直接上级/下级的岗位名称。遵循命令统一原则，一个工作岗位只能有一个直接上级；直接下级指直接受该工作岗位领导的那些岗位，共有几个岗位，相应地有多少人员等。

三是定员人数，即工作岗位的人员编制。一个工作岗位可能是一个人员编制，也可能是许多人员编制，比如酒店客房部经理岗位，编制是一个人，而客房服务员岗位，编制则可能是许多人。

四是工作等级，即组织中存在工作等级分类的情况下，此工作岗位处于哪一个等级。例如，某企业的文员分为一级文员、二级文员等。工作等级部分反映了该岗位在组织中的地位高低。

五是工作地点，或称工作场所，指工作的地理位置。一般可以用工作所在的部门、分部门、工作小组的名称定义；对于特定的岗位，如地区销售专员，则需要找出其在组织中的工作地点特征标准。

六是工资水平。工资水平是经工作评价后该岗位相对价值的大小，一般只是确定该岗位的工资范围，代表一个工作等级，工作岗位和工作等级之间一一对应。

以上工作地位包含的信息可以根据不同的分析目的，内容上有所删减。工作名称、岗位编码和工作地位组成了工作标识的基本信息。

2）工作概要

工作概要也称职务摘要、工作摘要等，是指用简洁的语言表述设置工作岗位的目的、主要职责和工作完成目标，通常浓缩为一句话，就能够帮助阅读者快速了解工作岗位的总体性质和中心任务。

撰写工作概要时，具体可从以下几个方面思考：为什么需要这个岗位？岗位为公司整体目标承担什么？岗位对公司独一无二的贡献是什么？岗位的中心任务或中心职责是什么？岗位需要完成部门的哪些指标？

撰写工作概要常用的动词有全面负责、主管、主持、推动、从事、实施、提升、确保、保证、完成、实现、达到等。

撰写工作概要可以采用"工作行动+工作对象+工作目的"或者"工作依据+工作行动+工作对象+工作目的"等模式。例如，人力资源部经理的工作概要可以描述为："主持制订、实施公司的人力资源计划和人力资源管理制度，推动、提升公司的人员招聘、培训、绩效管理、薪酬管理等工作，力求塑造一支结构合理、敬业、高效的人力资源队伍，为实现公司的经营战略目标提供充裕的人力资源保障。"办公室主任的工作概要可描述为："全面负责公司行政和党委的日常事务管理，协助公司领导处理各方面工作；主管公司会务、外事接待、信息工作，为领导决策提供依据，为企业创造良好的外部环境，保证公司内部管理体系的完整和平稳运行。"供应部经理的工作概要可描述为："根据销售预测数据，密切关注原材料市场供应信息，确保及时采购到价格合理、质量优良的原材料，达到公司对原材料成本控制的要求。"

　　3）工作职责

　　（1）工作职责的内涵。工作职责是工作描述的主体，是指组织中存在的岗位需要承担哪些具体的工作责任和任务，以及需要达到什么样的成果。工作职责也是对工作概要的细化。

　　（2）工作职责梳理。工作职责不是简单地把现任者的工作活动进行归纳和总结，而是从岗位角度对战略目标的贡献高度提炼，是对岗位目的的现实翻译说明。从工作分析调查实施活动中获得信息只有经过认真分析、判断、加工和整理，才能构成真正意义的工作职责。

　　工作职责分析的具体步骤如下：

　　第一，确定岗位目的。根据组织战略及部门的职能职责定位，确定岗位需要达成的目的。例如，我们确定某企业人力资源部经理岗位的目的。首先，确定该公司的战略目标是：在1～3年内成为本行业在华东地区的最大产品供应商；在3～5年内成为全国范围内的具有优势竞争力的产品供应商；在5～8年内培育一家上市公司。其次，根据公司战略目标，分析人力资源部应该完成的目标，近期人力资源部的目标是吸引、保留、激励与优化配置公司的人力资源，确保人力资源支持组织目标；远期人力资源部的目标是进行组织优化和管理变革，以提升组织竞争力，并满足上市要求。由于人力资源部经理全权负责部门工作，所以人力资源部的部门目标就落实到人力资源部经理岗位上，成为人力资源部经理岗位的目标。

　　第二，根据岗位目的，确定工作任务，划分职责模块。通过分析岗位目的，将岗位需要完成的工作任务归类，形成实现岗位目的必须做的几个任务组，即职责模块。比如，将人力资源部经理岗位目的分解成部门预算、人力资源规划、招聘配置、培训开发、绩效管理、薪酬管理和员工关系管理7个职责模块。

　　第三，确定职责模块的目标。因为职责的描述是要说明这项职责主要做什么，以及为什么做。因此，从成果导向出发，应对职责模块进一步明确要达成的目标，并且所有职责模块的目标必须与岗位的整体目标之间是部分与整体最优的关系。以上人力资源部经理的7个职责模块的目标见表4-1。

　　第四，确定达成职责目标的行动。对行动的确定，主要是依靠对访谈和问卷调查中所获得岗位任职者行为、活动信息进行归纳与提炼得到。具体表达方式可采用"行动方式+具体对象"的形式。

　　第五，形成初步的职责描述。通过将上述几个步骤得到的职责目标与行动相结合，就可以确定岗位基本职责的初步描述。

　　第六，确定最终的工作职责。按照工作业务流程的逻辑关系，对罗列的工作职责，以及行动中重叠的、真空的、错位的工作职责予以合并、删减、整合，最终确定工作职责。

表4-1 　　　　　　　　　　　　　　**人力资源部经理的职责模块与目标的对应**

职责模块	行动方式	具体对象	职责目标
部门预算	制定、执行和监控	本部门财务预算	确保部门预算与公司经营预算整体一致性
人力资源规划	制定、执行和监控	人员数量、质量、结构	确保人力资源规划与组织战略目标和组织结构保持一致性
招聘配置	批准、指导和监控	应聘人员，空缺、调整的岗位	确保空缺岗位人员迅速到岗，特别是资本运营人才；人与事的优化匹配
培训开发	批准、指导和监控	员工、客户	提高培训的满意度
绩效管理	批准、指导和监控	员工	确保组织绩效的实现
薪酬管理	批准、指导和监控	员工	吸引、保持和激发员工
员工关系管理	监控	员工、工会和组织	避免员工不满及劳动纠纷的发生

（3）工作职责描述的原则与格式。

工作职责描述的原则包括：①穷举、互斥原则。涵盖所有的工作内容，但相互之间不重叠。②按照业务流程关系的顺序。如电视台编辑职责可按照"选题策划—采访编辑—节目录制—后期制作—节目反馈"这一节目生产流程描述。③根据职责的重要性排序。④包含其他项。其他项指领导交办的其他工作，以保证临时性工作的顺利开展。

工作职责描述的格式为"动词+宾语（+结果）"。动词的选择可参照表4-2、表4-3；宾语表示该项任务的对象，即工作任务的内容；结果表示完成此项工作所要实现的目标，可用"确保、保证、争取、推动、促进"等词语连接。例如，"负责组织公司内部技术交流与培训""制订行政部年度、月度工作目标、工作计划，并组织实施""负责组织制定人力资源战略和人力资源规划，保证公司的发展战略得到有效的人力资源支持"等。

表4-2 　　　　　　　　　　　　　　**职责动词使用规范表**

项目　部门类型	管理职责	业务职责
决策类（工作的负责人）	主持、主管、负责、制定、筹划、指导、协调、委派、考核、交办	审核、审批、批准、签署
管理类（工作的组织者）	组织、拟定、提交、制定、安排、督促、布置、提出、委托	编制、开展、考察、分析、综合、研究、处理、解决、推广
执行类（工作的执行者）	策划、设计、提出、参与、协助、代理	编制、收悉、整理、调查、统计、记录、维护、遵守、维修、办理、呈报、接待、保管、核算、登记、送达

表4-3 根据作用对象分类的职责常用动词

动词作用的对象	相应的动词
针对计划、制度、方案等	编制、制定、拟定、起草、审定、审核、转呈、转交、提交、呈报、下达、备案、存档、提出
针对信息、资料	调查、研究、收集、归纳、总结、提供、汇报、反馈、转达、通知、发布、维护管理
某项工作（上级）	主持、组织、指导、安排、协调、指示、监督、分配、控制、牵头、负责、审批、审定、签发、批准、评估
直接行动	组织、实行、执行、指导、带领、控制、监管、采用、生产、参加、阐明、解释
上级行为	许可、批准、定义、确定、指导、确立、规划、监督、决定
下级行为	检查、核对、收集、提交、制作
其他	维持、保持、建立、开发、处理、执行、安排、监控、汇报、经营、确认、概念化、合作、协作、获得、联络、设计、测试、建造、修改、执笔、起草、引导、传递、翻译、操作、保证、预防、解决、介绍、支付、计算、修订、承担、谈判、协议、面谈、拒绝、否决、监视、预测、比较、删除、运用

资料来源 朱勇国. 工作分析与研究［M］. 北京：中国劳动社会保障出版社，2006.

（4）工作职责的量化。工作职责的叙述应贯彻细化原则，尽可能做到表述准确、到位。如果能够量化，一定要量化；如果不能量化，也一定要尽量详细地给出定性的描述。例如，某供电公司"线损管理"的职责权限中，用"编写节能管理、线损管理的长期规划、中期规划以及年度实施计划"，这显然比"编写节能管理、线损管理相关计划"要明确具体得多。

在实际的工作分析中，常用的职责量化信息表达方式有三种：各项职责所花费的时间的百分比、各项职责的重要性排序、各项职责的复杂程度。这些信息通过与在职者进行访谈获得，一般在工作职责的后面列出（示例见表4-4）。

（5）撰写工作职责时应注意的问题。工作职责是整个工作说明书的核心部分，撰写时应注意以下几个方面：

其一，工作职责表达的是该岗位要完成什么以及为什么，不涉及完成的过程。

其二，工作职责应当表述的是岗位所取得的关键成果。

其三，在职责条款的排列形式上，要遵循重要性原则，即按照重要性的高低逐条列出，一般可根据一项工作的重要程度和消耗的时间来考虑。

其四，工作职责仅仅包含岗位稳定的工作内容，而不包含模糊、不确定、上级临时授予的、动态的工作内容。

其五，一项工作职责指向唯一的工作成果，不允许有重叠和交叉。

其六，岗位的若干职责之间有内在的逻辑关系，而不是任务的简单拼凑和组合。

表4-4   **工作职责的量化示例**

职责1：总经理办公室日常工作	占工作时间的百分比：60%
具体工作内容：	频率
（1）协助总经理处理日常事务	日常
（2）承担经理办公会以及与各部门间的具体上传下达任务	日常
（3）负责跨部门临时性工作的衔接和协调	日常
（4）负责处理公司与外部的重要的往来函电	日常
（5）负责建立并维护好公司与重要社会关系的沟通渠道	日常
（6）协调各级领导来访的组织接待工作	经常
（7）负责完成公司领导日常交办的大量事务性工作	日常

职责2：战略规划管理工作	占工作时间的百分比：20%
具体工作内容：	频率
（1）协助总经理对公司战略规划的制定、实施、控制与修改	日常
（2）深入理解国家有关大政方针，把握国家及行业的政策导向	日常
（3）负责组织人员收集行业发展信息、掌握行业发展动态、积极收集其他公司的资料，为总经理提供外部企业（尤其是主要竞争对手）在经营管理上的动态和经验	日常
（4）督促有关人员综合分析收集到的信息，运用现代科学手段制定公司的中长期发展战略，为公司的战略决策及调整提供理论和运作上的依据	日常
（5）负责撰写公司重大投资项目的可行性分析报告、实施计划	根据需要

职责3：企业文化及公司形象宣传工作	占工作时间的百分比：10%
具体工作内容：	频率
（1）负责促进公司企业文化建设工作的不断发展	日常
（2）负责督促有关人员做好企业形象设计工作	日常
（3）负责监督指导VI（视觉设计）要素的应用工作	日常
（4）负责督促公司内部、外部网站的策划、设计和管理工作	日常

职责4：部门员工工作指导及管理	占工作时间的百分比：10%
具体工作内容：	频率
（1）与本部门员工进行经常性的工作探讨，对其工作目标及方法进行指导	日常
（2）对本部门员工进行绩效管理	季度

4）工作权限

工作权限是根据权、责、利对等原则，赋予工作岗位完成任务的权力，这个权力不是完全自由的，有一定的限制，仅仅适用于履行工作职责的活动。任何只强调工作职责而没有相应权力的观点都是片面、不客观的。工作权限可以帮助管理者明确工作职责的边界，防止工作中互相推诿现象的发生。

通常工作的权限可以分为3类：业务权限、人事权限和财务权限。工作权限的表示方法示例见表4-5。

表4-5 **工作权限的表示方法示例**

业务权限	有权制止违章作业、违章指挥 有权拒绝受理不符合规定或超出范围以及其他不正常的成本支出 ……
人事权限	对部门人员有考核权 对部门人员有配置权 对部门人员安排有建议权 ……
财务权限	日常报销：对部门预算内日常报销金额小于（　　　）元可进行审批，对于超过此金额或预算外的日常报销可先行报批 大额资金使用：对部门预算内的大额资金使用小于（　　　）元可进行审批，对于超过此金额或预算外的资金使用可先行报批 办公用品申购：对部门预算内办公器具申购金额小于（　　　）元可进行审批，对于超过此金额或预算外的可先行报批 ……

5）业绩标准

业绩标准是在工作职责细目确定的基础上，对每项工作任务完成情况的规定。在以考核为导向的工作描述中，业绩标准是必须包含的关键内容。工作职责的考核涉及考核指标与考核标准两个方面，考核指标考虑的是应该从哪些方面衡量工作职责，从工作职责细目中抽取、提炼获得，而考核标准则是这些指标必须达到的最低要求。业绩标准有两种：第一种是正向业绩标准，从正面的角度考察该职责是否完成，以及完成的效果，如目标完成率、计划执行质量、准确性、及时性等；第二种是反向业绩标准，是从反面的角度考查职责的完成效果，如差错率、失误率、客户投诉率、旷工率等。

设定的业绩指标和标准必须满足SMART原则。S（specific）代表具体，考核指标必须具体，不能太笼统；M（measurable）代表可衡量，考核指标必须能够衡量出来；A（attainable）代表可达到性，设定的标准要具有挑战性，而且要能够实现；R（relevant）代表相关性，指标必须与工作职责相关，反映工作职责的完成情况；T（time-limited）代表时限性，考核标准要有一定的时间期限。岗位业绩考核标准示例见表4-6。

表4-6 **人力资源经理的业绩标准（部分）**

考核指标	考核标准
人力资源计划的完成率	一定周期内实际完成数/计划数不低于［90］%
人力资源费用预算和薪酬分配方案的有效性	实际支出人力资源费用预算和薪酬分配/计划额不高于［5］%
人员供应的及时、有效性	研发、生产等关键岗位空缺率不高于［20］%
关键人员的流失率	一定周期内关键人员流失率不高于［10］%
薪酬体系的完善度	员工薪酬体制的满意度不低于［85］%

考核指标	考核标准
绩效考核工作有效性	对绩效考核工作投诉的次数不高于〔3〕次
招聘效果	新员工试用不合格的比例不超过〔10〕%
培训效果	培训效果员工满意度调查不低于〔80〕%
人事工作落实的有序性	劳动合同签订的及时性、人事档案的完整性、人事调配的合理性等，上述工作被投诉的次数不超过〔3〕次
人事档案建立与完善的及时性	有人事相关方面的变动时，应在〔2〕日内及时建立管理卡片、更新检索目录，未完成该要求的次数不高于〔3〕次
部门管理费用的控制率	部门管理费实际支出/计划支出不高于〔10〕%

6）工作关系

工作关系是指任职者与组织内部、外部其他人之间的关系，确定岗位在组织中的位置。它主要包括：该项工作受谁监督；此工作监督谁；此工作可晋升的岗位、可转换的岗位以及可迁移至此的岗位；与哪些部门或者外部单位、个人发生联系等。工作关系示例如图4-1所示。

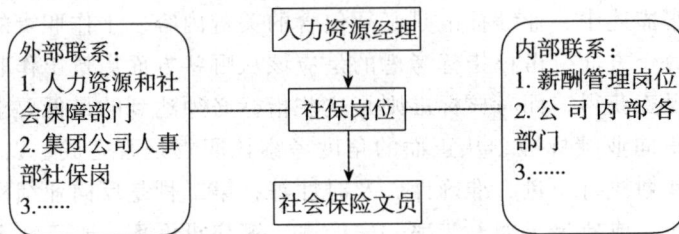

图4-1　社会保障岗位工作联系图

7）工作条件和环境

工作环境是指工作的物理环境和心理环境。一般情况下，工作描述中所讨论的工作环境多指工作所处的物理环境。比如，工作可能在户外进行（如建筑工作），可能在低温中进行（如冷库工作），工作也许长时间地持续（如银行出纳员），或有强烈的气味、噪声（如机床操作工）、压力（如急救室护士）等。具体来说，工作条件和环境包括以下几点：工作地点、工作危险性、职业病、工作时间、工作均衡性、工作环境舒适程度等。工作环境对人体造成危害与不舒适的研究对于工作分析具有决定性的作用，也是劳动保障的重要依据。

（1）工作地点。工作地点分为在室内、在室外两类，并且要用频度副词加以描述，其中频度副词从下列词语中选择：主要、经常、有时、偶尔、从不，这些词语表示的频度依次降低。

（2）工作危险性。工作危险性是对有可能发生的工作伤害的必要提醒。工作危险性描述分两种情况：有或无，如果有，体现在哪些方面。比如，供电局线路检修岗位有3个危险点：高空坠落、触电、坠落物砸伤。提醒本岗位的人员注意这3个危险点。

需要指出的是，工作危险性是指由某些特殊岗位的工作要求和特点决定的工作伤害，而不是所有从业员工都可能会遇到的普遍伤害，如电脑辐射、腰肌劳损、交通事故等都不必列入工作危险性。

（3）职业病。可参照国家法定职业病填写。

（4）工作均衡性。工作均衡性指工作的忙闲状态。

▶ 实践练习4-1

请做下面的判断题：

1.工作说明书中涉及的内容越多越好。 （   ）

2.工作名称可以不与实际的工作内容一致。 （   ）

3.工作概要只需列出主要的工作活动和功能即可。 （   ）

4.工作关系只需说明组织内的联系。 （   ）

5.基于工作职责的客观的业绩考核体系比基于对任职者工作的主观评价更为有效。

（   ）

6.工作说明书中可以隐瞒存在危险性的工作条件。 （   ）

参考答案：

正确的是：3、5

错误的是：1、2、4、6

4.1.4　工作描述范例

1）某公司副总裁的工作描述（见表4-7）

表4-7　　　　　　　　　　　**某公司副总裁的工作描述**

职位名称：副总裁
职位代号：102
职责：根据董事会与总裁的战略规划，辅助总裁发展与实施海外销售计划
目标：根据2022年总公司目标计划，当年完成利润1亿元；根据总公司5年规划，在今后5年中实现利润翻一番，每年至少递增20%。海外业务点要在5年内增加1倍
所需资格：有10年以上基层管理工作经验、大学及以上文化程度
职位等级：2级（注：总裁为1级，视薪酬而定）
直属领导：总裁
主要下属：海外事务子公司总经理、驻外办事机构主任共20人
主要任务： 1.辅助总裁对总公司海外事务子公司与驻外机构的全面领导 2.对下属两大系统的财务、人事全面负责，有权任免海外事务子公司与驻外机构的正、副职高层领导 3.制定下属两大系统的任职资格要求与主要考核条例，并根据子公司业绩决定分配方案与业务扩展方案 4.完成由总裁或董事长根据总公司发展需要而规定的其他任务，并向总裁直接负责

工作关系：

1.协调横向关系：主要是与国内销售系统、生产系统的副总裁之间的关系，要求互相配合，以总公司目标为重，共同对总裁负责

2.协调与各职能部门之间的关系：主要是与总公司财务部、发展战略部、市场开发部、人力资源部的部长协调关系，在各专业领域内要多与他们协商，听取他们的建议与意见，把他们视为参谋，以保证各专业领域内工作的顺利开展

3.不该直接指挥与本职位没有直接关系的（如生产子公司、海外机构的某销售部等）单位或部门，但可以通过正常途径听取其意见，并向直属下级提出行政处理办法

2）某公司销售部经理岗位工作描述（见表4-8）

表4-8   **某公司销售部经理岗位工作描述**

岗位名称：销售部经理	岗位编号：XSB-01-01
所在部门：销售部	直接上级（岗位）：营销总监
直接下级（岗位）：区域经理4名、销售办公室主任1名	定　　员：1人
工资等级：13级	分析人：李明
分析日期：2022-03-29	批准人：王长印

工作概要：负责公司产品销售计划制订、执行，监督、指导各区域销售工作，完成公司销售目标

工作职责及具体内容：

职责1：负责部门销售计划的制订	占工作时间的百分比：30%
具体内容：	频率
（1）对整个部门的销售工作结果负责	日常
（2）承担上级下达的销售指标（任务量、费用、回款、市场开拓等指标）	日常
（3）拟订部门年度销售计划，分解目标，报批并督导实施	每年1次
（4）拟订部门年度结算计划，分解目标，报批并督导实施	每年1次
（5）拟订部门年度销售预算，分解、报批并督导实施	每年1次
（6）分析市场状况，正确做出市场销售预测、中期计划调整，并报批	每季度1次
（7）审核季度产品销售预测、计划	每季度1次
（8）审核部门的月度业务、财务计划	每月1次
职责2：监督部门销售的具体执行	占工作时间的百分比：30%
具体内容：	频率
（1）负责组织实施各类产品的销售工作	日常
（2）关注销售市场的总体形势，及时上报有关重大情况	日常
（3）负责监管有关客户、竞争对手、服务质量等各类信息的反馈	日常
（4）负责监管合同的综合管理，包括合同结算、合同款的回收、技术转让合同的科技市场登记等工作	日常
（5）负责监管标书、合同等与销售工作密切相关的文件、资料的制作和管理	日常
（6）负责监管各类销售数据的统计工作，并负责向上级及经理办公会提供相关动态数据	日常
（7）负责销售费用监管，控制销售成本，力争利润最大化，保障销售活动总体在经济状态下运行，并与财务部保持密切联系，对销售成本、费用控制负责	日常

（8）负责销售合同的审批，负责审批其他具有法律效力的协议等文件，对结果负责	日常
（9）同国家电力公司有关部门、各网局和省局及调通局部门、代理商、客户等建立、保持	
多方面的外部联系，及时了解影响公司总体产品方向的信息	日常
（10）管理业务队伍的销售行为，避免严重影响公司正常经营的失误	日常
（11）保持24小时随时响应业务人员的有关业务权限的请示	日常
（12）参加业务员请求的必要的客户的来访接待和宴请	日常
（13）随同业务人员拜访客户，解决重要业务问题	日常
（14）同业务人员保持密切沟通，并适时检查业务工作情况	日常
（15）随时灵活地处理重大的偶然性问题	日常
（16）把握重点客户，控制70%以上的产品销售动态	日常
（17）根据中期及年度销售计划，开拓完善经销网络	每半年1次
（18）每周定期组织例会，并参加与企业有关销售业务会议	每周1次
（19）指导、监督、检查下级销售指标的完成情况	日常
职责3：负责部门建设工作	占工作时间的百分比：20%
具体内容：	频率
（1）全面负责销售队伍的建设，使销售员队伍适应新形势	日常
（2）建立、培训新一代的销售干部	日常
（3）负责部门内中层各级的工作程序的培训、执行、检查（包括产品销售、组织合同评审、	
合同与标书管理、及时的信息反馈、客户接待工作等）	日常
（4）负责基层负责人的工作分配、考核和激励	日常
（5）为所辖员工提供良好的工作保障，为下级的成长进步提供良好的发展环境	日常
（6）根据合同毛利润、毛利润率、完成合同的工作量、合同的市场影响、合同的产品影响	
等确定合同的质量，实现合同质量的量化	每季度1次
职责4：负责部门间协调工作	占工作时间的百分比：10%
具体内容：	频率
（1）与各部门经理在工作中随时保持沟通，做好与其他各相关部门之间的协调工作，负有	
重要的内部协调责任	日常
（2）建立相关的流程，优化工作效率	日常
职责5：部门工作日常运转	占工作时间的百分比：10%
具体内容：	频率
（1）对部门具体的销售工作、业务员行为管理和部门管理等行政工作需要做出大的决策，	
负有较大的决策责任	日常
（2）做好上级布置的非计划内工作	日常
（3）出席公司有关要求销售部长参加的各种会议	日常
（4）处理部门大量的报销审核事宜	日常
（5）处理部门大量的业务发票开票审核事宜	日常

所用工具及设备	计算机、统计软件
工作环境特征	独立办公环境
工作均衡特征	（1）需要经常加班 （2）接待事务众多，饮食起居缺乏规律 （3）适应市场工作的节奏快、任务多样化的特点

工作关系：

外部：国家电力公司有关部门、各网局和省局及调通局部门、代理商、客户

内部：各产品部、供应部、生产部、人力资源部、经理办公室、企管部、财务部、运营管理部、行管部、市场部、销售部全体员工

考核标准：

（1）业务指标的完成情况：合同额、回款率、市场开拓等指标

（2）组织结构建设：销售部组织结构与市场工作的适应情况（部门机构设置适应业务工作需要，并采用节省人员成本的做法）

（3）销售队伍管理：业务指标数字化管理；每季度召开工作会

（4）员工培训情况：员工接受培训率；新员工培训的组织

3）某公司财务部经理岗位工作描述（见表4-9）

表4-9   某公司财务部经理岗位工作描述

工作名称	财务部经理	岗位编号	JCB-01-02
所在部门	财务部	岗位定员	1
直接上级	总经理	工资等级	8级
直接下级	财务部副经理、主管会计	分析日期	2022年8月
分析人	赵峰	版本号	2022年版

工作概要：负责公司资金预算、财务审核、资金筹集工作，确保资金链畅通，优化资本结构

工作职责与工作任务：

		职责表述：负责制订公司财务的整体规划方案及阶段性计划，健全财务制度	工作时间百分比：10%
职责一	工作任务	根据公司发展战略，组织制订财务规划，全面规划公司财务管理工作	频次：1次/年
		依据公司年度经营计划，组织制订财务部年度工作计划和阶段性工作计划，并完成工作总结	频次：日常
		负责建立、健全各项财务管理制度	频次：不定期

		职责表述：负责编制公司财务预算并督促执行，拟订资金筹集计划	工作时间百分比：15%
职责二	工作任务	编制年度财务预算，并负责具体的监控执行	频次：1次/年
		管理调度公司的资金，负责公司的信贷和债务管理	频次：日常
		组织拟订公司重大资金筹集计划	频次：不定期
职责三		职责表述：负责其他具体的财务管理工作	工作时间百分比：30%
	工作任务	负责指导、监督并按规定完成各种财务报表	频次：1次/月
		负责组织实施及完善各种原始记录及会计凭证	频次：日常
		负责指导建立、健全各类会计账簿，以及按会计核算要求设立科目	频次：日常
		组织公司及事业部的成本核算与成本管理	频次：日常
		负责资金的综合平衡工作	频次：日常
		负责公司投融资的分析与财务建议	频次：日常
		负责销售的核算工作，并且负责组织进行应收账款的清理、监督与催收工作	频次：日常
		负责组织资产及在建工程核算工作	频次：日常
		指导监控公司内部资金流转	频次：日常
职责四		职责表述：负责分析评价公司财务预算和经营计划执行情况	工作时间百分比：25%
	工作任务	负责分析并反馈公司的经营计划执行情况	频次：日常
		负责分析并反馈公司的财务预算执行情况	频次：日常
		负责有针对性地提出经营建议及其他改进建议	频次：日常
职责五		职责表述：负责公司的税务工作	工作时间百分比：15%
	工作任务	研究国家和地方税收政策，筹划公司税务活动	频次：日常
		安排税费申报与缴纳	频次：1次/月
		负责办理外贸出口的退税工作	频次：日常
职责六		职责表述：完成上级交办的其他任务	工作时间百分比：5%

工作权限：

公司年度经营计划的拟订权；公司经营信息的知悉权；公司财务预算的编制权；公司财务管理制度的制定权；授权范围内对公司资金的管理权；对公司各部门进行资金、成本管理的业务指导权；向公司高层提出资金筹集、运用的建议权；对各事业部财务活动的监督权、指导权；预算内费用的审批权；有对直接下级人员奖惩的决策权、任免的提名权；对所属下级的工作有监督、检查权；对所属下级的管理水平、业务水平和业绩有考核评价权

工作关系：

内部协调关系	公司各部门、各事业部财务处
外部协调关系	金融机构、税务机关、客户及供应商等
使用工具设备	计算机，一般办公设备（电话、传真机、打印机、Internet/Intranet网络、文件柜）
工作环境	一般工作环境；经常工作于办公室；无职业病危险
工作时间特征	正常工作时间，偶尔出差
所需记录文档	报表、通知、简报、汇报材料、工作计划、总结、报告、公司文件

4）某公司网站管理岗位工作描述（见表4-10）

表4-10　　　　　　　　　　　**某公司网站管理岗位工作描述**

发布日期：2022年6月30日

工作名称	网站管理	岗位编号	02-05-007
直接上级	新闻中心主任	直接下级	无
分析人	李平	批准人	张一凡

工作概述：在新闻中心主任的领导下，开展公司"思想政治工作超市"网站的信息发布、设计维护、升级改造和日常管理等工作

工作职责	考核指标
（1）编制网站宣传工作计划	计划执行率
（2）开展网站的设计维护、版面更新以及硬件设备的升级改造等工作	新闻更新频率
（3）从事网站的信息发布管理，对有价值的相关信息进行反馈并督办处理	调查报告主管满意度
（4）按照公司规定与之链接的二级单位网站的设计指导和信息沟通交流	沟通计划完成率
（5）开展对网站服务器、数据库的安全检查、杀毒维护和资料备份等工作	安全天数、故障率
（6）参与公司通信员网络建设和通信员队伍培训	培训计划执行率
（7）对网站新闻各类稿件有发布权、核实权、审定权，对本部管理制度有建议权	出现不健康内容次数

工作关系图（如图4-2所示）

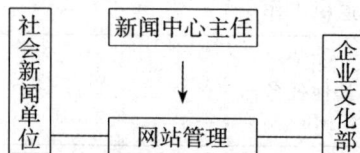

图4-2　工作关系图

工作环境：

工作地点：　　办公室　占80%　　出差　　占20%

工作危险性：　☑无　□基本无危险　□比较危险　□非常危险

职业病：　　　☑无职业病的可能　　□有职业病的可能

4.2　工作规范

4.2.1　工作规范的含义

工作规范也称任职资格条件，是指员工履行岗位职责时，在知识、工作技能、工作经验、能力、生理及心理特征等方面应该具备的资格条件。工作规范与工作描述不同，工作描述是针对工作岗位的性质而言，而工作规范是对工作岗位员工的要求。

◇◇◇◇◇◇➡ 小思考4-1

培华公司的工作说明书是前年制定的，最近，人力资源部张经理让刚毕业的小王把工作说明书重新完善一下，小王根据张经理的要求首先分析了人力资源部的各个岗位：招聘主管岗、培训主管岗和考核主管岗。招聘主管赵芸是本科学历、培训主管李斌是大专学历，而考核主管董立国是研究生学历，所以他认为这3个岗位理想的任职资格分别是本科、大专和研究生。请问小王对这几个岗位的工作规范分析有哪些问题？

答：分析岗位的工作规范针对的是岗位而非在职者，以现任者的条件来确定工作规范显然是错误的，另外，任职资格是最低要求，而非理想要求。

4.2.2　工作规范的构建方法

工作规范的构建方法与技术有很多种，目前没有一个标准的方法。总的来说，工作规范构建方法可以分为两大类：以工作为导向和以人员为导向。

以工作为导向的构建方法依赖详尽的工作描述，主题专家小组从工作的职责和任务出发，分析任职者为了完成岗位职责和任务需要什么样的资格条件。

以人员为导向的构建方法通常建立在对人员特征与工作要素的相互关系假设基础上，从任职者获得成功的关键行为或高频率、花费大量时间的工作行为出发，分析任职者要从事这样的行为需要具备什么样的素质特点。

4.2.3　工作规范的内容

工作规范的内容包括知识、工作技能、工作经验、能力、生理及心理特征等方面：

1）知识

知识指胜任岗位应该具备的知识水平和知识结构，包括以下内容：

（1）学历要求，即胜任岗位所需要的最低学历要求，如高中及以下、大专、本科、研究生。学历代表任职者的受教育年限。

微课：编写
岗位说明书
（下）

（2）基础知识，指与工作相关的基础性理论知识，一般为一级或二级学科，不同工作性质需要不同的基础知识。例如，人力资源经理应该掌握的基础性理论知识有管理学、心理学、法学、经济学等。

（3）专业知识，这是岗位的核心知识，体现了岗位之间要求的本质区别，一般可以用受教育专业表示。比如财务部经理和人力资源经理，在基础知识上基本相同，都需要

掌握管理学、经济学等，但专业知识方面大相径庭，财务部经理需要掌握的专业知识是财务核算、报表编制、资金预测等，而人力资源部经理需要掌握的专业知识是工作分析、人员测评、工作评价等。

（4）相关法律法规知识，指胜任本岗位所应具备的相关政策、法律、规章或条例方面的知识。通过了解相关法律法规知识可以开阔任职者的眼界与工作思路，优化工作质量。这部分知识包括国家对行业的法规、政策，行业发展趋势，国家对经济的宏观调控政策等。

知识要求规定了正规的受教育专业和学历，对自学成才的任职者不公平，所以许多时候可以根据实际的认知能力来表述岗位的受教育程度要求。美国劳工部的"普通受教育程度量表"（GED）（见表4-11）根据岗位对推理能力、语言能力和数学能力3个维度的要求，界定岗位任职者所需具备的实际受教育水平，并根据这3个维度把受教育水平划分为6个等级，每个等级又与一定的受教育年限相对应，很好地解决了正规学历与实践能力对应的问题。

表4-11　　　　　　　　　　　美国普通受教育程度量表（GED）

	推理能力	数学能力	语言能力
高受教育水平	6=使用抽象概念、符号（诸如用公式表示）以及科学原理	6=使用高等微积分、现代数学或统计方法	6=撰写文学或者技术报告，或者监督、指导负责撰写的人
⋮	⋮	⋮	⋮
低受教育水平	1=简单按规则处理问题	1=通过加减运算进行兑换或衡量	1=2 500字篇幅的文章，写出简单的句子，或者按照正常规范的顺序表达

资料来源　盖特伍德，菲尔德. 人力资源甄选［M］. 薛在兴，张林，崔秀明，等译. 北京：清华大学出版社，2005.

例如，美国职业词典（DOT）将出纳员的普通受教育水平（GED）定位：R4M3L3，这表示要达到出纳员岗位的工作绩效要求需要具备4级的推理能力、3级的数学能力和3级的语言能力。

2）工作技能

工作技能是指与工作相关的工具、技术和方法的运用。工作技能包括两类：一类是通用技能，如公文处理技能、计算机操作技能、外语技能等；另一类是专业技能，指某一特定领域所需的、履行岗位工作职责时必备的技能，可以通过资质要求来鉴定，比如，医生要有相应级别的医师资格证等。目前人力资源和社会保障部推行的人力资源管理师资格认证就是作为人力资源管理人员需要具备的工作技能证明。

3）工作经验

工作经验可以采用社会工作经验和组织内工作经验结合来度量。社会工作经验是指任职者的所有工作经历，根据与岗位相关性，具体分为一般工作经验、相关工作经验、专业工作经验和管理经验等4类。例如，某电子公司生产部经理的工作经验要求见表4-12。组织内工作经验是用任职者在本组织内部的工作经历来表示岗位的工作经验要求，一般适用于从内部选拔中高层管理者。

表4-12 　　　　　　　　　某电子公司生产部经理工作经验要求

经验类别	必备条件	理想条件
一般工作经验	8年以上社会工作经验	10年以上社会工作经验
相关工作经验	5年以上电子公司或8年以上高科技公司工作经验	8年以上电子公司工作经验
专业工作经验	3年以上电子公司生产部主管工作经验	5年以上电子公司生产主管经验，分管生产工艺、质量控制等工作
管理工作经验	2年以上担任中等规模企业生产部门副职	2年以上担任中等规模企业生产部经理

4）能力

能力是员工顺利地完成某种活动所必须具备的心理特征。能力不同于知识、技能本身，它表现在获取知识、技能的动态过程中，即在其他条件相同时，员工掌握知识、技能时所表现出的快慢、深浅、难易以及巩固的程度。能力总与员工的某种活动相联系并表现在活动中，只有从活动中才可以看出员工是否具备某种能力。心理学把能力分为一般能力和特殊能力。一般能力是从事许多基本活动都必须具备的能力，如观察力、记忆力、思维力、想象力等；而特殊能力是指在某种专业活动中表现出来的能力。工作规范中的能力通常指特殊能力。例如，语言表达能力、人际交往能力、团队合作能力、沟通能力、创新能力、分析问题与解决问题的能力等。

在能力要求中，有些能力是针对组织中所有员工的，是基础且重要的要求，称之为核心能力，它适用于组织中所有的员工，无论他在哪个部门或是在何种工作岗位任职。而有些能力依据员工所在的岗位群，或是部门类别有所不同，称之为专业能力。

5）生理及心理特征

生理特征是对岗位的任职者在健康状况、身高、性别、体重、年龄等方面的要求。如宾馆的门童岗位，一般要求性别是男性，且身高不得低于175厘米，身体强壮等。

心理特征是指一个人心理过程进行时表现出来的稳定性。个性心理特征是多种心理特征的独特组合，一般把人的能力、性格和气质统称个性心理特征。心理特征要求就是指根据岗位的性质和特点，对员工在能力、气质和性格等方面及其发展程度要求所进行的综合分析。对心理特征的分析可以采用心理图示法。心理特征表示法有计分法、文字表达法和表格法。

不同性格、气质类型及其相适应的职业分别见表4-13、表4-14。

表4-13   **性格类型、特征和相应职业**

性格类型	性格特征	相应职业
敏感型	精神饱满，好动不好静，办事爱速战速决，但行为带有盲目性；与人交往中，往往会拿出全部热情，但受挫时容易消沉失望	运动员、政府人员和各种职业的人均有
感情型	感情丰富，喜怒哀乐溢于言表，别人很容易了解其经历和困难；不喜欢单调的生活，爱刺激，爱感情用事；讲话、写信热情洋溢；在生活中喜欢鲜明的色彩，对新事物很有兴趣；与人交往中，容易冲动，易反复无常，骄慢无理，所以与其他类型人有时不易相处	在演员、活动家和护理人员中较多
思考型	善于思考，逻辑思维发达，有较成熟的观点，一切以事实为依据，一经做出决定，能够持之以恒；生活工作有规律，爱整洁，时间观念强；重视调查研究和精确性；但这类人有时思想僵化，教条，纠缠细节，缺乏灵活性	在工程师、教师、财务人员和数据处理人员中较多
想象型	想象力丰富，憧憬未来，喜欢思考问题；在生活中不太注重小节，对那些不能立即了解其想法、价值观的人往往不耐烦；有时行为刻板，不合群，难以相处	在科学家、发明家、研究人员和艺术家、作家中较多

表4-14   **气质类型、特征和相应职业**

气质类型	特征	相应职业
多血质	具有很高的灵活性，容易适应变化的生活条件；活泼，好动，敏捷，注意力容易转移，感情丰富但不强烈，且易于变化	适合从事与外界打交道，灵活多变、富于刺激性和挑战性的工作，如外交、经商、管理、记者、律师、驾驶员、运动员等；不太适合做过细的、单调的机械性工作
黏液质	沉静，稳重，迟缓，少言谈，能忍耐，情感不易外露，注意力稳定，但难于转移；对自己的力量做好估计后，就把事情做到底，持重，交际适度，从容不迫，性格有一贯性和确定性	善于做有条理的、要求细致和持久的工作，如会计、出纳员、话务员、保育员、播音员等
胆汁质	有很高的兴奋性，所以在行为上表现出不均衡性；脾气暴躁，好挑衅，态度直率，活动精力旺盛，动作敏捷，情绪容易冲动，一般表现在面部和姿态上，常常性急；工作特点是带有周期性和波动性，能以极大的热情投身于工作，准备以行动去克服困难；然而，当精力消耗殆尽而目的没有达到时，便失去信心，情绪沮丧	喜欢与人打交道、工作内容不断变化、环境不断变化并且热闹的职业，如导游、推销员、节目主持人、公共关系人员；但明显不适应长期久坐、持久耐心而细致的工作
抑郁质	性情孤僻，优柔寡断，行动迟缓，情感体验深刻而持久，往往为微不足道的理由而动感情，但情绪有内隐性，并善于察觉别人不易察觉的细小事，对委托的事情有责任感和坚定性，能克服困难，在一个友爱的集体里或者在习惯的环境中，这类人可能是容易相处的人	适合安静、细致的工作，如校对、打字、排版、检查员、化验员、登记员、保管员等

资料来源　朱勇国. 工作分析与研究［M］. 北京：中国劳动社会保障出版社，2006.

◇◇◇◇ ➡ 知识链接4-2

世界500强企业关于优秀员工的12条核心标准

1.敬业精神

参加工作是一个人生存的基本权利，一个人是否能获得此权利，要看他能不能认真地对待工作。能力不是主要的，能力差点，只要有敬业精神，能力就会提高。如果认真做好一个工作，往往还有更好的、更重要的工作等着你去做。这就是良性发展。

2.忠诚

忠诚建立信任，忠诚建立亲密。只有忠诚的人，周围的人才会接近你。

3.良好的人际关系

良好的人际关系会成为你这一生最珍贵的资产。难怪美国石油大王洛克菲勒说："我愿意付出比天底下得到其他本领更大的代价来获取与人相处的本领。"

4.团队精神

在知识经济时代，竞争已不是单独的个体之间的竞争，而是团队与团队之间的竞争。员工必须与公司制订的长期计划保持步调一致，还需提高自身及同事的能力，这就是团队精神的具体表现。

5.自动自发地工作

充分了解工作的意义和目的，了解公司战略意图和上司的想法，了解作为一个组织成员应有的精神和态度，了解自己的工作与同事工作的关系，并时刻注意环境的变化，自发地工作。

6.注重细节，追求完美

每个人都要用搞艺术的态度来开展工作，要把自己所做的工作看成一件艺术品，对自己的工作精雕细刻。只有这样，你的工作才是一件优秀的艺术品，也才能经得起人们细心观赏和品味。

7.不找任何借口

只要自己还是企业的一员，就应该不找任何借口，投入自己的忠诚和责任心，将身心彻底地融入企业，尽职尽责，处处为自己所在的企业着想。

8.具有较强的执行力

具有较强的执行力的人在每一个阶段、每一个环节都力求卓越，切实执行。具有较强的执行力的人就是能把事情做成，并且做到他自己认为最好结果的人。

9.找方法提高工作效率

遇到问题就自己想办法去解决，碰到困难就自己想办法去克服，在企业里，没有任何一件事情能够比一个员工处理和解决问题更能表现出他的责任感、主动性和独当一面的能力。

10.为企业提好的建议

为企业提好的建议，能给企业带来效益，也能给自己带来更多的发展机会。

11.维护企业形象

员工的一言一行直接影响企业的外在形象，员工的综合素质就是企业形象的一种表现形式，员工的形象代表着企业的形象，员工应该随时随地维护企业形象。

12.与企业共命运

企业的成功不仅意味着老板的成功，更意味着员工的成功。企业和员工的关系就是"一荣俱荣，一损俱损"，不管最开始是你选择了这家企业，还是这家企业选择了你，既然成为这家企业的员工，就应该时时刻刻竭尽全力为企业做贡献，与企业共命运。

◇◇◇◇➡ **实践练习4-2**

你认为作为一名招聘专员应具备哪些资格条件？请结合表4-15，分别从知识、能力、经验三方面各举出三条加以说明。

表4-15   **招聘专员应具备的资格条件**

知识	1. 2. 3.
能力	1. 2. 3.
经验	1. 2. 3.

4.2.4　工作规范范例

表4-16是某公司销售部经理岗位工作规范范例，表4-17是某公司招聘专员岗位工作规范范例。

表4-16   **某公司销售经理岗位工作规范**

知识	学历	最低要求：专科
		理想要求：研究生
	基础知识	1.电子、电力自动化、营销类专业
		2.丰富的电子产品知识
	法律法规知识	懂经济合同法、购销协议等
工作经验	最低：3年工作经验，电力系统自动化领域的销售工作经验2年以上	
	理想：5年工作经验，电力系统自动化领域的销售工作经验2年以上	
生理、心理特征要求	性别	男性佳
	身体状况	健康、良好，能完成繁重、连续的出差任务
	年龄	25~45岁
	性格开朗，热情，灵活，竞争意识强	
工作技能	1.灵活、熟练地使用各种办公软件，特别是SPSS统计软件	
	2.达到四级及以上英语水平，口语流利者更佳	
	3.良好的文字写作能力，会撰写市场调查报告	
能力	1.市场调研、分析及预测能力	
	2.良好沟通能力、协调能力	
	3.专业的渠道规划、建设、实施能力	

表4-17　　　　　　　　　　　　　**某公司招聘专员岗位工作规范**

岗位名称：招聘专员　　　　　　　　编　号：

部　门：人力资源部　　　　　　　　直接上级职位：人力资源部经理

分析人员：　　　　　　　　　　　　分析日期：

1.体格要求

年龄：25～40岁　　　　　　　　　　性别：不限

身高：女性，1.55～1.70米；男性，1.60～1.85米

体重：与身高成比例，在合理的范围内即可

视力：必须能够看清计算机屏幕、数据报告和其他文件

听力：必须能够与同事、员工和顾客交流，参加各种会议和准备公司信息

健康状况：无残疾、无传染病

外貌：无畸形，相貌出众更佳

声音：普通话发音标准，语音和语速正常

2.知识和技能要求

（1）学历要求：人力资源专业、心理学专业或相关专业本科及以上

（2）工作经验：3年以上国有大型企业工作经验

（3）专业背景要求：曾从事人力资源招聘工作2年以上

（4）英语水平：国家六级

（5）计算机：熟练使用OFFICE系列办公软件

3.特殊才能要求

（1）语言表达能力：能够准确地与部门主管交流工作情况；能够进行人力资源的规划和预测；能够
　　准确、清晰、生动地向应聘者介绍企业情况；能够准确、巧妙地解答应聘者提出的各种问题

（2）文字表达能力：能够准确、快速地将希望表达的内容用文字表达出来，对文字描述很敏感

（3）工作认真细心，能认真保管好各类招聘材料

（4）有较强的公关能力，能准确地把握同行业的招聘情况

4.其他要求

（1）能够随时出差

（2）不可请1个月以上的假期

4.3　工作说明书编制

4.3.1　编写工作说明书的步骤

　　工作说明书的编写指通过对工作分析的结果加以整合以形成具有企业法规效果的正式文件的过程。其编写步骤如下：

　　1）由人力资源部统一工作说明书的格式和内容

　　所谓工作说明书格式和内容的统一是相对而言的，其实在不同企业之间，工作说明书没有统一固定的内容和格式，而且有些内容的名称叫法不尽相同。目前企业使用的版本格式非常多，可根据企业自身需要而定。就内容而言，绝大多数企业的说明书包括工

作描述和工作规范（或任职资格）两大部分。

一个企业内部可以使用一种格式的工作说明书，然后根据岗位的不同有针对性地选择有关内容。如果某个岗位没有涉及其中的内容，可以不填。工作说明书模版预设的备填栏目应尽可能全面，最好在不同栏目里预留补充或备注的空间，这种大一统的做法在企业的工作说明书里比较普遍。当然，在同一个企业内，还可以在基本格式统一的前提下，将企业的工作说明书分成几大类，如高层管理人员工作说明书、基层管理者工作说明书、技术人员工作说明书、普通员工工作说明书等。这几类工作说明书可以根据岗位的不同特点，在格式和内容上有所差异。

2）由各部门选用工作说明书所需资料

在工作分析过程中，各部门会收集大量与岗位相关的信息，但并不是所有的岗位信息都对工作说明书的编写有用，这要求各部门编写工作说明书的负责人必须会鉴别和选用工作说明书所需的资料。各部门在选用资料的过程中，如有问题要及时向人力资源部的专业人员或咨询顾问机构的专家咨询。

3）明确由各部门编写工作说明书过程的注意事项

在编写工作说明书时描述应该具体、清楚、确定、中肯、易懂、适用，并且用词要准确、无遗漏、无含糊、无模棱两可、无夸张、无不当。

4）由各部门对相关工作说明书进行讨论、修改

各部门按要求编写工作说明书后，由本部门经理组织相关人员进行讨论、修改和审核，最好人力资源部派相关人员参与讨论、修改和审核。

5）由人力资源部或工作分析小组对部门工作说明书进行复核

各部门编写好工作说明书后，应交人力资源部或工作分析小组进行复核，主要复核各部门工作说明书之间的关联部分、衔接部分、重叠部分。

6）总经理或工作分析小组对部门工作说明书进行批准和颁布

一般而言，人力资源部经理负责各部门中高层工作说明书的复核、基层工作说明书的批准，总经理或工作分析小组组长负责中高层工作说明书的批准和公司所有工作说明书的颁布。

◇◇◇➤ **知识链接 4-3**

技能点：如何掌握工作说明书的编写技巧

工作说明书是用来指导任职者如何工作的，不仅可以帮助任职者了解其工作、明确其职责范围，还可为管理人员的决策提供参考。规范的工作说明书是企业组织的巨大财富。那么，如何才能编写出规范的工作说明书呢？在编写过程中，需要掌握哪些技巧呢？

•要用专业术语来描述。在编写工作说明书时，应选用专业的词汇来描述工作特点和对任职者的要求，如分析、收集、分解、监督等。

•在措辞上，应尽量使用简洁、精练的语言。

•对工作的描述应清晰透彻，让员工一目了然。

•每个句子应该以一个主动词开头，采用动宾结构，少用或不用形容词。如描述职位目的时，可采用"执行……以实现/推进……"这种句型。

•在使用那些只有一种含义的词，以及用来详细描述工作完成方式的词语时，要小心谨慎。

•应全部采用现在时态进行描述。

•最好用统一格式，注意整体的协调，做到美观大方。

可见，工作说明书的编写是经验、规范与技巧的结合，需要在掌握大量信息的基础上，运用专业术语和文法技巧最终完成。

◇◇◇◇◇➡ **实践练习4-3**

在编写工作说明书时，下面哪些做法是可取的？哪些是要尽量避免的？

1.所列出的工作名称很难与实际工作内容相联系。   （   ）

2.尽量使用规范的语句。   （   ）

3.对工作职责的描述过于笼统。   （   ）

4.出现让人产生歧义的句子。   （   ）

5.采用动宾结构来描述工作职责。   （   ）

6.工作说明书采用了不同格式，且外观花哨。   （   ）

7.采用现在时态进行描述。   （   ）

8.所描述的内容缺乏条理性、逻辑性。   （   ）

参考答案：

正确的有：2、5、7

错误的有：1、3、4、6、8

◇◇◇◇◇➡ **实践练习4-4**

假如你是某家食品加工企业的人力资源部招聘主管，你的直接主管领导是人力资源部经理，你还有一名下属是招聘专员。该企业规模不大，员工260多名，其中生产工人占到近80%，由于普通工人流动率较高，因而每年招聘生产工人的工作量较大，经常需要去外地招聘生产工人。

操作：

1.请根据上述材料为自己拟写一份工作说明书。

2.工作说明书应该明确岗位的工作职责和任务、工作环境和条件、上下级及外界联络关系、任职资格要求等内容。

3.你可以通过调查一家企业或者查找资料完善这份工作说明书。

4.3.2 工作说明书模板

表4-18、表4-19、表4-20是某几个公司的工作说明书模板，读者可以借鉴此模板编制本单位的工作说明书。

表4-18　　　　　　　　　　　**某公司工作说明书模板一**

岗位名称		所属部门		岗位编号	
直接上级			直接下级		
编写人		批准人		编制日期	

工作描述

工作概要：

工作内容	关键业绩指标	量化目标	衡量标准	指标权重

岗位权限：

岗位位置图（如图4-3所示）：

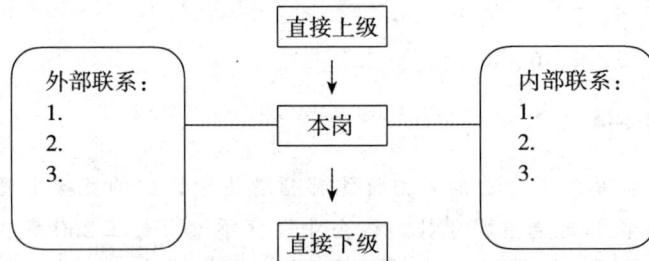

图4-3　岗位位置图

岗位位置关系说明：

可直接升迁的岗位：

可相互转换的岗位：

可升迁至此的岗位：

工作强度

工作压力：

体力强度：

脑力辛苦程度：

工作紧张程度：

工作环境			
	工作场所	室内: %	室外: %
工作危险性	危害原因		
	发生频率		
	其他		
职业病	名称		
	原因说明		
	其他		
	工作禁忌		

工作时间	一般工作时间	1 2 3 4 5 固定□ □ □ □ □经常变动		
	主要工作时间	上午:	备注	每周出差时间占工作时间的比率:
		下午:		
		其他:		

工作均衡性	1 2 3 4 5 均衡□ □ □ □ □不均衡
工作地点稳定性	1 2 3 4 5 稳定□ □ □ □ □不稳定
工作环境舒适性	1 2 3 4 5 舒适愉快□ □ □ □ □极不舒适愉快

任职资格	
学历	
专业	
工作经历	
年龄与性别特征:适应年龄　　　适应性别	

所需技能培训	熟练期		
	培训科目		培训时间
	备注:		

知识要求	行业基础知识: 专业知识: 相关政策法规知识: 操作规范、安全规程等:
技能要求	

能力要求	项目 (5分制)	领导决策能力	组织协调能力	人际沟通能力	口头表达能力	书面表达能力	分析判断能力	信息管理能力	计划能力	冲突管理能力	时间管理能力	现场指挥能力	应变能力	动手操作能力	事故处理能力		
	需求程度																

个性心理 特征要求	项目 （5分制）	责任心	情绪稳定性	服从性	诚信	细心程度	主动性
	需求 程度						

资质要求	技术及管理岗位职称要求：□高级　　□中级　　□初级 操作岗位职称要求：□高级技师　□技师　□高级工　□中级工　□初级工 计算机等级：□高级　□中级　□初级 岗位所需职业资格证书： 其他：
备注	

表4-19　　　　　　　　　　**某公司工作说明书模板二**

岗位编号		岗位名称		所属部门	
岗位类型		上级职位		编写日期	
工作概要					

履行职责及考核要点

履行责任	占用时间	绩效标准

工作关系	直接下属人数		间接下属人数	
	内部主要关系			
	外部主要关系			
工作条件	工作场所			
	工作时间			
	使用设备			
职位关系	可转换的职位	部门：	职位：	
		部门：	职位：	
	可晋升的职位	部门：	职位：	
		部门：	职位：	
	职位关系图			

续表

任职资格要求				
一般条件	最佳学历		最低学历	
	专业要求			
	资格证书			
	年龄要求		性别要求	
必要知识和工作经验	必要知识			
	外语要求			
	计算机要求			
	工作经验			
必要的业务培训				
必要的能力和态度	能力			
	态度			
其他事项				

表4-20　　　　　　　　　　　**某公司工作说明书模板三**

岗位名称：	所在部门：
岗位编码：	编制日期：
工作概要：	

岗位职责

1.（职责一）

1.1

1.2

2.（职责二）

2.1

2.2

关键绩效指标（KPI）

任职资格		
项目	必备要求	期望要求
学历及专业要求		
所需资格证书		
工作经验		
知识要求		
技能要求		
能力要求		
个性要求		

主要关系	
关系性质	关系对象
直接上级	
直接下级	
内部沟通	
外部沟通	

工作环境和条件	
工作场所	
工作设备	
工作条件	
工作时间	
备　注	

4.3.3　工作说明书填写说明

本部分内容是对上述的工作说明书模板一填写的说明，读者可以借鉴使用。工作说明书填写说明示例如下：

工作说明书填写说明（范例）

本工作说明书主要包括岗位基本信息、工作描述、工作强度、工作环境、任职资格等部分，具体填写要求如下：

一、岗位基本信息

1.岗位名称

岗位命名要做到标准化，即符合国家职业标准、技术标准及各种规程规范，并符合人们一般的理解，使人们通过岗位名称可以大致了解岗位的性质和内容。

按照公司规范的岗位名称填写，不得做任何更改，对岗位名称和职责有不同理解的，及时反馈给工作小组，在没有答复之前，仍按照岗位序列填写。

2.岗位编号

由人力资源部统一编订，编写人此处暂不填写。

3.所属部门

本岗位所在的部门，表明隶属关系。

4.直接上级

填写本岗位的上级岗位名称，表明命令来源，注意不是所对应的人员姓名。

5.直接下级

填写本岗位的下级岗位名称，表明命令去向，如没有则填写"无"。

6.编写人

编写人的姓名，并不是所有从事本岗位的人员。

7.批准人

批准人指岗位所在部门的负责人，部门负责人的工作说明书则由直接上级批准。

8.编制日期

保证工作说明书的时效性，工作说明书的编制不是一劳永逸的，应随着时间和工作任务的改变进行调整，此次编写时间统一为2022年8月（居中）。

二、工作描述

1.工作概要

用精练的语言，高度概括岗位目的和主要工作。不列细节，确保真实准确，是对岗位定位和岗位结果的描述。

从以下几个方面思考：①为什么需要这个岗位；②岗位为公司整体目标承担什么；③岗位对公司独一无二的贡献是什么。表达形式一般为"为……而做……"或"通过……达到……"常用词包括确保、保证、完成、实现、达到、负责等。

2.工作内容

工作内容是指任职者为实现一定的组织职能或完成工作使命而进行的一个或一系列工作。条文撰写应注意以下几个方面：

（1）岗位工作按照每条工作的重要性来填写，可分为承担主要责任工作、承担部分责任工作、协助支持性工作等。

（2）要就本岗位的客观要求来填写，而不能就现在本岗位人员的工作内容或该人员能不能完成来填写。

（3）不应包含模糊、不确定的内容。

（4）撰写的通用格式为"动词+宾语（+结果）"。动词的选择可参照岗位职责动词使用规范表；宾语表示该项任务的对象，即工作任务的内容；结果表示完成此项工作所要实现的目标。例如，"组织公司内部技术交流与培训""制订年度、月度工作目标、工作计划，并组织实施""组织制定人力资源战略和人力资源规划"等。

（5）填写人员要注意审核各岗位之间的工作内容是否有遗漏或重复。

（6）职责的最后一条统一为完成上级交办的其他工作任务。

3.关键业绩指标、量化目标、衡量标准、指标权重

关键业绩指标：用什么指标来衡量该岗位该项工作的责任结果。

量化目标：指标的目标值，尽量做到用数据说话。

衡量标准：如何对该岗位该项工作进行评价，与责任相对应，重在引导性，既要定性又要定量。评价角度一般包括时间（及时完成率和周期），质量（故障率、出错率、一次性合格率、客户满意率），成本（财务指标、投入多少才能达到效果、投入产出率），数量。

指标权重：该指标占总体业绩考核的比重。

4.岗位权限

岗位权限是指为更好地完成岗位工作，而必须具备的权力。权力名词可参照权力名词表。对于操作性岗位，权限的项目可能较少。责任是该岗位对公司承担的责任，与权限一一对应，有权限就要承担相应的责任。

5.岗位位置图

岗位位置图应包括该岗位与上下级岗位及与企业内外部的联系。

6.岗位位置关系说明

说明本岗位的上升通道、横向发展通道等。

三、工作强度

1.工作压力

工作压力指工作本身给任职人员带来的压力，主要指决策迅速性、工作常规性、任务多样性、工作流动性及工作是否被时常打断。可按以下级别进行填写：

一级：极少迅速做出决定，工作常规化，工作很少被打断或者干扰。

二级：很少迅速做出决定，工作速度没有特定要求，手头的工作有时被打断。

三级：要求经常迅速做出决定，任务多样化，手头的工作常被打断，或工作流动性强。

四级：经常迅速做出决定，任务多样化，工作时间很紧张，对工作速度要求较高，工作流动性很强。

2.体力强度

体力强度指岗位对任职人员在身体、视觉上的负荷。强度大小从体力支出的强度、注意力的集中程度、发生的频度和时间长短，以及劳动姿势要求对身体疲劳的影响等方面描述。

3.脑力辛苦程度

脑力辛苦程度指在工作时所需注意力集中程度的要求，主要指集中精力的时间、频率等。可按以下级别进行填写：

一级：工作时以体力为主，心神、视力与听觉等随便。

二级：工作时无须高度集中精力，只从事一般强度脑力劳动。

三级：少数工作时间必须高度集中精力，从事高强度脑力劳动。

四级：一般工作时间必须高度集中精力，从事高强度脑力劳动。

五级：多数工作时间必须高度集中精力，从事高强度脑力劳动。

4.工作紧张程度

工作紧张程度指工作的节奏、时限、工作量、注意力转移程度和工作所需对细节的

重视所引起的工作紧迫感。可按以下标准进行填写：

一级：工作的节奏、时限自己掌握，基本没有工作紧迫感。

二级：大部分时间的工作节奏、时限自己掌握，有时比较紧张，但时间持续不长。

三级：工作的节奏、时限自己无法控制，工作比较紧张。

四级：为完成每日工作需要加快工作节奏，持续保持注意力的高度集中。

四、工作环境

本部分是出于劳动保护的考虑，对本岗位人员工作环境的必要提醒，主要包括工作场所、工作危险性、职业病、工作禁忌、工作时间，根据列表中所示内容进行选择，并在空格处填写具体内容。

1. 工作场所

可参照以下填写：

公司办公室内固定位置，偶尔出差（如管理岗位）。

公司生产车间内固定位置，偶尔出差（如车间操作工）。

公司有固定办公室，但经常出差（如部分中高层管理岗位）。

经常出差在外，工作地点不固定（如售后服务人员）。

驻外（如部分销售人员）。

2. 工作危险性

工作危险性必须是与本职岗位有密切关系的危险可能，是对有可能发生的工作伤害的必要提醒，主要指身体伤害。这又分两种情况：有或无。如果有，列出相关危险点，比如，有触电、坠落物砸伤等危险，从而提醒从事本岗位工作的员工注意这些危险点。

3. 职业病

职业病指长期从事本岗位可能带来的职业病。

4. 工作禁忌

工作禁忌是指不能从事本岗位的情况，比如，患高血压和心脏病的人员不能从事野外设备安装等工作，色盲不能从事质检等工作。

5. 工作时间

工作时间指一般工作时间是否规律和主要工作时间情况。

6. 工作均衡性

工作均衡性指工作是不是有时比较忙，有时比较闲，还是比较均衡，各时间段的工作量基本一样。

7. 工作地点稳定性

这是指是否经常出差，或经常变动工作地区。

8. 工作环境舒适性

这是指工作环境是否舒适愉快。

五、任职资格

这包括必备知识、必备经验、必备能力、必备体力（心理）等。

1.学历

任职者的学历是从事本岗位最低的学历水平，主要包括初中及以下、高中、大专、本科、研究生。可参考以下标准填写：

操作类：高中及以上。

营销类：高中及以上。

技术类：相关专业大专及以上。

普通管理人员：高中及以上。

班长：高中及以上。

中层领导：大专及以上。

高层领导：本科及以上。

2.专业

填写1~2个与本岗位工作对口的学习专业。

3.工作经历

工作经历指为胜任本岗位所必需的相关工作经历和工作经验，分为本公司工作经历和专业工作经验。可参考以下标准填写：

操作类员工：半年以上本专业工作经历。

技术类员工：3年以上本公司工作经历，1年以上本专业工作经历。

营销类员工：2年以上本公司工作经历，1年以上本专业工作经历。

班长（副班长）：3年及以上本公司工作经历，1年及以上本专业工作经验。

普通管理人员：1年及以上本公司工作经历，半年及以上管理工作经验。

中层干部：5年及以上本公司工作经历，3年及以上管理工作经验。

4.知识要求

知识要求指工作人员为完成某项工作而应具备的行业基础知识、专业知识、相关政策法规知识、操作规程、安全规程等，并结合相应的等级填写相应的知识水平。常用语有精通、熟练、掌握、了解。

5.技能要求

技能要求指基于知识之上的、经过长期实践而形成的实际解决问题的能力。例如，人力资源管理岗位：能够运用科学的方法，分析本公司组织结构现状，并起草分析报告；能够及时提出招聘和人员配置方案；能够开展工作分析等。

6.能力要求

这是指要求从事本岗位工作需要具备的能力，如组织协调能力、书面表达能力、人际沟通能力、信息管理能力等。

管理岗位：领导决策能力、口头表达能力、组织协调能力、人际沟通能力、分析判断能力、书面表达能力、信息管理能力。

操作岗位：现场指挥能力、动手操作能力、应变能力、事故处理能力。

可以按5分制打分，5为要求最高，0为最低。

7.个性心理特征要求

各项目按5分制打分，5为要求最高，0为最低。

8.资质要求

这包括该岗位所需职称要求、计算机等级水平、上岗证书要求等。请结合相应的等级填写所需技能要求，并注明从事该岗位工作需要持有何种职业资格证书。

技术及管理岗位职称要求：一般管理人员为初级职称，中层为中级及以上职称。

操作岗位职称要求：（作业）初级工、（主责）中级工、（班长及副班长）高级工。

岗位所需职业资格证书：符合职业准入要求的岗位，必须持证上岗。

计算机等级：国家承认的计算机等级证书。

六、注意事项

（1）注意使用规范用语。

（2）工作分析对事不对人，即进行工作分析时注意不是分析具体个人，而是对岗位的职能和要求进行分析。

（3）要防止分析对象夸大自己工作的重要性。

（4）填写的工作说明书的版面、格式、字体、字号大小须与工作说明书模板一致，不要调整格式。

4.3.4 工作说明书范例

工作说明书是把工作描述和工作规范有机地结合在一起，告诉岗位上的员工知道自己应该做什么，以及组织对自己工作的标准。管理者可以据此对员工的工作进行考核，另外，当岗位空缺时，可以依此招聘新员工；当新员工就职时，可以依此对其进行指导。以下提供几份工作说明书范例（见表4-21至表4-27），作为参考。

表4-21　　　　　　　　　某公司生产部部长工作说明书

岗位名称：生产部部长	部门编号：JC002
所在部门：生产部	定员：1人
直接上级（岗位）：生产副总	分析人：张明
工资等级：5级	批准人：李佳义
所辖人员：生产部全体员工	分析日期：2022-09-10

工作职责及内容

职责1：人员管理　　　　　　　　　　　　　　　　　　占工作时间的百分比：30%

具体内容：　　　　　　　　　　　　　　　　　　　　　　　　　频率：日常

1.制定相关人员绩效考核办法并负责实施

2.建立完善培训制度，不断提高人员的业务能力，注重各种人才的培养

3.建立内部竞争上岗制度，充分调动人员工作积极性

职责2：生产过程管理　　　　　　　　　　　　　　　　占工作时间的百分比：20%

具体内容：　　　　　　　　　　　　　　　　　　　　　　　　　频率：日常

1.生产作业控制（包括准备、焊接、装配和维修等工序）

2.对生产过程进行分析研究，不断改进提高

3.对生产设备进行管理，建立完善的使用、维护保养和维修体系

4.对相关单位/部门进行协调

职责3：工艺技术管理	占工作时间的百分比：10%
具体内容：	频率：日常

1.新产品工艺设计、策划

2.常规产品工艺文件制定、实施

3.工艺装备设计、改进

职责4：计划	占工作时间的百分比：10%
具体内容：	频率：日常

1.制订月度生产计划和周、日排产计划

2.执行公司的各种生产计划

3.对计划实施过程中出现的问题进行修正和实施

职责5：生产分析	占工作时间的百分比：10%
具体内容：	频率：日常

1.制定、完善各类生产报表

2.进行成本核算和成本控制

3.进行生产效率分析，不断提高生产效率

职责6：质量管理	占工作时间的百分比：10%
具体内容：	频率：日常

1.质量体系的建设和维护

2.对生产质量进行分析，不断提高产品质量

3.进行过程检验

职责7：产品技术	占工作时间的百分比：10%
具体内容：	频率：日常

1.协调产品部，主持制订新产品技术准备计划并实施

2.协调产品部，主持制订生产过程中技术问题的解决方案并实施

所用工具及设备	计算机、必要的生产软件
工作环境特征	一般的办公环境，如有较安静的地方更佳
工作时间特征	正常工作时间

工作联系：供应部、运营管理部、企管部、市场部、产品部

工作结果及考核标准：

工作完成结果：在规定的时间内完成生产计划，保证产品质量和工期；人员合理调配；相关管理制度完善

建议考核标准：

1.生产计划制订合理有效，不断提高生产效率，降低成本

2.生产能力不断提高

3.部门团队的凝聚力不断增强，人员技术水平不断提高，工作积极性不断提高

任职资格要求	知识	学历要求	最低：本科 理想：研究生
		基础知识	具有电子、机械、化工专业或相近专业
	工作经验	5 年以上工艺管理、质量控制等经验，3 年以上中型高科技企业生产部经理经验	
	心理、生理特征	性别	男性
		身体状况	健康、良好，能承受繁重夜班
		年龄	30 ~ 40 岁
		认真，肯钻研，处事细致，坚韧，善追究	
	工作技能	掌握电子产品生产工艺、流程、技术；熟悉 ISO 9000 体系；掌握产品检测技术、质量控制方法；掌握计算机中控技术；达到 4 级及以上的英语水平	
	能力要求	良好的生产组织能力、协调能力、沟通能力、市场预测能力等	

表 4-22　　　　　　　　　**某公司办公室主任工作说明书**

岗位名称	办公室主任	岗位编号	BGS-01-01
所在部门	办公室	岗位定员	1
直接上级	总经理	工资等级	12
直接下级	副主任、秘书、法律法规干事、机要文秘、文员、司机	岗位分析日期	2022 年 8 月

工作概要：全面负责公司内部的行政后勤和公司的法律法规工作

职责与工作任务：

职责一	职责表述：负责部门工作计划的制订及组织实施		占工作时间的百分比：10%
	工作任务	根据公司经营计划和部门工作重点，制订部门工作计划	频次：1 次/月
		组织办公室内部人员落实工作计划，协调各种关系	频次：日常
职责二	职责表述：负责公司的各种会务工作		占工作时间的百分比：30%
	工作任务	参加公司董事会、党委会、办公室有关会议	频次：日常
		负责做好会议记录	频次：日常
		负责会后文件与纪要的下发、传达	频次：日常
		负责收集、汇总公司信息反馈材料	频次：日常

		职责表述：负责公司文件管理、档案管理	占工作时间的百分比：20%
职责三	工作任务	草拟工作计划、总结、报告及其他有关文件	频次：日常
		编写公司工作简报	频次：日常
		负责上级下发的和公司董事会、党委、办公室下达上报的一切文件的收发、传阅、打印、承办	频次：日常
		负责公司大事记载工作	频：1次/年
		各种公司内文件、资料的收集、立卷、归档、保管、查阅工作	频次：日常
		职责表述：负责法律法规工作	占工作时间的百分比：15%
职责四	工作任务	负责规章制度的归口管理，组织起草、审核重要的规章制度	频次：日常
		负责法律法规事务、合同管理	频次：日常
		负责公司内部普法教育	频次：日常
		公司内现代化管理成果的收集、整理、评审和向上级推荐	频次：日常
		负责管理企业营业执照	频次：日常
		职责表述：负责公司日常事务的管理	占工作时间的百分比：10%
职责五	工作任务	负责车辆的调派	频次：日常
		负责公司印鉴及公司董事长、总经理私人名章的正确使用和妥善保管	频次：日常
		负责中层及以上干部费用报销的登记备案	频次：12次/年
		负责接待外来客人	频次：日常
		负责群众信访工作，并及时正确地传递、催办和处理群众反映的问题	频次：日常
		负责信件、传真的收发工作	频次：日常
		负责检查、督促各部门交办任务的完成情况	频次：日常
		负责公司领导及职能部门办公室安排及调整管理工作	频次：日常
		职责表述：负责部门内部的日常管理	占工作时间的百分比：10%
职责六	工作任务	选拔、配备、评价下属人员，组织部门内部技能培训	频次：12次/年
		指导下属员工制订阶段工作计划并督促执行	频次：4次/年
		负责下属人员的工作分配	频次：12次/年
		制定部门预算，控制费用支出	频次：12次/年

职责七	职责表述：完成上级交办的其他任务			占工作时间的百分比：5%

工作权限：

对上级布置给部门的具体工作有督促权与监督权

对公司会议室、办公室的安排权

对车辆及司机的调度权

对预算内的费用有使用权

对直接下级人员奖惩的决策权、任免的提名权

对所属下级的工作争议有裁决权

对所属下级的工作有监督、检查权

对所属下级的管理水平、业务水平和业绩有考核评价权

工作协作关系：

内部协调关系	公司各部门、各事业部
外部协调关系	集团总部相关部门、政府机构等

工作规范：

受教育水平	大专及以上学历
专业	企业管理、文秘、法律或与公司业务性质相关的专业
培训经历	行政管理培训、保密知识培训等
经验	5年以上工作经验，3年以上行政管理工作经验
知识	通晓行政管理知识，了解法律等相关知识
技能技巧	熟练使用办公软件，有较高的写作水平和一定的语言表达能力，有较强的组织协调能力、沟通能力

其他：

使用工具设备	计算机，一般办公设备（电话、传真机、打印机、Internet/Intranet网络、文件柜等）
工作环境	一般工作环境
工作时间特征	正常工作时间，偶尔出差
所需记录文档	通知、简报、汇报材料、工作计划、总结、公司文件

表4-23　　　　　　　　　　　**某公司客户经理工作说明书**

岗位名称	客户经理	岗位代码		所属部门	销售部
直属上级	销售经理	管辖人数		职等职级	
晋升方向	销售经理	候选渠道		轮换岗位	
薪金标准		填写日期		核准人	

工作内容

★策划、组织有关的市场活动

★分析客户需求，保持与客户的良好关系，寻求机会发展新的业务

★管理、参与和跟进咨询项目

★与相关媒体保持良好的关系

★协调咨询员的业务活动

★建立管理数据库，跟踪分析相关信息

★同客户所在公司相关部门建立并保持良好的工作关系

★获得并保持主管要求的最低总利润

★为公司提供精确的市场信息，主要关注未来趋势

任职资格

受教育背景：

市场营销或相关专业本科及以上学历

培训经历：

受过市场营销、产品知识、产业经济、公共关系等方面的培训

经验：

2年以上工作经验

技能：

沟通协调能力强

优秀的沟通、演示技巧

扎实的分析技巧及策略规划的变通技巧

个性特征：

积极主动、刻苦，忠于业务

工作环境

办公室，经常出差

工作环境比较舒适，基本无职业病危险

表4-24　　　　　　　　　　　**某公司人力资源部经理工作说明书**

岗位名称	人力资源部经理		直接上级		公司总经理
定员	1人	所管辖人数	12人	工资水平	
分析日期		分析人		审核人	

工 作 描 述	
工作 概要	制定、执行与人力资源管理活动相关的各方面政策；为填补职位空缺而进行员工招聘活动；指导工资市场调查，确定竞争性市场工资率；制定人力资源管理经费预算；与工会的主管人员共同解决纠纷；在员工离职前与其进行面谈，确定离职的真正原因；监督、指导本部门工作人员
工作 职责	提交公司人力资源管理规划及人事改革方案，贯彻实施各计划
	员工的招聘、录用，劳动合同的签订，定岗、定编、定员计划的制订
	处理员工调配、考核、晋升、奖惩和教育培训工作，对中层管理人员调整提出方案
	处理工资、员工福利、职称审定工作
	处理员工离职、人才交流、下岗分流等人事变动事宜
	负责人事档案、出国政审及人事批件事宜
	分析公司业务情况，预测公司发展前景，制订部门发展计划，参与制定公司的发展战略
	协调公司内外人际关系，向公司高层提出处理人事危机的解决方案

资 格 要 求		
因素	细分因素	限定资料
知识	受教育	大学本科及以上，工作中能较频繁地综合使用其他学科的一般知识
	经验	至少从事公司职能管理工作两年，在接手工作之前，还应接受管理学原理、组织行为学、人力资源管理、财务管理相关知识培训
责任	技能	在工作中要求高度的判断力和计划性，要求积极适应不断变化的环境；经常需要处理一些工作中出现的问题；由于工作多样化，灵活处理问题时要综合考虑各种知识和技能；具有良好的人际关系协调能力和人事组织能力
	分析	对于公司战略发展与业务需要具有较强的分析能力，并预测未来的人力资源供求状况
	协调	工作时需要与上级或其他部门的负责人保持密切联系，协调处理对公司不利的事件
	指导	监督、指导6～13名一般工作人员或3～4名基层管理人员
	组织人事	履行员工选拔、考核、晋升等权力和责任，为中层管理人员的调整制订方案
决策 能力	人际关系	运用方法指导、辅导、劝说和培养下属，紧密协助下属工作和其他管理人员活动，接受一般监督
	管理	工作中向直接上级领导负责，参与公司一些重大决策，做决策时必须与其他部门负责人和上级直接领导协商
	财务	具备财务管理的一般知识，具有较强的节约管理经费的意识

工作环境	时间	上班时间根据具体情况而定，但有一定规律，自己可以控制和安排
	舒适性	非常舒适，不会引起不良感觉
	危险性	无职业病的可能，对身体不会造成任何伤害，外地出差时可乘坐飞机，本地外出时可以由公司派车或是乘坐出租车
	均衡性	所从事的工作不会忙闲不均
工作设备	办公用品与设备	电脑、电话、传真机等

表4-25   绩效专员工作说明书

岗位名称	绩效专员	所属部门	人力资源部
联系	行政管理	直接上级	人力资源部经理
人员配备	1人	直接下级	无

岗位目的：

1.通过系统的规划和持续的推进，不断地对绩效进行检查和分析，以认真落实绩效管理

2.依据公司现状和业务流程，对公司全员进行分类和量化考核，达到全员考核管理

3.整理、分析考核中所需要的基础数据，确保各部门各项考核数据和所能反映的业绩状况的真实性

4.监督和统计各部门的内部考核情况，确保全员考核的有效进行

5.通过绩效考核使有杰出表现的员工不断提高自身能力，以便进行有效的薪酬设计与管理

工作描述	1.制订和完善本公司的绩效计划并监督各部门按时完成，每月要定期向部门主管递交工作总结报告 2.参与协助各部门制定岗位绩效考核指标，与相关人员进行持续有效的沟通，并协助各部门落实考核指标 3.负责公司部门和员工绩效考核工作的组织与实施，每季度组织一次绩效面谈，并监督各部门落实 4.负责组织、监督考核并整理考核结果，接受考核投诉，每月对各部门考核指标的相关基础数据表单进行全检或抽检，并做记录 5.根据考核结果提出修正意见 6.每周跟进各部门数据的提交情况，并对数据进行统计和汇总，每月6号前汇总全员考核情况，并提交上级审核 7.其他事项安排：人力资源部经理临时交办的其他事情
工作责任	1.监督公司的绩效考核工作，确保工作及时、高效 2.确保绩效考核的真实性与结果的公平、公正
工作权限	1.对部门业务量化表格设计、评分内容的审核权 2.考核基础表单的监督权 3.对人员变动、晋升、降职、奖惩的建议权 4.对绩效业务程序完善的建议权 5.与其他同级职位的业务协助与协调沟通 6.对部门绩效考核指标确立的适应性、准确性、激励作用方面的补充修订建议

任职资格	1.学历：大专及以上，有人力资源管理专业的学习经历 2.工作经历：有绩效管理相关工作经历 3.知识和能力：有较强的学习能力、人际沟通能力、组织策划能力；良好的职业形象及素养；工作原则强，执行力强 4.工作态度和工作品质：性格开朗，责任心强，有团队精神，耐心细致 5.其他：熟练操作各种办公软件，熟悉国家劳动法规
工作环境	办公条件舒适，电脑设施齐全，无职业病危险，办公地点在室内

表4-26 **薪酬绩效主管工作说明书**

岗位名称	薪酬绩效主管	岗位编号	
所在部门	人力资源部	岗位定员	1人
直接上级	人力资源部经理	所属下级	薪酬福利专员、绩效专员
岗位分析日期	2022年3月		

岗位设置的目的和意义：
协助人力资源部经理组织实施薪酬福利和绩效管理工作，制订薪酬福利方案，根据绩效考核流程组织公司的绩效考核工作，完成员工的工资、奖金及社会保险费用的核定和结算工作

职责与工作任务：

职责一	职责表述：制度建设与完善
	工作任务 协助人力资源部经理制定完善的薪酬管理制度、绩效管理制度，理顺业务流程

职责二	职责表述：年度计划的制订
	工作任务 根据公司年度计划，协助人力资源部经理制订年度薪酬福利计划、绩效管理计划，包括人工成本、工资、奖金、福利的测算、分配和调整，以及绩效目标的确定、考核实施、评估等内容，提交上级审核批准后执行

职责三	职责表述：薪酬福利管理
	工作任务 1.根据公司人员的分布状态，制订公司薪酬福利管理方案，提交上级审核批准后组织实施 2.负责新员工、新岗位薪酬级别的确定，指导下属完成日常的工资发放工作

职责四	职责表述：绩效管理
	工作任务 1.协助人力资源部经理完成年度绩效考核指标的分解落实 2.在人力资源部经理的指导下，负责具体的绩效考核实施工作，确保公司按进度完成考核工作 3.协助人力资源部经理根据绩效考核结果制订奖金分配方案 4.根据绩效考核结果组织开展优秀员工的考评工作

职责五	职责表述：协助人力资源部经理开展年度工作总结及人工成本测算	
	工作任务	1.协助人力资源部经理完成人工成本的测算，提出薪酬调整方案，指导薪酬福利专员开展薪酬福利工作 2.协助人力资源部经理进行年度工作总结，负责年度固定薪酬总额、年度奖金的测算和分析，并提交人力资源部经理
职责六	职责表述：完成人力资源部经理交付的其他任务	

权力：员工薪酬调整的建议权、对考核结果的核实权

工作协作关系：
内部协调关系：公司各部门
外部协调关系：人事局、劳动局、股份公司相关部门

任职资格：

受教育水平	大学专科及以上
专业	人力资源管理专业或相关专业
培训经历	人力资源管理知识培训
工作经验	两年以上工作经验
知识	熟悉相应的人力资源管理知识，掌握有关人力资源管理的各项规章制度，具有行政管理知识
技能	熟练使用办公室软件，具备基本的网络知识，具有较强的阅读能力、写作能力、表达能力、判断与决策能力、人际沟通能力、计划与执行能力

其他：

使用的工具设备	计算机、一般办公设备
所需记录的文档	通知、简报、汇报文件、总结、公司文件、工资表、职工台账、报表

备注：

表4-27　　　　　　　　　　　　　　**人事行政助理工作说明书**

岗位名称	人事行政助理	岗位编号	
所在部门	办公室	岗位定员	1人
直接上级	办公室主任	职系	
所属下级	无	所辖人员	无
岗位分析日期	2022年4月8日		

岗位设置的目的和意义：
负责公司人力资源规划和人力资源管理中的各项事宜，保证公司的人力资源供给和人力资源的高效利用

职责与工作任务：

职责一	职责表述：协助公司人力资源战略的规划与执行	
	工作 任务	1. 根据公司发展战略组织制定人力资源战略规划，协助考虑干部和技术人员的梯队建设 2. 定期组织收集有关招聘、培训、考核、薪酬等方面的信息，为公司人事决策提供信息支持 3. 根据公司的情况，协助组织制定公司的人事管理制度、劳动工资制度、人事档案管理制度、培训大纲等，并组织实施 4. 根据公司的发展规划，提出机构设置方案和岗位职责设计方案，并对公司的组织结构设计提出改进方案
职责二	职责表述：负责人力资源管理的各项事务	
	工作 任务	1. 在公司内外寻找和发现公司需要的人才，并及时向公司有关部门推荐 2. 组织实施招聘工作，并参与对应聘人员的面试筛选 3. 制订公司员工培训和发展计划，组织员工培训 4. 组织公司员工的考核，处理员工针对考核结果的申诉 5. 组织公司员工的职称评定工作 6. 组织公司的劳资管理工作，编制公司年度劳资计划及薪酬调整方案，审核公司员工每月的薪酬 7. 代表公司与员工签订劳动合同，处理各种与劳动合同相关的事宜 8. 建立公司内部沟通机制，及时了解员工的思想动态
职责三	职责表述：负责其他人事事务	
	工作 任务	1. 监督部门员工进行各类人事档案的归档保管工作 2. 负责有关人事调动、户口管理的事宜 3. 代表公司与政府、其他单位的对口部门进行沟通和交流
职责四	职责表述：完成办公室主任交办的其他工作	

权力：1. 对公司编制的内部招聘制度的审核权
　　　2. 对公司员工出勤的监督权
　　　3. 对公司员工手册的解释权
　　　4. 对员工绩效考核数据和事项的核实权

工作协作关系：内部协调关系——公司各部门、下属项目部
　　　　　　　外部协调关系——组织部、人力资源和社会保障局、高等院校、总公司相关部门

任职资格：

受教育水平	大学专科及以上
专业	人力资源管理专业或相关专业
培训经历	人力资源管理知识培训及行政管理培训
工作经验	3 年以上相关工作经验

知识	熟悉相应的人力资源管理知识，掌握行政管理、法律等知识，了解房地产开发领域的专业知识，熟练使用办公软件，具备基本的网络知识，具有较强的阅读能力、写作能力、表达能力
技能	具有很强的领导能力、判断与决策能力、人际沟通能力、影响力、计划与执行能力

其他：

使用的工具设备	计算机、一般办公设备、录音录像设备
工作环境	办公场所
工作时间特征	正常工作时间，偶尔加班
所需记录的文档	通知、简报、汇报材料、工作总结等公司文件

备注：

4.3.5　工作说明书的编写误区

目前很多企业在完善了工作说明书的工作后，并没有让它在企业管理中发挥应有的作用。这并不是因为工作说明书本身的局限，更多的是因为企业走进了工作说明书编写的误区，削弱了其在管理中的应用。那么，工作说明书的编写有哪些误区呢？

1）不成体系

工作说明书编写的过程，其实是对企业业务流程重新认识的过程。一套科学、规范的工作说明书能对企业的各项工作及人力资源管理的其他工作提供依据。但是，不少企业的工作描述都有不完整、夸大或缩小职责、任职资格主观性强等问题。有的企业为了节约成本，甚至只对关键岗位或部门进行工作描述，导致后续的工作评价、招聘等工作缺乏客观、统一的尺度，科学的人力资源管理工作也无从谈起。

2）混淆了岗位职责制和工作说明书

在谈及工作描述时，很多企业都捧出一叠厚厚的文案，但细读后就会发现，它们并不是工作说明书，而仅仅是岗位职责制。企业的岗位职责制并不是工作说明书。岗位职责制是岗位任职者应该完成的职责，并不能全面反映岗位的信息，并没有其行为或工作活动的结果。但是工作说明书则全面反映了岗位和岗位任职者的全面信息。

3）职责重叠

在企业实际中，对于工作任务性质相同、工作任务量较大的工作，有的岗位不可避免会出现一岗多人的现象。很多企业在描述此类岗位时，采取了简单的一刀切的方法，归纳出该岗位的共同特征，定义了岗位的共同要求，却忽视了该岗位的不同任职者之间工作任务的差别，以及由此导致的对任职者资格要求的差异，这显然是不可取的。如果是对岗位进行描述，应该采用"一岗一书"说明书的方式，每个任职者持有一份。

4）责任不清

为适应外部竞争环境，许多企业以团队来设计工作任务，即同一项任务需要几个部门或几个岗位共同完成，这就出现了职责交叉。正确地处理职责交叉有助于发挥协作效应，取长补短，提高工作效率。但很多企业在编制工作说明书时对这些职责交叉的工作没有明确各岗位的职责权限以及对工作结果应承担的责任，导致工作中岗位职责不清、多头领导，出现问题时各部门间互相推诿，降低了工作效率。

◆◆◆◆━━▶ 实训项目4-1

编制工作说明书

一、实训目的

通过本次实训，了解工作说明书包括的主要内容，理解编写工作说明书的基本原理和基本思路，学会撰写内容完整、用语规范的工作说明书。

二、实训所需条件

（一）实训时间

本项目实训时间以2课时为宜。

（二）实训地点

多媒体教室。

（三）实训所需材料

本实训需要准备各种类型的工作说明书范本，通常是调查问卷和访谈得出的关键岗位信息。

本实训的背景设计如下：

假设学校要重新对全体教职员工绩效考核制度进行一次修订，重点修订对象为专职教师和高校辅导员这两类岗位。学校希望通过此次工作分析，准确界定这两类岗位的具体工作职责以及责任细分，提炼出操作简单、有效、实用的衡量工作完成效果的指标，并提供依据。

三、实训内容与要求

（一）实训内容

编制专职教师、高校辅导员岗位的工作说明书。

（二）实训要求

1.根据工作分析方法模块所收集的专职教师的岗位信息并参考工作说明书（范本）格式编制该岗位的工作说明书。

2.根据工作分析方法模块所收集的高校辅导员的岗位信息并参考工作说明书（范本）格式编制该岗位的工作说明书。

四、实训组织方法与步骤

第一步，实训前做好准备，复习并熟练掌握有关工作说明书方面的知识。

第二步，对学生进行分组，建立工作说明书撰写小组（每组5~7人）。

第三步，以小组为单位，根据工作分析方法模块所收集的专职教师和高校辅导员的岗位信息展开讨论，充分发表个人观点，确定出专职教师、高校辅导员的关键岗位信息。

第四步，讨论结束后，在规定的时间内，每个小组必须撰写典型岗位的工作说明书。

第五步，教师就撰写的工作说明书适时讲评。

五、实训考核方法

（一）成绩划分

实训成绩可分为优秀、良好、中等、及格、不及格5个等级。

（二）评定标准

1.实训前对工作说明书的知识掌握是否熟练。

2.各小组在根据所收集的专职教师和高校辅导员的岗位信息进行课堂讨论过程中，是否认真、积极地投入，体现出良好的团队协作精神。

3.能否依据工作说明书的原理编制工作说明书。

4.编制的工作说明书内容是否正确、翔实，信息完整，重点突出。

5.课堂讨论占总成绩的40%，实训作业占总成绩的60%。

▶ 本章小结

本章讲述了工作描述的含义、工作描述的作用、工作描述的内容以及工作描述的范例。

本章讲述了工作规范的含义、工作规范的构建方法、工作规范的内容以及工作规范的范例。

本章讲述了怎样编写工作说明书、工作说明书模板、工作说明书填写说明、工作说明书范例以及工作说明书的编写误区。

▶ 知识掌握

随堂测4-1

1.选择题

（1）（   ）指用简洁的语言表述设置工作岗位的目的、主要职责和工作完成目标。

A.工作概要   B.工作职责

C.工作权限   D.工作关系

（2）（   ）指组织中存在的岗位需要承担哪些具体的工作责任和任务，以及需要达到什么样的成果。

A.工作概要   B.工作权限   C.工作职责   D.工作关系

（3）（   ）可以帮助管理者明确工作职责的边界，防止工作中互相推诿现象的发生。

A.工作权限   B.工作概要   C.工作职责   D.工作关系

（4）（   ）确定岗位在组织中的位置。

A.工作权限   B.工作关系   C.工作职责   D.工作概要

（5）工作规范包括知识、（   ）、（   ）、生理、（   ）和能力等方面的要求。

A.工作经验   B.工作技能   C.心理   D.岗位

（6）（   ）气质类型的人善于做有条理的、要求细致和持久的工作。

A.多血质   B.黏液质   C.胆汁质   D.抑郁质

2.简答题

（1）工作描述包括哪些具体内容？

（2）工作规范包括哪些内容？

（3）怎样编写工作规范？

（4）怎样编写工作说明书？

（5）如何掌握工作说明书的编写技巧？

（6）编写工作说明书的误区有哪些？

知识应用

• 案例分析

徐飞从某大学人力资源管理专业毕业后，来到一家计算机软件企业上班，就职于人力资源部。人力资源部朱经理让徐飞为公司各岗位编写工作说明书，并且把公司前年的工作说明书交给徐飞做参考。以下是该公司采购部经理的工作说明书。

例：采购部经理工作职责

（1）负责公司所需原材料的采购工作；

（2）负责供应商资格审查工作；

（3）主持、召开原材料招标谈判，筛选优质供应商；

（4）负责原材料进厂质量检验、入库、出库工作；

（5）负责审批原材料的付款计划；

（6）负责公司库房管理工作。

看了工作说明书之后，徐飞陷入了沉思。

问题：该公司采购部经理的工作说明书是否需要修改完善？为什么？

分析提示：完整的工作说明书在内容上包括工作描述和工作规范两大部分内容，每部分又有许多具体的内容。该公司的采购部经理的工作说明书过于简单，不仅表现在格式上，内容上也略显粗糙，没有细化每条职责到具体的工作任务，最重要的是该工作说明书是前年编写的，已经两年了，采购部的工作职责可能发生了许多变化，上述工作职责也需要相应修改完善。

实践训练

学生6～7人为一组，每组选出组长（轮流担任组长）。组长带领小组成员就模拟公司一个部门的岗位进行工作分析后，共同编写工作说明书。

任务完成效果评价：

（1）小组代表陈述与教师点评。各小组选出代表陈述本小组的作业成果；教师根据各小组代表的陈述内容进行点评。

（2）小组内互评。小组成员根据完成任务过程中个人的表现，按照表4-28的评价项目和分值、指标对每个成员进行评分，然后上交小组成员内部评价表和小组作业成果。

（3）教师评价。教师根据小组评分参考表（见表4-29）的评价项目和分值、指标给各个小组评分。

表4-28 　　　　　　　　　　　　　小组成员内部评价表

小组成员	评价项目和分值、指标				总成绩
	与人交流能力	与人合作能力	解决问题能力	职业态度	
	25分	25分	25分	25分	
	围绕主题，恰当、清楚表达意思的表现	与他人合作，合作过程是否和谐、顺畅	编写工作说明书的质量	主动、认真地完成任务的表现	
（组长）					

表4-29 　　　　　　　　　　　　　小组评分参考表

组别	评价项目和分值、指标				总成绩
	计划与实施能力	学习能力	任务完成的效率	组员参与程度	
	25分	25分	25分	25分	
	是否按照工作说明书流程操作；编写的工作说明书是否规范、合理	对工作说明书编写等知识的理解程度	能按时或提前完成任务	参与讨论的成员数目	
第一组					
第二组					
第三组					
第四组					
教师评语					
第一组					
第二组					
第三组					
第四组					

（4）最终成绩计算方式：

个人最终成绩=小组成员个人成绩×60%+所在小组成绩×40%

▶ 课外拓展

关注新媒体平台，获取人力资源管理领域最新的观点、方法、技巧，了解人力资源管理的前沿资讯。

微信公众号"HR新逻辑"拥有一支专业、靠谱、有温度的HR团队，给你提供专业、实用的服务，深度陪伴你一起坚持学习，终身成长。请在微信公众账号中搜索"hrshangxueyuan"，或用手机扫描二维码即可关注。

第5章 工作分析结果的实践功能

学习目标

通过本章学习，你应该达到以下目标：

知识目标：掌握工作分析在人力资源规划、员工招聘、员工培训、绩效管理和薪酬管理中的实践等，了解人力资源规划、员工招聘、员工培训、绩效管理和薪酬管理的基本流程。

技能目标：掌握根据工作说明书撰写招聘简章、提取培训需求信息等技能。

素养目标：培养学生具有在人力资源管理中灵活运用工作说明书的能力以及创新精神。

内容架构

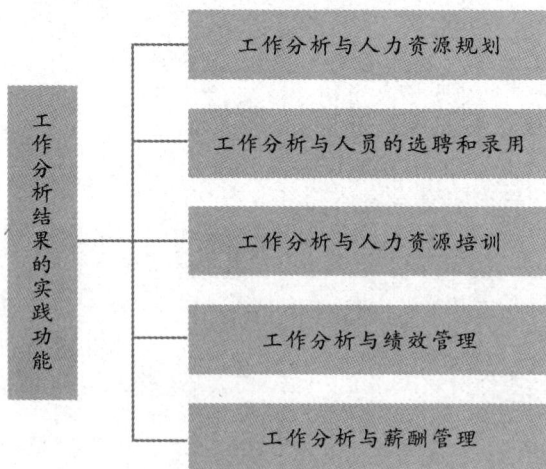

引例

工作分析解决了问题

某公司销售部经理老张和一所著名大学签订了一份利润丰厚的合同，这所大学同意从该公司购买其电脑所需要的所有软硬件，该公司将给该大学的学生、教职工所购买的产品提供7~8折的优惠。

　　老张认为，目前的技术服务人员足以应付这一新增长的销售需要。但当人力资源部经理与服务部经理小王交谈时，小王认为，在这种情况下如果公司还想保持以往的服务质量，就需要补充3名技术服务人员。公司现在已有3名技术服务人员，由服务部经理负责，他们都接受过培训，并为公司销售的每件产品提供技术服务支持。

　　更为重要的是，补充3名技术服务人员后，这6名技术服务人员的工作需要进行重新分工，否则极易引起管理混乱。人力资源部经理让小王尽快拿出一份服务部各岗位的工作说明书，有了工作说明书，人力资源部经理就可以明确招聘岗位的人员要求和工作内容，以便尽快开始招聘工作。

　　小王认识到目前技术服务人员的工作岗位确实没有工作说明书，他们的工作是随着时间的推移自然形成的，她决定立即起草。她开始起草时却发现，自己虽然是服务部经理，但从来没有认真考虑过技术服务人员工作内容的划分和对技术服务人员的具体要求。于是小王请求人力资源部经理协助她完成这项工作，人力资源部经理告诉她，了解员工，首先要做好工作分析。

　　人力资源部经理协助小王完成了服务部技术服务人员的工作分析，并编写了该岗位的工作说明书。由于有了明确的用人要求，招聘工作进行得非常顺利。新技术服务人员的加入也没有引起服务部的工作混乱，因为他们都明确知道自己的工作内容和职责。

　　资料来源　张勉. 员工招聘与人事测评操作实务〔EB/OL〕. 〔2020-04-03〕. http://www.doc88. com/p-4189152364369.html.

　　这一引例表明：没有工作分析支持的人力资源管理工作，如人力资源规划、招聘、培训、绩效考核、薪酬管理等，不可能取得令人满意的效果。只有建立在工作分析基础上的人力资源管理，才能提高企业工作效率。

　　工作分析是人力资源管理中的一项基础工作，是人力资源管理其他模块正常运行的前提和保障，一切人力资源管理工作都离不开工作分析结果的指导，工作分析的价值就在于此。工作分析结果就是编写工作说明书，工作说明书是由专业人员或经过专业培训的人员编写的，但工作说明书的使用者大多是实际从事具体工作的普通员工，所以要对使用工作说明书的人员进行培

微课：岗位
说明书的应用

训。在进行工作说明书的使用培训时，一方面要让使用者了解工作说明书的意义与内容；另一方面要通过培训让使用者了解如何在工作中运用工作说明书的内容。例如，如何在招聘中使用工作说明书的任职资格条件，如何根据工作说明书的工作描述对员工进行培训，如何利用工作说明书的关键绩效指标考核员工等。本章将重点讨论工作分析结果在人力资源规划、员工招聘、员工培训、绩效管理和薪酬管理等活动中的实践应用。

5.1　工作分析与人力资源规划

　　在瞬息万变的工作环境中，一个适当的工作分析体系是至关重要的。新的工作不断产生，旧的工作需要重新设计，工作分析可以帮助企业察觉环境正发生变化这一事实。工作分析中的数据对有效的人力资源规划非常重要，但仅仅认识到企业需要多少人是不

够的，还需要清楚了解每项工作所需要的知识、技能和能力等，显然，有效的人力资源规划必须考虑这些工作要求。

人力资源规划是人力资源管理体系中重要的组成部分，是企业为实施其发展战略、实现战略目标而对人力资源供求进行预测，并使之平衡、可持续发展的系统过程。从本质上讲，人力资源规划是针对人力资源的计划过程，因此人力资源规划的含义也从一个仅仅对人员配置需求的狭义过程发展成为上与战略规划相联系、下与行动方案相结合的更广泛的过程。工作分析是人力资源管理的一项常规性技术，与人力资源规划的各个步骤紧密联系。人力资源规划工作要依赖工作分析的结果，工作分析的结果直接运用并影响人力资源规划工作。

人力资源规划程序模型如图5-1所示。人力资源规划始于企业战略规划，在企业战略目标的指导下确立人力资源规划总体目标，根据已经确定的总体目标，广泛收集企业内外部环境信息，包括组织目标、组织文化、人力资源数量、宏观经济政策、政策法律法规、劳动力市场趋势等。在此基础上，对企业人员需求进行估算，分析目前人员供给情况，比较需求和供给数量，确立企业未来的人力资源剩余和短缺情况。然后从数量、质量等方面平衡人力资源预测结果，实施人力资源规划，监督、分析、评价人力资源规划质量，找出不足，给予及时、适当的修正，以保证组织目标的实现。

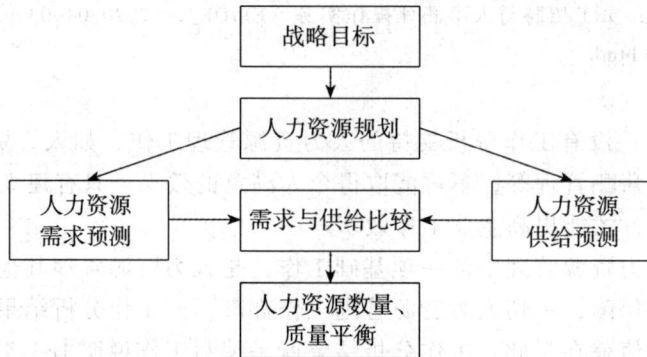

图5-1　人力资源规划程序模型

5.1.1　工作分析与人力资源需求预测

制定一份具有前瞻性、实用性、灵活性的人力资源规划，科学的事前人力资源预测必不可少。预测的结果不限于所需的人员数量，还包括人员的知识、经验、能力、成本等多元化方面的综合结构。人力资源预测的解释变量包含企业战略、业务调整、预期流动率、生产技术进步、管理方法革新等，这些因素都会影响人力资源预测的结果。所以，适当的人力资源预测对人力资源规划的意义重大。

人力资源预测需要面向未来，审视企业的发展战略、期望达到的目标、期望完成的任务。为了实现战略目标，企业需要确定设置什么样的部门、岗位，以及这些岗位所需要履行的工作职责与承担者所需的知识、技能和能力，岗位的贡献、地位、工作环境和条件等，而这些正是工作分析结果包含的信息，工作分析为人力资源需求预测提供了标准内容。在对人力资源需求进行预测、分析之后，对照企业目前人员的实际情况，确定企业是否需要补充新人员进入。如果需要，具体需要哪种类型人员，并设置未来所需人员的职责。

5.1.2 工作分析与人力资源供给预测

在进行人力资源供给预测时，企业必须考虑内在劳动力市场和外在劳动力市场两个因素。一般来说，企业首先分析内部已有的人力资源供给是否能满足人力资源预测需求。倘若内在劳动力未能有足够的供给，企业就需要考虑外在劳动力供给，当然，企业也会出于改变传统文化的需要而定向外部招聘。因此，人力资源供给需要首先从内部开始，弄清楚计划期内人力资源能够满足企业目标的需要到什么程度，这就需要考虑计划期内人员流动及适应未来工作的能力状况。

人力资源供给预测主要是根据企业内外条件，对未来一定时间内，企业空缺的岗位获得补充人员的总数及获得的时间进行估算。对于任何企业而言，其人员都是流动的、发展的。企业内部员工出现不同形式的流动，如岗位晋升与调配，自然流失、伤残、退休和死亡等，这些信息都属于人力资源供给预测分析的内容。一份完整的工作说明书不但包括了岗位名称、工作环境、工作职责，同时对该岗位的上下关系、所受的培训等进行了规定，通过对这些信息资料的整理，可以进行相应的人力资源供给预测分析。比如，工作说明书中对岗位进行上下关系描述的人员配置图，就可用于人力资源供给预测分析。岗位的上下关系不仅描述了从何种岗位可以晋升到该岗位，还包括该岗位会降级到何种岗位，哪些岗位可以调至该岗位，对于每种关系都列出了具体的资格要求。这样就可以通过人员配置图显示出哪些岗位上员工可以成为这些岗位上最合适的人员，以及所应该具备的资格条件。

5.1.3 工作分析与人力资源数量、质量平衡

企业在分析人力资源需求与供给预测比较之后，会出现三种情况：供求平衡、供大于求、供小于求。企业应根据不同情形制定不同政策来平衡人力资源供给需求。

1）对于供小于求的情况

它包括两种情况：一是整体数量上供小于求；二是整体数量供求平衡，具体岗位上出现结构性不平衡，也就是质量的不均衡。数量上不平衡时，企业可以采取招聘新员工补充，工作分析的结果提供招聘人员的标准。但是，对于质量的不均衡情况，企业首选的人力资源政策是把富余岗位人员转岗到空缺岗位、提高员工工作效率或者扩大员工工作职责等。转换岗位就涉及转岗培训问题，工作分析的结果可以有效指导培训内容的确定。扩大工作职责意味着员工工作内容的扩大化，企业需要考虑的是员工的工作职责扩大后，员工所拥有的知识和技能是否能够承担原岗位的工作与增加的职责。如果按照工作分析的结果要求，员工不能正常工作，则需要慎重考虑是否需要扩大工作职责。另外，企业需要考虑如何扩大员工的工作职责，是纵向深入还是横向丰富，其依据是工作岗位之间的联系，而重点需要考虑的就是各个岗位之间工作职责的联系。工作职责扩大后，各岗位之间的工作关系、工作职责、工作技能要求都有可能发生变化，原有的工作说明书显然不适应工作职责扩大后的岗位，所以企业应该适时对岗位的工作说明书进行调整。

2）对于供大于求的情况

这里可以采取的人力资源政策有两种：一种是精减人员；另一种是进行工作职责的

分解。企业可以根据自己的人力资源政策对不能满足企业发展需要的人员进行精减。工作职责的分解主要是将原有的一个或两个岗位上的工作职责分解为两个以上的岗位共同完成，以达到不减员的目的。如果企业进行工作职责的分解，就需要对原有的工作说明书进行调整，然后根据调整后的工作说明书进行各岗位的操作。

◇◇◇◇◇➡ **实践练习5-1**

你认为对人力资源需求的预测是建立在工作分析基础上的吗？具体应该怎样对它进行预测呢？

参考答案：

人力资源需求的预测当然是建立在工作分析基础上的，脱离了工作分析这一前提来做人力资源需求预测是毫无意义的。预测一般从对工作分析结果的分析和利用开始：

（1）根据工作分析结果，确定人员编制和人员配置。

（2）进行人力资源盘点，统计出人员的缺编、超编情况。

（3）与部门主管讨论，修正以上的统计结论，得出现实的人力资源需求。

（4）根据企业发展规划，确定各部门的工作量。

（5）根据工作量的增长情况，确定各部门还需增加的岗位及人数，进行汇总统计，得出未来的人力资源需求。

（6）对预测期内退休的人员进行统计，并对未来可能发生的离职情况进行预测，然后得出未来流失的人力资源需求。

（7）将现实人力资源需求、未来人力资源需求和未来流失人力资源需求汇总，即得到企业整体人力资源需求预测。

5.2 工作分析与人员的选聘和录用

在组织进行了人力资源规划后，若人力资源规划表明有人员需求时，组织需要通过各种方式补充所需人员。招聘就是及时地吸引足够数量的合格人选，并鼓励他们向本组织申请岗位，实现有效地选拔合格应聘者加入组织的过程。在此过程中，工作分析起着重要的作用，如确定岗位的招聘信息、应聘者的资格筛选、选拔与聘用等。

5.2.1 工作分析在人员选聘与录用过程中的作用

人员招聘是组织发展中极为重要的一个方面，新补充的人员素质将影响组织未来发展的成败，人员招聘是否及时也影响组织的任务是否能按期开展。组织内的工作任务类型对所需补充的人员素质有一定的要求，所以组织必须吸引能满足需要的人前来应聘工作，从中选拔合格的人才进入组织以保证组织任务的有效完成。因此在招聘工作开展之前，必须要对组织内需要完成的工作进行分析，对承担组织任务的任职者的素质要求进行分析，以此确定所需人员的素质类型和测试应聘者是否能成功地承担特定的组织任务。

工作分析在招聘过程中有如下三种作用：

（1）通过工作分析，明确招聘岗位所需承担的工作职责和工作任务，为招聘者和应聘者提供有关工作的详细信息。

（2）通过工作分析，明确应聘者需要具备的素质水平，为招聘者提供可行的应聘资格背景信息，有助于应聘资料筛选。

（3）通过工作分析，为招聘者提供在选拔过程中需要测试应聘者的工作技能资料，能组织有效的面试，选拔合格的应聘人员。

5.2.2　如何确定所招聘岗位的信息

一旦组织内部出现岗位空缺或由于工作任务增加需要补充更多的员工时，首先需要明确所空缺的岗位是否需要进行招聘、是否能通过内部工作调配得到合理的解决。如果确实需要通过招聘的方法补充空缺岗位，组织可通过工作分析的结果即工作说明书来确定所招聘岗位的详细信息。

工作描述表明了空缺岗位的职责和工作任务，空缺岗位在组织中的相互关系（上级、汇报关系、下级、监督的人员数量和类型、工作中与其他岗位的接触）；任职资格要求则表明担任此岗位的员工应具备的资格条件（学历、工作经验、知识背景、技能水平、需要使用的设备、岗位对员工的特殊要求如身体条件等）。

通过工作分析确定招聘岗位的信息可能需要了解以下方面的信息：

（1）此岗位的目标和意义是什么？

（2）此岗位在组织结构中的位置、需要处理的上下级关系是什么？

（3）此岗位的任职者需要具备何种类型及程度的技术知识、管理能力？

（4）此岗位对任职者的职业道德有何要求？

（5）此岗位对任职者的身体条件有何要求？

（6）此岗位的任职者在组织内是否具有较好的发展空间？职业生涯的发展路径对任职者是否具有吸引力？工作对任职者的挑战是什么？

5.2.3　如何通过任职资格要求筛选应聘者资料

应聘者资料筛选是指当招聘信息吸引了一定量的应聘者前来应聘工作时，如何从中选择合格的应聘者，进入下一阶段面试的过程。

应聘者资料筛选和审核的工作可以通过查阅应聘者背景、电话联系等方式进行，将资料中已有的信息和通过其他方法了解的信息与工作说明书中的任职资格要求相比较，初步审查应聘者是否具备应聘的基本资格。例如，一个组织需要一名负责工厂成本费用核算的财会人员，工作说明书中明确指出专业资格必须是"中级会计师"，则在资料筛选中首先审核应聘者是否具备"中级会计师"的职称，如果不具备，就不符合招聘要求。

在任职资格要求中，可能明确列明了担任该岗位的人员应该具备的各种资格条件（见表5-1）。

根据以上任职资格的要求，能清楚地筛选应聘者的资料，选择合格的应聘者进行面试。

表5-1   某公司工程预结算部经理任职资格

某公司工程预结算部经理任职资格：

1.知识学历

（1）最低学历要求：本科

（2）专业要求：工程技术与工程造价管理

（3）所需专业资格要求：造价工程师

（4）所需的专业知识：具备工、民建专业知识；熟悉工程建设图纸、规范、造价构成；招、投标工作程序

（5）需提高的专业知识：掌握最新软件的运用；提高设备、材料性能及其应用方面的专业知识

（6）计算机：掌握设计专业、造价专业、工程管理专业的计算机软件和办公软件的使用

（7）外语：大学英语四级及以上

2.经验

从事房地产建筑工程造价工作六年以上，其中有三年以上部门管理经验

在应聘者背景资料审查与资格筛选中，可以考虑用以下问题作为指导：

（1）应聘者的专业、学历、经验是否符合岗位的要求？

（2）从以往的工作经历中，应聘者表现出哪些方面的才能？

（3）背景资料中是否存在不实之处或前后矛盾之处？找出原因。

（4）哪些背景资料能证明应聘者可以满足岗位的要求。

（5）应聘者以往有哪些工作成就？

（6）应聘者以往的工作经历是否显示出其自身的进步与发展？

5.2.4 工作分析与选拔、录用

选拔可以从初次面试或测试开始。在面试和测试中，需要根据所招聘岗位的特征选用相应的测试方法，证实应聘者具备胜任所招聘岗位的条件。为了使测试和面试有效，所测试和面试的内容应该与工作说明书的工作职责、任职资格要求（经验要求、知识技能要求、管理能力要求、专业资格要求等）有关，而这些内容都需要通过工作分析或以前进行工作分析的结果获得。

不论通过哪种方法对应聘者进行测试，在可能存在单个候选人应聘一个岗位或多个候选人应聘一个岗位的情况下，均需要根据应聘者的测试表现和结果对应聘者与所招聘岗位的适合程度进行评估，以决定是否录用或录用哪一个应聘者对组织更为有利。在进行招聘测试前，通过标准化的过程，应该能制定出一套可行的评估方法以综合衡量应聘者的表现。对应聘者的测试结果的评估一般是在综合情况下进行的。当然，在特殊情况下可能应聘者在某些方面的表现超过其他应聘者而使其获得录用。在评估的过程中，不可避免地仍会用到工作分析的结果，即根据应聘者对应于工作职责、工作任务的胜任能力进行主观或客观的判断，判断应聘者是否能以最低的成本、最高的效率满足组织对任职者的要求。

5.3 工作分析与人力资源培训

企业管理中的一项重要工作就是人力资源的管理与开发，科学、合理地管理与开发

人力资源已成为企业生存、发展的关键所在。企业通过招聘选拔不断充实人才队伍，更重要的是对现有员工潜能的管理与开发，这就涉及培训的问题。虽然进入企业工作的人员一般已经有一定的社会经验或者接受过一定层次的教育培训，但是现代科学技术发展日新月异，产业结构不断调整变化，对人的要求越来越高，与此同时，随着个人知识结构和技能的无形耗损，需要不间断更新、提高，因此对企业中各类人员进行知识、技能、能力和态度的培训，就构成了人力资源开发的一项主要内容。

5.3.1　培训工作流程

为确保培训的投入能最大限度地影响个人和组织的绩效，应该遵循并采用完备的培训系统，这一系统包含以下几个步骤，如图5-2所示。

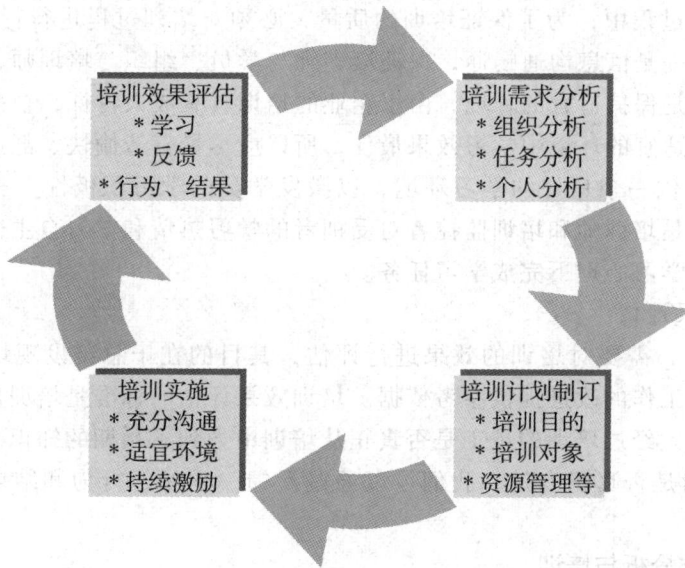

图5-2　培训工作流程图

1）培训需求分析

培训作为企业的人力资本投资，其成败在很大程度上依赖于培训需求分析是否准确。因为培训需求是培训管理活动的第一个环节，决定了培训能否瞄准正确的目标，影响到能否设计与提供有针对性的培训课程，因此对培训效果的有效性起着至关重要的作用。如果不进行有效的培训需求分析，培训的目标不准确，缺乏有针对性的培训，就会导致人力资本投资失败，带来资源的大量浪费。

培训需求是通过调查分析工作的实际需要与任职者现有能力之间的差距来确认的。企业的培训就是弥补两者差距的过程。当一个企业及其组织系统中员工的知识、技能和能力等达不到企业发展的目标和要求时，该企业就必须对员工进行培训。

进行培训需求分析，主要是出于两方面的考虑。首先，是为了保证培训规划的系统性。其次，进行培训需求分析可以确保培训的实用性和内容的针对性。对于那些由于管理不善而引起的行为，比如员工上班总是迟到、工作态度不认真等，通过加强管理来解决。对于员工在态度意愿上想做，而现有的技能不能满足的工作要求，这类问题需要通过培训来解决。由此可知，进行必要的分析可以使管理者彻底查清问题的所在，从而决定是否有必要实施培训。为确保培训的及时性，注重优先顺序，管理者可以从组织、任务和个人三个方面开展培训需求分析。

2）培训计划制订

分析培训需求之后，制订一份规范、详细且实用的培训计划，可以保证培训工作顺利开展和提高培训的质量。培训计划汇总了来自各种分析所得的培训需要，其内容不仅需要标明培训需求以及评价标准，还需要标明满足这些需求的手段以及预期的培训时间、预算计划和负责培训的机构、教师、培训手段等资源。完整的培训计划包括培训目的、对象、组织范围、时间、地点、设施、费用、教师和方法、方式等。

3）培训实施

在培训实施过程中，为了保证培训的质量，必须对培训过程进行行之有效的控制。具体做法包括：一是信息沟通畅通，保证培训师与学员、组织与培训师、学员等之间的无障碍交流。二是保持适宜的环境，由于企业的培训具有成人特征，根据霍尔的成人学习定律，成人在适宜的环境中学习效果最佳，所以应尽量营造愉快、舒适的生理及心理环境，为学员提供一个良好的学习环境，以激发学员的学习积极性。三是持续培训激励。培训激励就是培训师和培训监控者对受训者的学习热情和学习自主性进行激励，让他们能在自觉的学习心理下完成学习任务。

4）培训效果评估

培训结束后，需要对培训的效果进行评估，其目的在于总结发现培训中存在的问题，为今后培训工作的改进提供参考依据。培训效果评估的标准是培训目标制定的各个阶段确定的目标。经过培训的员工是否真正从培训中学到了预期的知识、技能等，即企业所开展的培训是否真正有效，我们可以通过反馈、学习、行为和结果四种方式找到答案。

5.3.2　工作分析与培训

1）工作分析与培训需求

工作分析与培训的关系首先表现在帮助培训管理人员确定培训需求的内容。工作分析可以提供有关培训岗位的工作内容和任职人员资格条件的信息，这些就成为分析培训需求的客观依据。有的企业在培训过程中，不重视培训前的工作分析，结果造成培训的盲目性和培训效果不佳。确保需求有效，一般从三个层面展开分析：组织分析、任务分析和个人分析。

（1）组织分析。培训需求的组织分析是一项系统而复杂的工程。组织分析涵盖了对众多资源的分析，这些因素包括组织发展战略目标、组织效率、内外环境等，通过对这些因素的分析确定培训的总体需求。工作分析对组织层面培训需求的贡献主要体现在两个方面：一是帮助组织构建内部人力资源信息系统，使组织能够准确地对人力资源现状进行度量；二是提供关于工作的情境信息，找到组织中需要改进的方面，从而为组织层面的培训需求提供依据。

（2）任务分析。任务分析是对具体工作岗位的分析。参照工作说明书，确认岗位的工作职责、任务以及完成岗位工作职责、任务所需具备的知识、技能和能力等。

（3）个人分析。个人分析是从培训对象的角度出发，对培训需求做出分析。个人分析非常重要。首先，全面的个人分析可以避免组织派遣那些根本不需要培训的员工去参加培训。其次，个人分析可以帮助管理者了解受训者在参加培训之前是否有意愿参加培训，能否保证培训效果，以及在课程设计时加强受训者欠缺方面的培训，有针对性地提高受训者的不足之处。

分析个人是否需要进行培训，可以通过对比从工作分析中获得的岗位所需要的知识、技能等要求与任职者个人的知识、技能等，从中找出差距，作为个人是否需要培训、需要哪些培训内容、需要培训到什么程度的依据。工作分析的价值就在于此：一是可以作为参照对象；二是可以成为培训的理想目标；三是可以确定培训的具体内容。当然，工作分析不仅在知识、能力等方面为个人培训指明方向，而且在具体的工作职责和任务上帮助管理者确定培训内容。

2）工作分析与培训效果评估

培训效果评估是培训工作的最后一步，培训的成果最终要转换为受训者的实际业绩。培训是否到位，能否解决实际问题，投资能否收回，都要借助效果评估环节来判断。

评估标准确定的好坏决定最终评估的有效性，因此标准的制定是关键。既然要进行评估，就要有比照标准，而凭借工作说明书可以制定有效的评估标准。将工作说明书中的工作职责转换为岗位培训评估标准，对照员工在受训前后的工作表现差异，就能够衡量出培训工作效果的好坏。

➡ 实践练习5-2

王平是某公司的培训专员。为了更新知识，提高员工的能力，公司计划近期开展一次大型的培训活动，总的策划活动就交给王平来负责。

首先，确定培训的目标就是让王平头疼的问题。公司的职位很多，既要对所有的员工做一个统一的培训，也要针对某些特别的职位做一些专业的培训，比如说公司的公关人员。在此之前，由专门的工作分析人员对组织、工作及个人都进行了详细的分析，掌握了大量的可参考资料。

如果你是王平，你该怎样利用现有的资料来确定培训项目？请以公关人员的岗位为例来具体说明。

➡ 实训项目5-1

培训需求分析

一、实训目的

本实训针对企业目前面临的实际问题，结合岗位要求，通过现场练习、模拟等活动使学生掌握培训需求分析的具体方法和技巧。

二、实训所需条件

（一）实训时间

本实训需1周时间，其中访谈用时2课时。

（二）实训地点

A公司会议室。

（三）实训所需材料

访谈用的相关材料。

三、实训内容与要求

（一）实训内容

对 A 公司销售客户经理进行培训需求访谈。

（二）实训要求

1.要求学生掌握培训需求调查的相关方法。

2.要求学生应用关键人物访谈、问卷调查等方法对 A 公司销售客户经理进行调查，得出其培训要求，并整理成培训需求分析报告。

四、实训组织方法与步骤

第一步，教师向学生说明实训要求及实训步骤。

第二步，将学生分组，每组 5~7 人。各组负责访谈不同的销售客户经理。

第三步，各组成员负责制订访谈计划和调查问卷。

第四步，各组成员到 A 公司对销售客户经理进行培训需求调查。

第五步，各组成员将调查结果整理成分析报告，递交给 A 公司。

第六步，由 A 公司培训负责人对报告给予评价。

五、实训考核方法

实训结束，每个小组提交 1 份 1 000 字左右的实训报告，报告内容要求完整记录整个实训过程。考核结果由调查问卷（访谈计划）的设计、A 公司的评价及实训的质量 3 方面评定。具体评分标准为：

1.调查问卷（访谈计划）的设计合理、完整，满分 30 分。

2.A 公司对培训需求分析报告的评价如何，是否有助于解决实际问题，满分为 40 分。

3.实训报告的书写是否规范、认真、准确，满分为 30 分。

5.4　工作分析与绩效管理

绩效是企业人力资源管理的永恒话题，其影响因素有很多，如组织的使命和目标、组织政策、管理者的价值观、工作描述、个人内在动机等，这些因素中有的深层次影响员工的行为，有的则比较直接。其中，个人内在动机是最深层次的因素，其次是组织价值观念等意识层面的东西。一个组织的观念决定了组织的使命和目标，而这些目标会被分解成具体的岗位目标，进而被细化为岗位工作描述的具体内容，处于最外层的岗位工作描述是直接影响绩效的因素。所以，要进行绩效管理，首先必须有清晰的工作描述信息，而这来源于工作分析的结果。

工作分析对于绩效考核的价值主要在于，通过工作分析确定工作职责，确定工作岗位考评的类型及范围，确定评价的标准和明确岗位的工作关系，让合适的人参与考核，有助于获得全面信息，促进绩效的改善。

5.4.1　绩效管理工作流程

绩效管理是指在特定的组织环境中，与特定的组织战略、目标相联系的，对雇员的绩效进行管理,以实现组织目标、促进员工发展的过程。这一过程通常被视为一个循环,具体包含四个阶段,如图5-3所示。

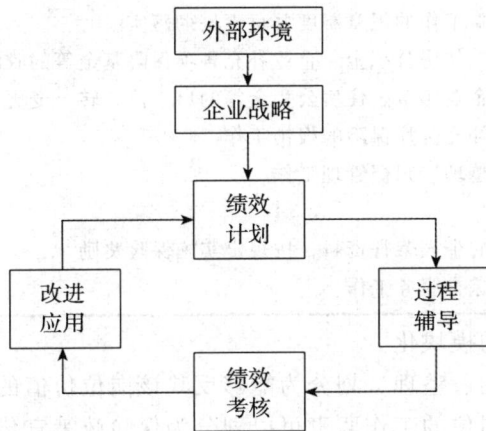

```
                      外部环境
                         │
                         ↓
                      企业战略
                         │
                         ↓
          ┌──────────→ 绩效 ──────────┐
          │            计划            │
          │                           ↓
        改进                         过程
        应用                         辅导
          ↑                           │
          │            绩效            ↓
          └────────── 考核 ←──────────┘
```

图5-3 绩效管理循环系统图

5.4.2 工作分析与绩效计划

1)绩效指标设定

绩效指标是界定组织及其人员投入-产出关系的一个定量或定性标准。有了这个标准,组织和员工才有了方向的牵引,绩效考核才有了依据,通过指标的完成分析,还可以阶段性地反映组织目标完成情况。

微课:如何制订绩效计划

关于绩效指标的分类,一般意义上认为包含三部分:工作业绩、工作能力和工作态度。对于工作能力和工作态度指标,学者们意见趋同,其包含的指标项目及标准基本已经稳定成熟,按照岗位级别来设定不同的能力、态度指标,并用行为化的标准来衡量。但是,对于工作业绩指标的来源及细分,众说纷纭,总体上一致认为业绩指标应该能够支撑组织战略目标的实现,并体现部门、岗位的重要工作职责。

我们把工作业绩指标分为关键业绩指标(常规和改进型)和一般业绩指标两大类。其中,常规关键业绩指标是从组织战略目标、年度经营计划、年度重大事项等提炼而来的,并通过进一步分解、细化,落实到部门或者具体岗位。这一类业绩指标与工作分析的关系不是很紧密。改进型关键业绩指标是部门或者岗位在承担工作流程中的工作任务,或者履行部门、岗位职责时的创新行为。这一类业绩指标的基础是部门、岗位职责,分别来源于工作分析结果的部门职责说明书和岗位工作说明书。一般业绩指标是针对部门、岗位的日常工作考核部分,可以借助工作日志等方式进行考察。这一类业绩指标是从工作职责中提取的。采用工作模块法提取指标流程如下:

微课:绩效管理概述

步骤一:通过工作分析确定岗位职责。

通过工作分析,获得岗位的工作职责说明。表5-2所示的是某公司人事部社保岗位工作职责。

表5-2   **某公司人事部社保岗位工作职责**

1.负责宣传和执行国家及地方政府各项社会保险工作的政策、规定

2.负责拟定公司有关社会保险工作的规章制度并负责贯彻落实

3.负责医疗保险、企业年金、住房公积金、企业补充各项保险基金等的收缴工作

4.负责处理职工医疗保险、企业年金、住房公积金等的启、停、转、变更、奖励和结算

5.负责在职、退休职工企业补充医疗保险的报销工作

6.负责各项保险收缴凭证的整理、归档管理工作

7.负责每月基金的对账工作

8.负责每年度收集规定上报的个人荣誉资料，按规定实施保险奖励

9.负责本部室文件管理以及综合服务工作

步骤二：主要职责的模块化。

将工作职责进行归纳、整理，划分为能够反映该岗位价值的几大关键工作模块，比如，某公司人事部社保岗位的工作职责可以划分为保险政策宣传、社保缴纳和社保账户日常管理等模块。

步骤三：利用QQTC模型定义岗位职责模块化绩效指标。

对工作模块设置绩效指标，指标的设置可以采用多种方法。比如，保险政策宣传可以用员工满意度评价方法，社保缴纳则可以采用"于用完达"模式设定（于__时间，用__资源，完成__数量即工作量，达到__质量标准），而社保账户日常管理用QQTC（数量、质量、时间、成本）来衡量。这三项工作的指标设定见表5-3。

表5-3   **社保专员考核指标列表**

序号	指标名称	指标内容描述	考核标准
1	保险政策宣传	员工满意度	≥80%
			70%≤员工满意度<80%
			60%≤员工满意度<70%
			<60%
2	社保账户日常管理	信息出错条数	0
			1
			2
			≥3
3	社保缴费	于每月25日通过保险缴费系统完成各项保险上缴工作，出现差错数	0
			1
			2
			≥3

经过岗位工作模块分析得出的指标有时比较多，涵盖了企业和部门KPI（关键业绩指标）分解细化的指标、岗位日常工作指标、需要短期关注的指标以及需要改进的指标等。这些指标基本上是该岗位所有KPI的罗列，因此必须对罗列的指标进行筛选。

筛选前首先需要制定出KPI筛选的原则。第一次筛选主要是去掉重复的指标、岗位完全无法控制的指标、影响不太大的指标、管理成本过高或者计算过于复杂甚至不能计算的量化指标。第二次筛选时，根据对企业经营和经济效益影响力的大小进行排序，选择最重要的几项指标作为最终确定的岗位KPI。通常规定每个岗位的KPI总数应该控制在5～10个。指标太少则可能无法全面反映岗位的关键绩效水平，指标太多会导致重点不突出，而且在分配权重的时候比较分散，体现不出激励效果。指标筛选完毕必须用SMART原则来衡量其可执行性。

2）指标权重设定

在绩效管理过程中，由于某一工作岗位可能承担多项工作任务，因此需要确定每项工作任务在岗位总体业绩体系中所占的比例，这就是各项工作任务的权重。工作业绩的权重分配也是区分各种工作职责、工作任务在岗位工作中所占比例的过程，体现了各项工作任务在岗位中的相对重要性。权重分配方法有：①主观经验法。根据对评估工作岗位所承担职责、任务的了解，与任职者充分沟通，凭主观经验确定各部分职责、任务在特定岗位工作业绩总体中的比重。②基准类比法。首先选择岗位中一项典型工作任务，然后将其他工作任务与其进行比较来确定工作任务相对重要程度，进而确定每项工作任务权重。③专家小组法和层次分析法。每项任务的重要性在工作分析中都需要确定，在工作说明书中可以用工作职责占用时间或工作频率来度量，从工作岗位提取考核指标时必须以此为依据，才可以抓住岗位的关键职责，确保对该工作岗位的考核科学有效。

3）考核周期确定

指标考核周期的确定，主要是依据工作职责的性质。一般来说，对于可衡量的、具体的、频繁的、简单的工作职责及任务，其考核周期较短，比如生产工人岗位，其指标很容易用产量、质量等指标来衡量，可以月度考核，也可以日考核；而那些考核周期较长的，比如研发人员岗位，其考核指标具有长期性、难以量化、复杂等特性，就可以采用季度、年度等长周期考核。有的工作是以项目形式出现的，其考核周期适宜采用项目周期来考核。总之，考核周期要根据工作职责的性质具体设定。

4）考核标准设定

绩效考核指标解决的是评价"什么"的问题，而考核标准则是解决在各个确定的指标上分别应该达到什么样的水平。考核标准解决的问题是考核对象做得怎么样以及完成多少，即考核对象完成的程度和数量。考核人员可以按照考核标准对员工的业绩进行衡量，这是绩效考核工作客观、有效、公平的基础。

绩效标准的设定按照岗位工作性质不同，可以设定量化或者定性化的标准。定量化计量标准可以从数量、质量、效率、时间、成本等方面入手确定，定性化计量标准可以用具体化的行为来设计绩效考核标准。采取工作流程化来设定每个步骤的标准是目前比较流行的方式，这些流程化的工作步骤是对工作职责的细化，来源于工作岗位的任务分析，设定目的旨在解决、剔除考核工作中某些结果无法控制的事件。比如人力资源部招聘主管的一项主要的工作职责就是确保公司需要的招聘人员按时到位。许多公司以招聘完成率来衡量招聘主管的绩效，这种以结果标准来衡量招聘主管的绩效显然失之偏颇，因为人员是否能够按时到位有时不是招聘主管可以人为控制的，还受公司的薪酬水平、发展前景、组织文化等诸多因素影响，所以明智的做法是把招聘工作分解为："负责分析各部门用人需求，提出相应建议；选择招聘信息发布渠道及时发布招聘信息；筛选应聘的候选人资料；组织有效的选拔并办理相应的录用手续。"只要招聘主管及时、高质量地完成了招聘流程中的相关工作任务，并努力保证工作的结果，就应该评价其工作达到业绩考核的要求。这种基于流程的考核信息来源就是工作分析的结果。试想，如果没有工作分析，怎么获得招聘工作步骤？

5）考核主体确定

选择不恰当的考核人可能导致考核结果的失败，因为他们根本不清楚被考核人的情况。许多公司成立了考核小组，统一对全体员工进行评价，认为由考核小组评价可以实现相对公平，其实这是一种错误的认识。考核小组成员可能是某项工作的专家，但是他不可能了解公司所有岗位的工作职责以及每项任务的标准。正确的做法是根据工作说明书中的隶属关系，由被考核人的直接上级和公司内部客户群来评价岗位的业绩。上级参与评价的指标是工作任务完成情况，而内部客户群则参与提供服务的评价。这种考核主体的确定需要使用客户关系示意图，指标来源和指标标准的重点是岗位提供的服务内容与水平。

5.4.3 工作分析与绩效考核

工作分析与绩效考核的关系是采取哪种考核方法来评价绩效。由于每项工作的内容、特性不同，就需要采取不同的考核方法，工作特性的信息来源于工作分析。关于考核的方法有多种，如相对评价法、绝对评价法、目标管理法、关键业绩指标法、平衡计分卡、360度考核法等，这些方法不仅因组织规模大小而异，而且随工作特性不同而异。对于工作内容相同、简单、重复的岗位，如饭店服务人员，可以采取相对评价法或者360度考核法来有效区分绩效；而对于那些独立性较强、主要以最终结果反映其绩效的岗位，则可以采用绝对评价法。相对于低层级岗位，高层人员的考核适宜采用平衡计分卡来设定绩效指标考核。职能部门的考核运用目标管理法、设定过程性指标来考核。

5.4.4 工作分析与改进应用

绩效考核最终要对结果进行应用，这也是绩效考核的目的之一，此时需要按照工作说明书上的工作职责与员工完成情况进行对比，分析绩效的好与坏。结果应用的一个主要目的是发现员工绩效不达标的原因，并在后续工作中进行有针对性的开发，而其前提就是工作分析的完善程度。

5.5 工作分析与薪酬管理

薪酬通常是人力资源模块中最具激励作用的部分，是组织对员工贡献给予的各种回报。从广义上说，薪酬包括工资、奖金、休假等外部回报，也包括参与决策、承担更大的责任等内部回报。薪酬的高低绝不仅是工作数额多少的问题，薪酬还代表着个人在组织中的身份地位、业绩、个人能力与事业前景等。一般情况下，薪酬水平必须满足员工的生理价值、心理价值和社会价值，而要做到这一点就必须遵循一定的原则。图5-4是薪酬结构图。

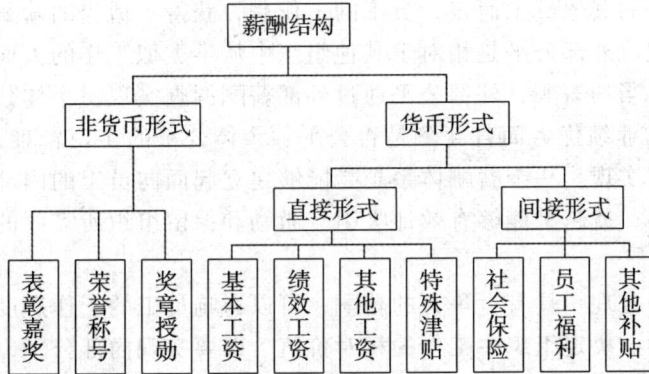

图5-4 薪酬结构图

5.5.1 薪酬管理流程

要想薪酬发挥激励作用，建立科学有效的薪酬体系很重要，而这依赖于薪酬体系设计的合理性以及完善的薪酬设计流程。薪酬设计流程示例如图5-5所示。从图5-5中可以看出，科学的薪酬建立在工作评价的基础上，而工作评价的依据来自工作分析所形成的工作说明书。因此，基于工作分析的工作评价是薪酬设计的客观依据。

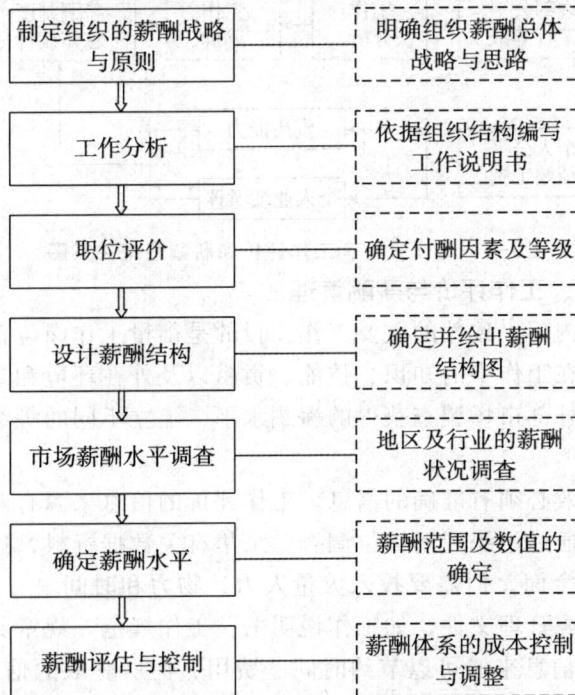

图5-5 薪酬设计流程示例

5.5.2   薪酬设计的公平原则

公平原则是薪酬设计的理论基础，其假设前提是，相对于薪酬的绝对值，员工更看重薪酬的相对值。薪酬设计就是充分考虑了员工的这一心理活动。公平原则包括内部公平、外部公平和个体公平。内部公平是相对于同一组织中从事相同工作的其他员工、组织中从事不同工作的其他员工而言，员工的工作是否获得了适当的薪酬，内部公平可以通过工作评价实现。外部公平是相对于其他组织中从事类似工作的人而言，员工自己的工作是否获得了适当的薪酬，外部公平通过外部薪酬调查实现。个体公平是相对于员工自己在不同时期的业绩优劣而言薪酬是否公平。个体公平的实现较难，需要加强培训，通过调整员工心态实现。一个薪酬体系越是能够建立起面向员工的内部公平、外部公平和个体公平的条件，就越是能够有效地吸引、激励和保留组织所需要的员工，实现组织的目标。

组织提供公平合理、具有竞争力的薪酬，可以影响员工的工作态度和工作行为，进而影响组织的成功。决定组织中工作的相对价值，即要实现内部公平，就要进行工作评价，而要确保工作评价有效，必须获取准确、完整的工作岗位信息，这些信息的来源是工作分析。工作岗位的职责、条件、环境和任职资格，以及员工对组织的贡献等是在工作评价时要注意的因素，工作分析、工作评价和薪酬管理之间的关系如图5-6所示。

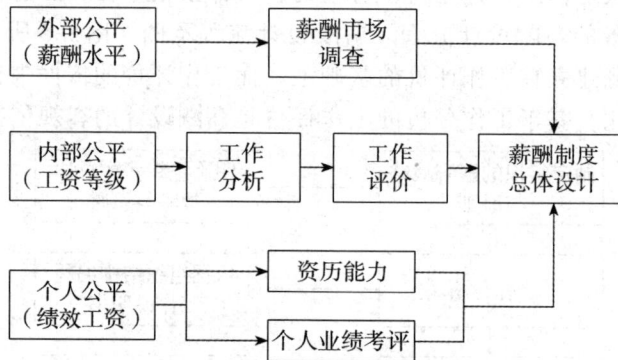

图5-6   工作分析、工作评价和薪酬管理关系图

5.5.3   工作分析、工作评价与薪酬管理

工作评价是建立内部一致性的重要工作，目的是衡量工作岗位在组织中的相对价值大小，通过提取内化在工作中的知识、技能、贡献以及外在环境和条件等要素，采用不同的评价方法，结合外部市场调查获得的薪酬水平，建立不同的等级结构，形成组织的薪酬系统。

确保工作评价有效必须有准确的信息。工作评价的信息来源有两个渠道：一是直接的信息来源，即直接通过组织现场岗位调查，采集有关数据资料，这种方法获得的岗位信息真实可靠、详细全面，但需要投入大量人力、物力和时间。二是间接的信息来源，即通过现有的人力资源管理文件，如工作说明书、工作规范、规章制度等，采集有关数据资料，采取间接的信息来源可以节约时间、费用，但所获取的信息过于笼统、简单，有可能影响工作评价的质量。虽然如此，通过工作说明书获取所需信息仍然是工作评价的主要来源。

另外，在进行工作评价之前有一项工作是对工作岗位分类、分级。只有工作分析能够完整、详细地给出组织内所有岗位的名称，并且进行系统的分类，运用工作说明书可以大大减少分类、分级工作量。

▶ 本章小结

本章讲述了工作分析与人力资源需求预测、工作分析与人力资源供给预测以及工作分析与人力资源数量、质量平衡。

本章讲述了工作分析在人员招聘与录用过程中的作用、如何确定所招聘岗位的信息、如何通过任职资格要求筛选应聘者资料以及工作分析与选拔、录用。

本章讲述了培训工作流程以及工作分析与培训。

本章讲述了绩效管理工作流程、工作分析与绩效计划、工作分析与绩效考核以及工作分析与改进应用。

本章讲述了薪酬管理流程、薪酬设计的公平原则以及工作分析、工作评价与薪酬管理。

▶ 知识掌握

1.选择题

（1）当企业人力资源（　　）时，可以采取精减人员或进行工作职责分解的政策。

A.供小于求　　　　　　　　　　　　B.供大于求

C.供求平衡　　　　　　　　　　　　D.供求结构不平衡

随堂测5-1

（2）组织可通过工作分析的结果即（　　）来确定所招聘岗位的详细信息。

A.工作描述　　　　　B.工作规范　　　　　C.工作说明书　　　　　D.任职资格

（3）工作分析与培训的关系首先表现在帮助培训管理人员确定（　　）。

A.培训需求　　　　　B.培训计划　　　　　C.培训对象　　　　　D.培训内容

（4）通过（　　）获取所需信息是工作评价的主要来源。

A.工作描述　　　　　B.工作规范　　　　　C.工作说明书　　　　　D.任职资格

2.简答题

（1）工作分析在人力资源规划中起什么作用？

（2）工作分析在招聘过程中起什么作用？

（3）工作分析在培训管理中起什么作用？

（4）工作分析在绩效管理中起什么作用？

（5）工作分析在薪酬管理中起什么作用？

▶ 知识应用

• 案例分析

什么样的软件工程师最合适？

2022年冬季，计算机科学与技术和通信工程专业毕业生的人才争夺战拉开了序幕。

A公司也不例外，从10月份就开始行动了。人力资源部深知这一年招聘软件工程师的难度，计算机科学与技术和通信工程专业的毕业生有许多选择机会，如何才能识别出适合自己企业个性和技术方向的人才呢？A公司决定加重"综合素质"测评工作的分量。经过仔细研究设计，整体测评工作安排如下：第一步，通过工作分析确定测评的重点维度。人力资源部进行了深入的工作分析，最后得出了需要评价的3个主要维度：学习能力、创新能力、合作能力。第二步，选择和开发能够测评以上维度的工具。A公司主要运用了3类测评工具：心理测验、半结构化面试、情景模拟测验，每一类工具针对的是不同的测评维度。第三步，实施测评。严格的综合能力测试结束后3~4天，项目经理拿到应聘人员测评报告。各项目经理根据技术面试结果和测评报告做出录用决定。第四步，跟踪研究。跟踪研究的最佳时间为1年。

问题：A公司的工作分析是如何为招聘工作服务的？

分析提示：缺乏工作分析基础的招聘和录用是不会成功的。只有在工作分析基础上的招聘，才能为企业招到合适的软件工程师。

▶ 实践训练

假若你是某公司人力资源部的绩效主管，请你依照该公司某一个岗位的工作说明书，设计该岗位的绩效考核指标及考核标准。

任务完成效果评价：

（1）小组代表陈述与教师点评。各小组选出代表陈述本小组的作业成果；教师根据各小组代表的陈述内容进行点评。

（2）小组内互评。小组成员根据完成任务过程中个人的表现，按照表5-4的评价项目和分值、指标对每个成员进行评分，然后上交小组成员内部评价表和小组作业成果。

表5-4   **小组成员内部评价表**

小组成员	评价项目和分值、指标				总成绩
	与人交流能力	与人合作能力	解决问题能力	职业态度	
	25分	25分	25分	25分	
	围绕主题，恰当、清楚表达意思的表现	与他人合作，合作过程是否和谐、顺畅	设计指标和标准的质量	主动、认真地完成任务的表现	
（组长）					

（3）教师评价。教师根据小组评分参考表（见表5-5）的评价项目和分值、指标给各个小组评分。

表5-5　　　　　　　　　　　　　　　　　　**小组评分参考表**

组别	评价项目和分值、指标				总成绩
	计划与实施能力	学习能力	任务完成的效率	组员参与程度	
	25分	25分	25分	25分	
	是否按照工作说明书设计岗位绩效考核指及标准；考核指标及标准是否客观、准确、合理	对工作说明书应用等知识的理解程度	能按时或提前完成任务	参与讨论的成员数目	
第一组					
第二组					
第三组					
第四组					
教师评语					
第一组					
第二组					
第三组					
第四组					

（4）最终成绩计算方式：

个人最终成绩=小组成员个人成绩×60%+所在小组成绩×40%

▶▶▶ 课外拓展 ◀◀◀

关注新媒体平台，获取人力资源管理领域最新的观点、方法、技巧，了解人力资源管理的前沿资讯。

本公众号是《哈佛商业评论》（简称HBR）的官方微信平台。作为哈佛商学院的标志性杂志，《哈佛商业评论》被全球商界誉为"管理圣经"。众多耳熟能详的管理思想家、管理理论均出自《哈佛商业评论》。欲了解更多管理智慧，请在微信公众账号中搜索"哈佛商业评论"或"hbrchinese"，或用手机扫描二维码即可关注。

第6章 工作设计

▶▶▶ 学习目标 ◀◀◀

通过本章学习，你应该达到以下目标：

知识目标：掌握工作设计的含义以及工作轮换、工作丰富化、工作扩大化三种工作设计形式，了解工作设计的要求与原则。

技能目标：掌握工作轮换、工作丰富化、工作扩大化三种工作设计方法的使用。

素养目标：培养学生具有进行工作轮换以及工作丰富化设计的能力以及人性化管理的职业素养。

▶▶▶ 内容架构 ◀◀◀

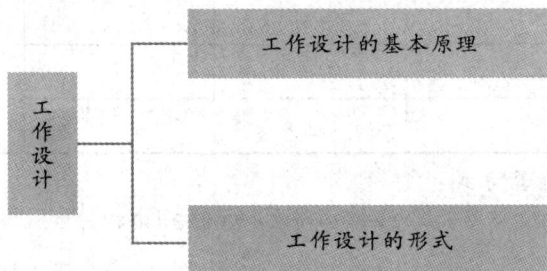

▶▶▶ 引例 ◀◀◀

期望工作

大学毕业后，小张进入一家商业银行工作。算起来参加工作已经快2年了，与朋友聊起工作的事，小张总是抱怨工作单调乏味，并且说，他迟早要离开现在这家公司，找一个能让自己感兴趣的工作。也许，在我们的周围有太多像小张这样的人，我们也听到了太多的有关工作单调的抱怨。

不知我们是否想过，一个抱怨工作枯燥乏味的员工，会如何对待他的工作？又会产生怎样的工作效果？

也许，有许多人仅仅把工作作为谋生的手段，并不要求工作的丰富、有趣。但是，受过多年教育的高素质的员工并不认为工作是一个简单的位置或谋生手段，他们对工作寄予了很高期望，期望工作使自己的人生更丰富，期望工作能带给自己成就感，也期望通过工作使自己得到提高和发展。而这些对工作有所期望的员工也往往是企业最重要的人力资源。

　　资料来源　作者根据相关资料整理。

　　这一引例表明：面对现在这样一个价值观多元化的信息社会，人们有理由对占据人生重大位置的工作有更多的要求。拥有一份丰富、有趣的工作是每个人都向往的，作为管理者应该认真地思考一下：如何使工作成为能够激励员工的重要因素？如何进行工作设计？

6.1　工作设计的基本原理

　　工作设计问题主要是组织向其成员分配工作任务和职责的方式问题。工作设计是否得当，对于激发员工的工作积极性、提高员工的工作满意度和工作绩效都有重大的影响。在企业中，多数职位都是为提高效率而设，工作的内容往往专业面窄、易学、重复性强，导致很多工作无聊乏味。

　　需要管理者注意的一点是：没有一种工作本身是枯燥乏味的。工作能否吸引人，取决于它是否能充分发挥员工的能力。如果不能，它迟早会变得枯燥乏味。真正能够激励人的工作需要员工投入全部能力，有时甚至需要挖掘员工的潜能。

◇◇◇◇◇▶ **小思考6-1**

　　随着社会的发展和员工自我意识的觉醒，员工越来越关心工作生活给自己带来的感受。在西方国家出现了一个与工作密切相关的概念——工作生活质量（QWL）。那什么是工作生活质量呢？

　　答：工作生活质量是指一个工作组织的成员，根据其在该组织中的体验，对重要的个人需要所能得到满足的程度。

　　这个概念于20世纪60年代由美国汽车工人联合会最早提出，很快便被西方工业国家广泛接受，并在管理中予以重视。这也促使企业界更加关注工作设计的思想和举措。从根本上来看，工作生活质量是现代组织管理的一大进步，体现了企业在追求经济效益的同时，对社会效益以及组织中的人的关注。

6.1.1　工作设计的内涵

　　工作设计又称岗位设计，是指根据组织需要，兼顾个人需要，规定某个岗位的任务、责任、权力以及在组织中与其他岗位关系的过程。在企业刚成立时，管理者对企业职位设置、职位职责、管理流程的思考就可以理解为一个工作设计的过程。工作设计的目的是优化人力资源配置，为员工创造更加能够发挥自身能力、提高工作效率的管理环境做保障。

　　工作设计要对工作进行周密的、有目的的计划安排，并考虑员工具备的素质、能力等各个方面的因素，也考虑本单位的管理方式、劳动条件、工作环境、政策机制等因素。广义的工作设计可以指工作的某个部分，也可以指整个工作的各个部分。工作设计是提高劳动生活质量的方法之一，所以每当管理者在分配工作任务、发出工作指令、检查工作进行的情况时，都是工作设计的组合。因为管理者总是在自觉或不自觉地改变下属的工作，既然无法避免这种改变，就需要精心策划、设计各种工作的结构，才可以激发出员工的内在积极性。

1）工作设计的方法

（1）工作设计的基本结构。现在已经出现了一种工作丰富化模式。丰富化模式是指增加了技能的多样化、任务的完整性、突出的工作意义和自主权力等。核心工作要素可以使员工产生不同的心理状态，而良好的心理状态可以引起员工的积极心态和行为。如果良好的心理状态存在于一种工作模式里，会使员工以自我奖励为基础的自我激励产生积极循环。

（2）工作设计的目标模式。目标模式是指管理者和员工就具体工作进行详细的分析研究后，共同认可并确定的员工在执行工作时所负担的责任。这样一来，由于有了明确的目标，员工就会感到兴奋，从而使工作的效率提高，并且在完成了一项工作任务后，还主动寻求下一项工作任务。设计目标模式时需要注意：目标的明确性和清晰性；目标的具体难度和挑战性；目标的可行性和可接受性。

（3）工作设计的社会技术方法。在很多情况下，工作设计受到技术方面的限制。然而并不是说受到限制就不能设计，而是怎样在特殊的情况下将工作设计好。社会技术的最佳组合不仅涉及工作设计方法，而且涉及管理部门的基本职能。社会技术模式受三个因素影响，即社会系统特征、技术系统特征、社会技术水平。选择适当的工作设计，首先涉及的是如何利用已有的数据和信息。由于工作设计的不同，要求收集的信息也不同。例如，用于工作评估的信息，对于工程师和安全员来说，各自所要求的信息是完全不同的，前者仅需要有关工作条件的信息，而后者则需要足够详细的有关工作条件和危险条件的信息。这样，工作设计者才可以在考虑了众多因素后进行正确的工作设计。

无论使用哪种工作设计方法，人力资源管理者都必须同单位的领导、主管人员、下层管理者以及员工保持密切的合作关系。这些人员既可以成为提供信息的积极因素，也可能成为发展过程中的阻力，因而大多数人力资源工作者常常以培训者、顾问的身份参与工作分析和设计。总而言之，工作设计是人力资源供求预测的基础。在组织变化的过程中，人力资源工作者的主要任务之一，就是为单位应付即将到来的变化而储备足够的人力资源。

作为一个为了有效地达到组织目标，合理、有效地处理人与工作的关系而采取的对与满足工作者个人需要有关的工作内容、工作职能和工作关系的特别处理，工作设计是管理者的一个重要课题。因为工作设计是否得当，对于激发员工的工作积极性、提高他们的工作满意度以及工作绩效都有重大影响。从激励理论的角度看，工作设计是对"内在薪酬"的设计。因为激励理论认为，在员工需求向更高层次发展时，他们的积极性主要来自与工作本身相关的因素，工作设计得当就能满足员工的内在需要。

2）工作设计的理论——赫兹伯格的"双因素理论"

根据赫兹伯格的"双因素理论"，促使员工在工作中产生满意或良好感觉的因素与产生不满或厌恶感觉的因素是不同的。前者往往和工作内容本身联系在一起，后者则和工作环境或条件相联系。他把前者称为激励因素，后者称为保健因素。赫兹伯格指出，激励因素的改善，或者说这类需要的满足，往往能给员工以很大程度的激励，有助于充分地、有效地、持久地调动他们的积极性；而保健因素的满足不能直接起激励作用，只能防止员工产生不满情绪。因此，对于企业来说，应努力在满足激励因素方面下功夫。双因素理论的提出，推动了"工作再设计"运动，其中心思想是丰富化：①工作内容。它包括确定工作一般性质的几个维度，主要有多样性、自主性、复杂性、难度性与整体性（即做一件工作的全部过程）。②工作职能。它是指做每件工作的基本要求与方法，包括工作责任、工作权限、信息沟通方式、工作方法以及协作配合等方面。③工作关系。它是指个人在工作中发生的人与人之间的关系，包括在工作中与其他人相互联系及交往的范围、建立友谊的机会以及工作班组中的相互协作和配合等方面。④工作结果。它是指工作的绩效与效果的高低，包括标志工作的完成所要达到的具体标准（如产品的产量、质量和效益等），以及工作者的工作感受与反应（如满意度、出勤率、缺勤率和离职率等）。⑤结果反馈。它包括两个方面：一是对工作本身的客观反馈；二是来自别人对工作结果的反馈，如同事、上级和下级对工作的评价。

6.1.2 工作设计的性质

工作设计与工作分析是不同的。工作分析是对现有职务的客观描述，而工作设计是对现有职务说明的认定、修改或对新设计岗位的完整描述，需要利用工作分析的信息。

从整个企业的生产经营过程来看，工作设计应当满足：

（1）企业劳动分工与协作的需要。

（2）企业不断提高生产效率、增加产出的需要。

（3）劳动者在安全、健康、舒适的条件下，从事生产劳动过程中的生理、心理需要。

工作设计的中心任务是要为企业人力资源管理提供依据，保证事（岗位）得其人、人（员工）尽其才、人事相宜。工作分析的结果——工作描述和工作规范是以良好的工作设计为基础才能发挥其应有的作用，实现上述目标。因此，从职务分析的全过程来看，在职位调查以后，如果发现工作设计不合理，或存在严重缺陷时，应该加以改进，使工作描述和工作规范等人事文件建立在科学的工作设计的基础上。

除了建立新组织时需要进行工作设计之外，原有设计通常由于以下原因而需要改进：

一是由于组织的变革，原有设计不符合组织新的目标、任务和体制的要求，如企业由小变大，改变经营范围、组织形式或生产工艺等，原有工作设计已经不适应生产经营的现实情况。例如，一家企业使用老式印刷机时，工人既负责印刷，又负责包装；后来，技术改造，采用高速印刷机，工人无法在印刷的同时兼顾包装，只能另设立一个包装的岗位。

二是现有员工在一定时期内还难以达到工作规范的要求，只能根据企业的实际情况，因时制宜。例如，会计师工作规范中规定要本科毕业，有较长年限的工作经验，但某企业发现暂时难以招聘到理想的人选，只得略微降低条件。

三是由于员工的精神要求与按组织效率原则制定的工作规范发生冲突，影响了士气，就可能要兼顾前者的标准来对工作设计进行修改。

➡ **小思考6-2**

在什么情况出现时，人力资源部经理可以考虑工作再设计？

答：在下列情况下，人力资源部经理可以考虑工作再设计：

（1）岗位设置不合理。岗位设置并不是很合理，有些岗位工作量大，经常无法按时完成工作；有些岗位工作量少，上班有很多空余时间。这不仅提高了人力资源成本，还破坏了员工之间的公平与和谐，有些员工可能会因此而产生抵触情绪，影响工作进展。

（2）企业计划进行管理改革。由于企业的发展或市场的变化，企业计划对现有的经营模式和管理模式进行改革时，人力资源部门应该配合企业的改革进行相应的工作设计，使工作能够适应新形势的需要。

（3）员工工作效率下降。员工工作效率下降的原因有很多。如果是由于员工已经对现有工作没有兴趣或失去新鲜感而产生的效率下降，就应该考虑对这些工作进行工作再设计。

6.1.3　工作设计的要求

一般来说，工作设计的要求主要有以下几点：

（1）全部岗位的总和应该能够覆盖组织的总任务。组织运行所需要的每一项任务都应该落实到工作规范中去。比如，为了完成临时性的任务，往往要在工作规范中加上"完成领导交办的其他事宜"这一条。

（2）全部岗位构成的责任体系应该能够保证组织总目标的实现。组织运行所要达到的每一个结果、组织内每一项资产的安全和有效运行都要落实到某一岗位上，不能出现没人负责的情况。

（3）工作设计应该能够有助于发挥员工的个人能力，提高组织效率。这就要求岗位设计全面权衡经济效率原则和员工生理与心理的需要，找到最佳的平衡点，保证每个人满负荷工作。如果工作负荷过低，会导致人、财、物的浪费；但如果超负荷工作，会影响员工的身心健康，并给机器设备带来不必要的损害。

（4）工作设计应该考虑现实的可能性。例如，一个企业需要一名高级财务主管，要求他既能处理国际财务问题，又能做出高风险的投资决策，这就要求既要考虑企业内有无合适人选，又要考虑在社会上公开招聘需要花费多大代价，进行利弊权衡。如果因为资源约束，一时找不到合适的人选，则应当考虑适当修改工作规范。

6.1.4　工作设计的内容和作用

工作设计的内容包括如下具体事项：

（1）确定工作的多样性、自主性、复杂性、常规性、难度及整体性。

（2）确定工作责任、工作权限、信息沟通方式、工作方法。

（3）确定工作承担者与其他人相互交往联系的范围、建立良好人际关系的机会及工作班组相互配合协作的要求。

（4）确定工作任务完成所达到的具体标准（如产量、质量、效益等）。

（5）确定工作承担者对工作的感受与反应（如工作满意度、出勤率、离职率等）。

（6）确定工作反馈等。

工作设计是组织设计的一部分，与组织结构设计一样，也是组织设计较重要的组成部分。工作设计直接决定了员工在其从事的工作中做什么，怎样做，有无机动性，能否发挥主动性、创造性，有没有可能形成良好的人际关系等。优良的工作设计，可保证员工从工作本身寻得意义与价值，达到最佳激励水平，为充分发挥员工的积极性和主动性创造条件；同时有利于建立组织整体的工作系统，在生产流程、工艺技术、管理方式和奖励制度等方面协调一致，促进组织的整体发展。

6.1.5 工作设计的权变因素

1）组织因素

组织因素包括专业化、工作流以及工作习惯。

所谓专业化，是指按照所需工作时间最短、所需努力最少的原则来分解工作，其结果是形成很小的工作循环。

工作流问题是指在互相协作的工作团体中，需要考虑各个岗位之间负荷的均衡性问题，以确保不会出现所谓的瓶颈现象。例如，汽车装配线装前灯只需要半分钟，而装灯座需要4分钟。如果安排一个人装前灯、一个人装灯座，就会出现前灯装配工人等待灯座作业完成的问题，灯座作业就成为瓶颈。管理学中有所谓的木桶原则，就是说如果箍成木桶的木板长短不一，则该木桶盛水的容量是由最短的那块木板的长度决定的。这也是对瓶颈现象的原理解释。

工作习惯是指在长期工作实践中形成的传统工作方式。它反映工作集体的愿望，因此也是工作设计的考虑因素。例如，美国一个汽车公司的一家下属工厂，为了提高生产效率，决定给一些员工增加工作量，用以减少某些岗位，结果因为改变了工人原有的工作习惯而导致了长达几周的工人罢工。

2）环境因素

环境因素包括人力供给和社会期望两方面。

工作设计不能仅仅凭主观愿望，还要考虑现实劳动力市场上的人力资源供应情况。例如，当年亨利·福特设计汽车装配线时，考虑当时大多数劳动力缺乏汽车生产经验，因此把公司的工作设计得比较简单。可是，一些不发达国家在进行技术引进时，没有考虑配套人力资源的制约，结果先进设备没有合格人员来使用，发挥不出技术、设备应有的效能。过去，我国在这方面得到的教训也是极为深刻的。

社会期望是指人们希望通过工作满足些什么。在经济不发达的地区和阶段，劳动者主要追求的是满足基本的物质需要，可以接受比较繁重的、枯燥的工作。但是，随着经济发展和文化教育水平的提高，人们的需求层次提高了，对工作、生活质量也有了更高的期望，如果单纯考虑经济效率就会引起不满。因此，这就要求在工作设计方面考虑一些人性方面的因素。

3）行为因素

行为科学研究提醒人们，工作设计不能只考虑经济效率，也应该考虑满足员工的精神需要。这些合理需要主要包括：

（1）自主权。现代管理理论有别于传统科学管理理论的一个主要观点就是"社会人"假设。它认为人通常是有责任心、有自我管理能力的。因此，在工作设计时，应当考虑给员工一定的自主权，提供附加责任，以增强员工的自尊心和被重视的感受。相反地，如果员工没有丝毫自主权，就会引起对工作的冷漠和低绩效。

（2）多样性。如果工作设计得过于简单，员工就会因为工作单调、枯燥而产生厌烦，从而影响员工的身心健康。卓别林在电影《摩登时代》里塑造的一个汽车工人，每天的工作就是拧螺丝，结果导致精神失常，拿到扳手见到什么东西都要拧。这正是工业化早期管理经验不足所造成的典型悲剧。

（3）工作的意义。工作设计要让员工感觉到该工作对于实现组织总目标的意义，从而产生成就感。员工如果不能参与一些比较完整的工作，就会缺乏对工作成果的成就感，从而失去责任感。

（4）反馈。组织要对员工的绩效给予及时的反馈，才能正确引导和激励员工，使其不断改进自己的工作。

6.2 工作设计的形式

工作设计有两种情况：一种是对组织中新设置的岗位按照一定的要求和原则进行设计；另一种是对目前组织中已存在的缺乏激励因素和满意度较低的岗位进行重新设计。一般来说，常见的工作设计的形式有三种：工作轮换、工作扩大化和工作丰富化。

6.2.1 工作设计的原则

1）明确任务目标的原则

岗位的存在是为了实现特定的任务和目标服务的，岗位的增加、调整和合并都必须以是否有利于实现工作目标为衡量标准。所以，在工作设计中，首先应明确所属单位的总目标是什么，每个岗位的目标又是什么，并且要力图使岗位目标具体化、明晰化，以及使该岗位的设置与其承担的任务量相对应。这就要求在企业中广泛地推行系统化、科学化的目标管理，以杜绝岗位重叠、人浮于事、效率低下等现象的存在。

2）合理分工协作的原则

以科学的劳动分工为基础设计的工作岗位，不仅有利于员工发挥各自的技术专长，提高专业技能的内在含量，也便于明确岗位的工作任务和责任，员工只有在分工明确的情况下，才会主动地开展工作。同时，工作设计应当充分考虑劳动协作的客观要求，明确岗位与岗位之间的协作关系。分工是协作的前提，而协作是分工的结果。岗位之间建立紧密的协作，才能进一步发挥集体的智慧和团队的力量，从而创造出更高的劳动生产力。

3）责权利相对应的原则

在进行工作设计时，必须首先明确每一岗位的责任、权力和利益。岗位责任是任职者应尽的义务，而与之对应的岗位权力是赋予岗位员工应有的对人、财、物的各种支配、使用、调动权，权力是保证岗位运行顺畅的工具，利益是驱使岗位员工更好完成任务的动力。必须切实保证岗位的义务、权力与利益的对应性和一致性，不受责任制约的权力和利益，必然导致滥用权力、利益膨胀、滋生腐败；而不授予足够的权力和利益，仅有岗位责任，则难以保障岗位工作任务的完成和预期目标的实现。

在工作设计的过程中，除了要考虑每一个岗位自身的各种约束条件和要求，即切实保证岗位任务目标的明确性、分工协作的合理性和责权利的对等性外，还要从企业生产全过程出发，对岗位的设置进行总体性评价，对企业应该设置多少岗位、设置什么样的岗位，进行整体性的分析研究。

◇◇◇◇▶ 知识链接6-1

岗位细节设计　延长员工兴奋期

工作设计是根据组织需要，兼顾个人需要，规定某个工作的任务、责任、权力以及在组织中与其他职务关系的过程。对于大部分企业来说，工作已经被设计好了，不可能放弃生产经营活动再来一次全新的设计。所以，只能选择在不影响正常生产经营活动的前提下，对工作进行阶段性的调整和再设计，以期通过这种方式来简化业务流程、丰富工作内涵、激发员工的全新热情。工作再设计时需要注意以下几个方面的细节：

细节一：工资报酬

在进行工作再设计的时候，企业会重点考虑业务流程的运作模式和职能管理等主要因素的优化与深化，而其他方面的因素考虑得就会少一些，因为它们对工作再设计的影响并不是显性的，而其中最应引起关注的就是工资报酬因素。

工资报酬是企业得以吸引优秀人才的首要因素，工资报酬也是企业经营运作成本的一个主要方面，所以企业需要将人工成本控制和工作岗位吸引力二者结合起来考虑，争取能够将二者完美结合。

细节二：价值观倾向

员工越来越重视个人的精神需求。员工不仅希望通过工作来解决温饱问题，还希望通过工作能够发挥个人专长，通过工作能够实现个人价值，更希望自己所从事工作带来的主观感受与自己的价值观系统相吻合，希望自己能够在一种平和、快乐的氛围中工作。这种需求往往是企业最难发现、最难把握的，也往往是员工疏于向企业表达的。所以，企业应该根据员工的价值观取向进行工作设计，尤其是对中高层管理职位。

细节三：设计的连续性

同企业的生命周期理论类似，员工在一个企业中的工作状态也有一定的规律可循，即"员工工作周期理论"。员工从进入企业开始，其工作状态会经历由最初的迷茫期——对工作的模糊，到兴奋期——对工作的接受、兴奋，到发挥期——对工作的熟悉、能力发挥，到挑战期——对更大挑战的期待、准备，到厌倦期——最终对工作产生厌倦情绪。这个变化过程，不同的员工有长有短，但其基本规律不变。

面对这样的工作周期变动，企业也要做好对工作进行连续再设计的思想准备，一旦员工的工作状态发生了变动，公司就必须采取相应的对策，以延长员工的工作热情，使员工的工作状态尽可能在兴奋期、发挥期和挑战期之间循环。

细节四：引导自主发挥

被动激励起来的积极性，其持续时间是很短暂的。因此，在进行工作再设计时，企业的管理者应该尽可能多地了解员工的需求，结合企业的实际情况进行设计，尽可能使员工的个人意愿与公司的发展目标相吻合，以达到让其主动参与工作的目的。

当然，企业由于业务流程的限制、岗位定额的限制等，不可能完全按照员工的意志设计工作变动轨迹，这时管理者需注意，不能强制要求员工接受公司的安排，而应有技巧地引导员工使其接受。当员工不能接受时，企业的管理者也要有意识和决心拒绝员工的不合理要求，确保公司的企业文化氛围不被破坏。作为企业的管理主体，各级管理人员要做到正确引导员工，既要使员工的主观能动性得以发挥，又要使员工主观意志的张扬限制在公司价值观的范围内。

资料来源　王凯. 岗位细节设计　延长员工兴奋期［J］. 中外管理，2005（9）.

6.2.2　工作轮换

所谓工作轮换，是将员工轮换到另一个同等水平、技术要求接近的工作职位上去工作。长期从事同一个职位工作的员工，特别是那些从事常规性工作的员工，时间长了会觉得工作很枯燥，缺乏变化和挑战性。员工也不希望自己只掌握一种工作技能，而是希望能够掌握更多不同的工作技能以提高对环境的适应能力。因此，工作轮换也常常与培养员工多样化技能结合在一起，也称交叉培训法。

企业进行工作轮换有四个作用：一是能使员工比日复一日地重复同样的工作更能对工作保持兴趣；二是为员工提供了一个个人行为适应总体工作流的前景；三是个人增加了对自己的最终成果的认识；四是使员工从原先只能做一项工作的专业人员转变为能做许多工作的多面手。工作轮换不要求改变岗位设计本身，只是使员工定期从一个工作轮换到另一个工作。这样，使员工有更强的适应力，更宽阔的视野，可以从全新的角度来看待问题，对组织的全局有更好的把握。日本的企业广泛实行岗位轮换，对培养管理人员发挥了很大的作用。

1）工作轮换的优缺点

（1）工作轮换的优点：①丰富员工的工作内容，减少工作中的枯燥感，提高员工的工作积极性。②扩大员工掌握的技能范围，使员工能够很好地适应环境的变化，也为员工在内部的提升打下基础。不少大的公司内部提升的管理人员都要求有在几个不同部门或职位工作的经验。③降低员工的离职率。很多员工离职都是由于对目前的工作感到厌倦，希望尝试新的挑战性的工作。如果能够在公司内部给员工提供流动的机会，让他们有机会从事自己喜欢的有挑战性的工作，他们也许就不会离职。

（2）工作轮换的缺点：①员工到了一个新的职位，需要时间重新熟悉工作，因此在员工轮换到新职位的最初一段时间，生产效率会有所下降。②需要给员工提供各种培训，以使其掌握多种技能，适应不同的工作，因此所需要的培训费用较高。③工作职位的轮换是牵一发而动全身的，因为变动一个员工的工作职位就意味着其他职位随之变动，增加了管理人员的工作量和工作难度。

2）工作轮换应注意的几个问题

（1）首先必须对工作进行分析，明确哪些职位之间可以互相轮换。一般来说，职位间的工作轮换首先从同一个职位类别中的职位之间开始，然后考虑不同职位类别中的职位之间的工作轮换。

（2）工作轮换必须有序进行，以免影响正常的工作秩序和工作效率。

（3）应充分考虑员工个人的意愿，不能进行强制性的工作轮换。因为有的员工并不一定喜欢过多地尝试新的职位，而是希望专注于一个领域深入发展。

◇◇◇◇━━➤ 知识链接6-2

某公司工作轮换管理办法

第一条　为完善人力资源管理体系，培养高素质、复合型的人才队伍，特制定本办法。

第二条　本办法适用于集团各单位。工作轮换的范围包括经营单位内部、集团部门间、集团部门与经营单位之间、经营单位之间的轮换。

第三条　各单位安排员工进行轮换时，必须遵循以下原则：

1.符合集团的发展战略，符合集团的人力资源发展规划；

2.有利于提高员工的综合能力，做到量才适用；

3.干部轮换建立在年终考核结果的基础上，遵循有利于提高其综合素质的原则，着重培养干部的综合管理能力。

第四条　各单位应结合本单位的人力资源发展规划，每年按以下比例安排员工进行轮换：

1.按现有专业人员数的3%～5%比例进行轮换；

2.按10%～15%的比例对中高层干部进行轮换。

第五条　符合以下条件的两类员工应参加轮换：

第一类　在外协、采购、广告、财务、审计、人事、劳资、资金结算等关键、敏感岗位工作满3年的员工。

第二类　大学专科及以上，有一定的专业技术知识和管理经验，有较强的事业心和上进心，有较大发展潜力的员工，后备干部优先。

第六条　每年12月初，进行下年度的轮换安排。专业人员的轮换由个人提出申请，并填写"工作轮换申报表"（见表6-1）。集团总部由人力资源部负责审核，部长审批；经营单位由各人力资源管理部门负责审核，总经理审批，报人力资源部备案。

表6-1　　　　　　　　　　　　　　**工作轮换申请表**

审核人：　　　　　　　　　年　　月　　日

姓名		性别		年龄		学历	
当前工作部门				职位名称			
目标部门/岗位							
轮换原因							
本部门领导意见	审批人：　　　　　年　　月　　日						
目标部门领导意见	审批人：　　　　　年　　月　　日						
人力资源部门意见	审批人：　　　　　年　　月　　日						

第七条　每年12月初，人力资源部与各单位拟定本单位参加轮换的关键、敏感岗位人员名单。其中，各经营单位将名单报人力资源部审核。

第八条　进行轮换的员工由所在单位的人力资源管理部门建立"员工工作轮换登记卡"（见表6-2），记录员工的基本情况，轮换期间工作、培训情况等，由专人负责保管。

表6-2　　　　　　　　　　　　　　　　　　员工工作轮换登记卡

姓名		性别		学历	
工作轮换经历					
		工作部门	部门领导	具体工作	工作期限
第一次轮换	轮换前				
	轮换后				
	接受培训	1. 2. 3.			
	备注				
		工作部门	部门领导	具体工作	工作期限
第二次轮换	轮换后				
	接受培训	1. 2. 3.			
	备注				
		工作部门	部门领导	具体工作	工作期限
第三次轮换	轮换后				
	接受培训	1. 2. 3.			
	备注				

第九条　工作轮换的具体操作按内部调动形式进行，审批手续按内部调动程序执行。

第十条　每年由各单位人力资源管理部门针对本单位轮换员工的情况，做好轮换计划，报人力资源部备案。

第十一条　对安排轮换的员工，根据其培养方向及集团的发展需要，由人力资源管理部门安排其相关工作。向管理方面发展的员工以安排行政管理、企划、品牌管理、营销管理、科技管理、生产管理等工作为主；向技术方向发展的员工以安排开发、品质管理、设备管理、工艺等工作为主。条件成熟时，可安排到市场营销队伍中进行短期锻炼。

第十二条 集团可根据实际情况，安排有关员工进行跨部门、跨单位的轮换。

第十三条 各单位、各部门必须密切配合轮换工作，指定专人负责对轮换人员进行工作指导及考核。在符合轮换原则的基础上，不得以任何理由推托、拒收。

第十四条 参加工作轮换的员工必须遵守新单位的工作纪律，服从单位的领导，接受考核，考核结果记录在"员工工作轮换登记卡"，作为奖惩、培训、晋升、轮换的依据。

第十五条 对轮换人员新岗位的考核每半年进行一次，主要考核其工作态度、工作能力、发展潜力、工作绩效。其直接主管对其考核结果负责，考核结果报人力资源管理部门备案。

第十六条 每次考核结束后，人力资源管理部门会同其所在单位与轮换员工进行面谈，评价其长处与不足，并商讨改进方案及提出培训建议。

第十七条 对连续两次考核结果为C或D者，可根据所在单位意见，安排其调岗、培训或降职。

第十八条 各单位及集团开发中心应积极对轮换对象进行有针对性的培训，提高其各方面的素质，以适应新岗位的要求，培训结果记录在"员工工作轮换登记卡"上。

第十九条 由人力资源委员会、人力资源部和各单位人力资源管理部门共同组成工作轮换管理体系，负责轮换工作的运作和管理。

第二十条 人力资源部在部长的领导下，负责集团总部员工轮换工作的安排、管理、培训和考核；负责对各单位轮换工作的指导与监控；负责对跨单位轮换的审批等。

第二十一条 在总经理的领导下，各单位人力资源管理部门负责本单位轮换员工工作的安排、管理、培训和考核等。

第二十二条 每年11月底，人力资源部及各单位人力资源管理部门向人力资源委员会提交上年度轮换工作总结，接受人力资源委员会的考评，考评结果列入年度考核中。

第二十三条 本规定由人力资源部负责制定、修改并解释。

第二十四条 本规定由下发之日起执行。

资料来源 作者根据相关资料整理。

6.2.3 工作扩大化

工作扩大化包括工作横向扩大化和工作纵向扩大化。

工作横向扩大化可以将属于分工很细的作业单位合并，由一个人负责一道工序，改为几个人共同负责几道工序；或者在单调的工作中增加一些变动因素，从事一部分辅助工作；还可以采用包干负责制，由一个人或一个小组负责一件完整的工作。工作横向扩大化可以降低流水线转动的速度，延长加工周期，用多项操作代替单项操作等。

工作纵向扩大化可以将经营管理人员的部分职能转由生产者承担，工作范围沿着组织形式的方向垂直扩大。例如，生产工人参与计划制订，自行决定生产目标、作业程序、操作方法，检验衡量工作数量和质量，并进行经济核算。又如，生产工人不仅承担一部分生产任务，还参与产品试制、设计、工艺等多项技术工作。

工作扩大化增加了员工工作的多样性和挑战性，使得员工感到工作更有意义，员工的工作积极性在一定程度上提高了，他们对工作的满意度也得到了提高。一些研究报告说，工作扩大化提高了员工的工作满意度和工作质量。IBM公司则报告工作扩大化导致工资支出和设备检查的增加，但因质量改进，职工满意度提高而抵消了这些费用；美国梅泰格（Maytag）公司声称通过实行工作扩大化提高了产品质量，降低了劳务成本，工人满意度提高，生产管理变得更有灵活性。但是，在一些企业中，工作扩大化使得工作效率下降了。以前，工作是高度专业化分工的，在生产线上，工人只需要做其中的一道工序，其技能非常熟练，而且节省了一个人从事不同工序时工序之间转换的时间；而如今，一个人可能要做整个生产过程的两三个甚至更多工序的工作，不得不在多个工序之间来回转换，这样就会浪费一些时间。但这种时间上的浪费会随着工人熟练程度的提高得到改善，而且工人的工作热情和兴趣提高增加了其对工作的投入，使其工作效率提高，这样反而会比原来的工作效率高。

6.2.4　工作丰富化

工作丰富化也称充实工作内容，指在岗位现有工作的基础上，通过充实工作内容，增加岗位的技术和技能含量，使岗位的工作更加多样化、充实化，消除因从事单调乏味工作而产生的枯燥厌倦情绪，从心理上满足员工的合理要求。充实工作内容主要让员工更加完整、更加有责任心地去进行工作，使员工得到基于工作本身的激励和成就感。例如，美国一家公司的会计业务原来被分割成发票、审核、查询三个业务，分别由不同的部门人员完成，后来改成每个会计对一笔买卖的全过程负责。由于员工感到有一定的自主权和肩负的责任感，又有了工作的多样性和结果反馈，因而满意度和生产率都上升了。

1）实现工作丰富化的条件

工作丰富化的核心是体现激励因素的作用，因此实现工作丰富化的条件包括以下几个方面：

（1）增加员工责任。不仅要增加员工生产的责任，还要增加其控制产品质量，保持生产的计划性、连续性及节奏性的责任，使员工感到自己有责任完成一个完整工作的一个小小的组成部分。同时，增加员工责任意味着降低管理控制程度。

（2）赋予员工一定的工作自主权和自由度，给员工充分表现自己的机会。员工感到所做的工作是依靠他的努力和控制，从而认为工作的成败与个人职责息息相关时，工作对员工就有了重要的意义。实现这一良好工作心理状态的主要方法是给予员工工作自主权。工作自主权的大小也是人们选择职业的一个重要考虑因素。

（3）反馈。将有关员工工作绩效的数据及时地反馈给员工，让员工了解工作绩效是形成工作满足感的重要因素，如果一个员工看不到自己的劳动成果，就很难得到高层次的满足感。反馈可以来自工作本身，来自管理者、同事或顾客等。例如，销售人员可以从设备的正常运转以及生产管理人员和设备操作人员那里得到反馈。

（4）考核。报酬与奖励要取决于员工实现工作目标的程度。

（5）培训。要为员工提供学习的机会，以满足员工成长和发展的需要。

（6）成就。通过提高员工的责任心和决策的自主权，来提高其工作的成就感。

工作丰富化的工作设计方法与常规性、单一性的工作设计方法相比，虽然要增加一定的培训费用、员工工资以及完善或扩充工作设施的费用，但是提高了对员工的激励和员工对工作的满意程度，进而提高了员工生产效率与产品质量，降低了员工离职率和缺勤率。况且企业培训费用的支出本身就是对提高人力资源素质的一种不可缺少的投资。

2）开展工作丰富化的时机

出现以下四种情况之一，可以考虑工作丰富化：

（1）实现工作丰富化的代价不大，主要指完成的难度不大和对企业可能造成的影响不大。

（2）员工的工作效率下降，工作情绪不高，缺乏职务热情，没有工作积极性和主动性。

（3）物质激励的收效不大，通过物质激励很难改变现状。

（4）增加员工责任感和工作自主权很可能会有效地提高工作业绩。

3）诊断是否存在工作丰富化问题的方法

（1）观察法。通过实际观察来了解员工在工作中具体存在哪些问题影响了工作效率。观察法适合于中小企业，以及作业流程单一的企业。观察法可以很快地发现比较浅层次的管理问题，但很难发现深层次的问题。

（2）面谈法。这是通过与当事人进行面谈来了解情况的一种方法。

（3）分析工作流程法。将工作流程进行重新分析，最好能通过具体实例来进行分析，以期发现问题的症结。

（4）问卷调查法。问卷调查法是一种比较可靠且易于操作的方法，特别是对某个岗位的所有员工进行相同的问卷调查。通过对问卷调查的分析往往能够找到问题的症结。采用问卷调查法时，问卷的设计非常重要。问卷的内容包括基本信息、工作内容调查、职业发展调查、适应性调查、相关问题调查五个方面。

4）工作丰富化的核心内容

（1）与客户联系。如果员工能与客户接触，从客户那里直接了解产品的使用情况，可以使员工增强成就感和自豪感，这是工作丰富化的最有效的手段。

（2）自行安排工作计划。每个人都喜欢主宰自己的行为，员工在工作时也不例外。大多数员工都有能力安排自己的工作计划，上级只需确定最后的期限或目标。这是提高员工主动性的一个有效方法。

（3）形成对整个任务的所有权。尽可能地让一个员工完成一件完整的任务。比如，与其让员工组装机器的某个零件，不如让其组装整个机器，因为这样更能激发员工的责任感和成就感。

（4）直接反馈。减少直接反馈的环节和层次。比如，产品的质量问题报告与其在经理手中互相传递，不如直接由质量检验员交给有质量问题的当事人。如果这种反馈不夹杂管理者的批评，员工能更好地进行自我批评，从而自觉地提高产品的质量。

◇◇◇◇➡ 知识链接6-3

工作丰富化和工作扩大化的区别

工作丰富化和工作扩大化虽然都属于改进工作设计的重要方法，但存在明显的差异。工作扩大化是通过增加工作任务、扩大岗位任务结构，使员工完成任务的内容、形式和手段发生变更；而工作丰富化是通过岗位工作内容的充实，使岗位的工作变得丰富多彩，更有利于员工的身心健康，促进员工的综合素质逐步提高、全面发展。

◇◇◇◇➡ **实践练习6-1**

下面是工作丰富化的示例（见表6-3），可以参阅此例进行工作丰富化设计。

表6-3   **工作丰富化的示例**

原来的情况	工作丰富化后的情况
每人轮换使用机器	每人固定负责两台机器
当机器发生故障时，操作工让维修工来维修	操作工接受维修训练，负责所使用机器的维修
操作工按照操作手册的规定，调换重要的零件	操作工根据自己的判断来调换重要零件
工长对操作工实施监督，对不符合标准的操作予以纠正	建立工作绩效反馈制度，使操作工了解自己的工作情况
在工作流程中个人做单一的作业	由3~5人组成小组，完成整个工作任务
工长决定谁干什么活	由工作团队决定谁干什么工作
检验员和工长检验产品，纠正操作方法	由工作团队对产品进行自我检验

◇◇◇◇➡ **实用案例6-1**

因人设岗，给关键人才创造平台

A集团是一家家电生产企业，到2004年年底为止，企业已在全省先后设有4个生产厂。2005年，集团又买下了某市的一条家电生产线，实施改建并成立了分公司。收购后，所有人事都由A集团自主安排，很快，由集团人力资源总监牵头拟出了新厂的人力资源规划。从组织架构来说，此次规划基本上是套用了其他4个分公司以往的做法，部门设置、工作设计、人员规划等都没有太多变化，但这一规划遭到了以董事长为代表的董事会的质疑：一是本次收购成本已隐含了对原厂员工的安置费用，如何从人力资源规划中将这部分成本节省下来，这是基本前提；二是要显示分公司今后盈利及发展的特点，人力资源规划和管理是否可以有新的思路，例如，人力成本是否从一开始就保持最低。虽然质疑只有两点，但成了人力资源部门的一项艰巨而持久的课题。因此，结构精简，人员精干，成了分公司人力资源配置的基本要求。

在如何精简组织结构和人员方面，具有代表性的是现分公司管理部张经理的工作设计与任命过程，分公司的高层管理者仍实行优先从集团成员中委派的方式。张经理原是A集团的人力资源高级主管，在委派中，通过集团管理层和张的沟通得知，他很愿意去尝试分公司人力资源部经理这一职位，但他还是有些顾虑：一是分公司的人力资源部经理的职级和报酬比他现在职位超出不了多少；二是分公司无论是从个人能力提升还是从发展机会等方面来说，可能还比不上在集团总部。管理层在综合考虑张的这些顾虑后，也对他的资质和能力做了全面分析。张在集团工作近10年，并且取得MBA学位。对他在集团近10年的工作成绩及表现，管理层也进行了详细回顾，认为他有能力做好这项工作。通过对他在集团的工作经历、能力层次、发展潜力的研究，做出了这样的决议：将在其他分公司通行的人力资源部、行政部、财务部合并为管理部，任命张为管理部经理。通过综合平衡其职位权责及报酬体系，张打消了顾虑，欣然接受了新的岗位。

用同样的方式，A集团针对分公司的"目标员工"，"量身定做"了多个职位，并且大部分是高层管理和核心技术岗位，这样一来，公司的人力资源成本大大低于同层次的其他分公司，并且这样相对集中地管理各个岗位，工作流程更显得简洁高效。

在组织变革过程中，人力资源部门可以进一步结合企业的人力资源状况，对职位进行全面分析，基于"能者多劳"的观点，打破"概念"限制，精简地、综合地安排工作岗位，这样不仅可以降低人力成本，也有利于员工充分发挥能力，起到"工作丰富化"和"工作扩大化"的激励效应，也将有利于企业人力资源的保持和发展。

资料来源 文征. 员工工作分析与薪酬设计［M］. 北京：企业管理出版社，2006.

◆◆◆◆◆➡ **实训项目6-1**

组织职业生涯管理

一、实训目的

通过本次实训，掌握组织职业生涯阶段的划分，能够将员工个人发展和企业目标相结合，考虑工作轮换、工作丰富化等因素，熟练进行组织职业生涯管理。

二、实训所需条件

（一）实训时间

实训周期为1～2周，课堂用时为6～8课时，其余时间供调查访问、收集信息之用。

（二）实训地点

具有一定规模、组织职业生涯管理较为成熟的企业。

（三）实训所需材料

教师提前给出目标企业的背景资料。

三、实训内容与要求

（一）实训内容

深入一家规模较大企业，进行组织职业生涯管理方案设计。

（二）实训要求

1.要求教师选择一家组织职业生涯管理工作开展较为成熟的企业作为实训基地，与企业进行良好沟通，取得组织生涯管理方案设计所需的相关资料和人员支持。

2.要求学生熟练掌握组织职业生涯管理方案设计的内容、标准和步骤等基本理论，做好实训前的知识准备。

3.要求学生深入目标企业了解实际情况，通过查找资料、与高管面谈、走访相关行业其他企业等工作，结合所学的理论知识，以小组为单位，尝试进行组织职业生涯管理方案设计。

4.教师制定实训规范，要求学生遵守企业的相关制度，不做实训以外的事情，不得干扰企业的正常工作。

5.要求教师在实训过程中做好组织和协调工作，给予必要的、合理的指导，使学生加深对理论知识的理解，提高实际分析、操作的能力。

四、实训组织方法与步骤

第一步，教师联系一家（或几家）合适的企业，取得企业的支持，为学生聘请企业专业人员作为指导老师，确定学生到企业实践的时间。

第二步，教师向学生明确实践要求，规范学生行为，实训时不得干扰或影响企业正常工作，必须在教师和企业专业人员指导下开展实践活动。

第三步，学生分组进入实践岗位，小组成员可分工协作，各负责一部分内容，收集所需要的资料信息，在方便的时候与相关人员面谈或进行问卷调查。

第四步，根据所获得的资料，在教师和企业专业人员的指导下，结合所学理论知识，为该企业设计科学合理的组织职业生涯管理方案。

第五步，各小组在课堂上展示方案，讨论、分析、对比，教师与企业相关领导一起对方案进行点评，并提出指导意见，帮助学生完善自己的方案。

第六步，每个小组根据讨论的结果编写实训报告。

五、实训考核方法

（一）成绩划分

实训成绩按优秀、良好、中等、及格和不及格五个等级评定。

（二）评定标准

1.能否把握组织职业生涯管理的含义及相关理论。

2.在设计中，能否深入企业员工当中，把个人职业生涯目标与组织职业生涯目标综合起来考虑。

3.在设计中，是否全面考虑组织职业生涯管理的各个方面。

4.实训报告是否记录了完整的实训内容，文字是否简练、准确，叙述是否通畅、清晰。

5.实训期间的表现占总成绩的60%，实训报告占总成绩的40%。

▶ 本章小结

本章讲述了工作设计的内涵、工作设计的要求、工作设计的内容和作用以及工作设计的权变因素。

本章讲述了工作设计的原则、工作轮换、工作扩大化以及工作丰富化。

▶ 知识掌握

随堂测6-1

1.选择题

（1）（　　）是指根据组织需要，兼顾个人的需要，规定某个岗位的任务、责任、权力以及在组织中与其他岗位关系的过程。

A.工作分析　　　　　　　　　B.工作设计

C.工作评价　　　　　　　　　D.绩效考核

（2）（　　）是将员工轮换到另一个同等水平、技术要求接近的工作职位上去工作。

A.工作轮换　　　　B.工作丰富化　　　　C.横向扩大化　　　　D.纵向扩大化

（3）（　　）可以将属于分工很细的作业单位合并，由一个人负责一道工序，改为几个人共同负责几道工序。

    A.工作轮换   B.工作丰富化   C.横向扩大化   D.纵向扩大化

（4）（　　）可以将经营管理人员的部分职能转由生产者承担，工作范围沿着组织形式的方向垂直扩大。

    A.纵向扩大化   B.工作丰富化   C.横向扩大化   D.工作轮换

（5）（　　）指在岗位现有工作的基础上，通过充实工作内容，增加岗位的技术和技能含量，使岗位的工作更加多样化、充实化，消除因从事单调乏味工作而产生的枯燥厌倦情绪，从心理上满足员工的合理要求。

    A.纵向扩大化   B.工作丰富化   C.横向扩大化   D.工作轮换

2.简答题

（1）在什么情况出现时，人事经理可以考虑工作设计？

（2）工作设计的权变因素有哪些？

（3）工作设计的原则是什么？

（4）工作轮换应注意哪些问题？

（5）开展工作丰富化的最佳时机是何时？

知识应用

·案例分析

IT企业的工作设计

在国内一家新成立不久的IT企业中，人力资源部经理具有在一家家电类外企工作过的经历。外企比较提倡科学化管理，有一套流程化的管理办法和规章制度，在管理上也严格按照制度办事。这种管理方法当然有其积极的方面，该人力资源部经理也准备在该企业管理中借鉴，但这种方法在一定程度上会束缚个人的发展。尤其是IT企业，强调个人能力的充分发挥，强调要给员工提供宽松的工作环境。如果严格按照规章制度要求会不会损害员工的积极性和创造性？会不会造成优秀人才的流失呢？

问题：你认为如何才能做好IT企业人力资源管理中的工作设计？

分析提示：一切要从人力资源管理最基本的功能考虑问题，从本企业业务发展的实际需要来考虑问题，不要照搬书本上的东西，不要照搬其他企业的东西。

实践训练

学生6~7人为一组，每组选出组长（轮流担任组长）。组长带领小组成员就模拟公司进行工作丰富化设计，并比较工作丰富化前后的情况。

任务完成效果评价：

（1）小组代表陈述与教师点评。各小组选出代表陈述本小组的作业成果；教师根据各小组代表的陈述内容进行点评。

（2）小组内互评。小组成员根据完成任务过程中个人的表现，按照表6-4的评价项目和分值、指标对每个成员进行评分，然后上交小组成员内部评价表和小组作业成果。

表6-4   **小组成员内部评价表**

小组成员	评价项目和分值、指标				总成绩
	与人交流能力	与人合作能力	解决问题能力	职业态度	
	25分	25分	25分	25分	
	围绕主题，恰当、清楚表达意思的表现	与他人合作，合作过程是否和谐、顺畅	进行工作丰富化设计的质量	主动、认真地完成任务的表现	
（组长）					

（3）教师评价。教师根据小组评分参考表（见表6-5）的评价项目和分值、指标给各个小组评分。

表6-5   **小组评分参考表**

组别	评价项目和分值、指标				总成绩
	计划与实施能力	学习能力	任务完成的效率	组员参与程度	
	25分	25分	25分	25分	
	是否按照工作设计流程操作	对工作设计等知识的理解程度	能按时或提前完成任务	参与讨论的成员数目	
第一组					
第二组					
第三组					
第四组					
教师评语					
第一组					
第二组					
第三组					
第四组					

（4）最终成绩计算方式：

个人最终成绩=小组成员个人成绩×60%+所在小组成绩×40%

➡ 课外拓展

　　关注新媒体平台，获取人力资源管理领域最新的观点、方法、技巧，了解人力资源管理的前沿资讯。

　　GHR（环球人力资源智库）致力于全球人力资源智慧共享及商业实战咨询，为企业培训、管理咨询、人力资源服务一站式采购与服务平台，全平台有超200万个用户关注，服务过8 000+家企业。GHR旗下拥有线上学习平台"氢课"和企业管理整体解决方案平台"氢云"。请在微信公众账号中搜索"环球人力资源智库"或"ghrlib"，或用手机扫描二维码即可关注。

第7章 工作评价

> **学习目标**

通过本章学习，你应该达到以下目标：

知识目标：掌握工作评价的步骤，了解工作评价的含义、特点和基本功能。

技能目标：掌握岗位横向分级和纵向分级的方法。

素养目标：培养学生具有运用工作排序法、工作分类法、要素比较法、要素计点法进行工作评价的能力以及踏实认真、公平公正的职业素养。

> **内容架构**

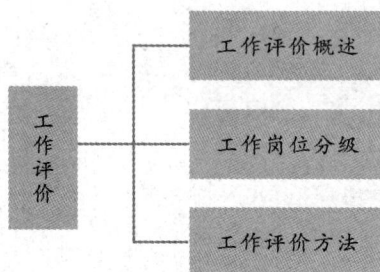

> **引例**

人力资源经理的苦水

某企业薪酬相对较高，且内部薪酬高低相差不大，主要在资历、学历、劳动条件上有少许差别，但很多人感觉不公平，认为自己拿的少别人拿的多，因此常常有人向人力资源部经理诉苦。如有的业务人员抱怨工作量大、条件艰苦该加薪；有的司机以"手握生死盘、脚踏鬼门关"来说明工作危险该涨薪酬；有的管100个人的经理因为和管10个人的经理拿差不多的薪酬而牢骚满腹……凡此种种，搞得人力资源部经理疲惫不堪，加上他们说的都有道理，结果谁闹得凶就给谁加薪酬，由此也招来了更多的抱怨，都说会哭的孩子有奶吃。

该企业的情况很有普遍性，许多企业，特别是优秀的企业，薪酬通常较有外部竞争力，但员工往往不满意，其中很大原因在于内部不公平。事实上，员工关注薪酬的内部不公平要远远大于外部不公平。外面的人比他高1 000元，眼不见可能就心不烦，但是天天抬头不见低头见的人比他多拿100元，他心里就整天不舒服。薪酬究竟按什么原则来定？每个岗位到底该拿多少薪酬比较合理？同样是经理，岗位工作有明显的差距，但如何区分高低？高低薪酬之间差多少才合理？上述有些人的观点明显是谬论，如何解释才能让其心服口服？有没有一个工具能够把所有人的薪酬都公平地比较出来？

资料来源　程延园. 薪酬制度设计管理与案例评析［M］. 北京：经济日报出版社，2013.

这一引例表明：任职者对职位之间的相对价值很看重，也容易引起争议。那么，怎样决定职位之间的相对价值呢？这就是工作评价要完成的任务。

7.1　工作评价概述

7.1.1　工作评价的含义和特点

1）工作评价的含义

工作评价是在工作分析的基础上，按照一定的客观标准，从工作的繁简难易、责任大小、所需人员应具备的资格条件等出发，对岗位所进行的系统衡量、评比和估价的过程。

工作评价是企业薪酬管理的基础。工作评价是新型薪酬管理体系建立的关键环节。

工作评价的最后结果，不但为岗位的分类分级提供了前提，也为企事业单位构建具有公平、公正性的薪酬制度奠定了基础。

2）工作评价的特点

（1）工作评价的中心是客观存在的"事"和"物"，而不是现有的人员。

（2）工作评价是对各类岗位的相对价值进行衡量的过程。

（3）工作评价是对同类不同层级岗位的相对价值衡量评比的过程。

7.1.2　工作评价应掌握的信息

1）信息的来源

工作评价所需要的信息可通过两个渠道获得：一是直接的信息来源，即直接在现场组织岗位调查，收集有关资料。这种方法所获得的信息真实可靠、详细全面，但需要投入大量人力、物力和时间。二是间接的信息来源，即通过现有的人事文件，如工作说明书等，对岗位进行评价。采用间接的信息来源，虽有节省时间、节约费用的优点，但所获取的信息过于笼统、简单，有可能影响评价的质量。

2）信息的内容

工作评价的大部分信息是由工作分析提供，这些信息包括下述内容：

（1）工作岗位名称、编码。

（2）工作岗位所在的厂、车间、科室、工段、作业组及工作地，以及这些组织所具有的职能、执行的任务。

（3）担任本工作岗位人员的职务，担任相同工作岗位的人数。

（4）本工作岗位过去年份的使用人数、出勤率、加班加点情况，以及离岗退休、辞职、升迁、调动的情况及产生的原因。

（5）本工作岗位承担什么任务，任务的主要项目和内容如何，使用什么设备、工具，加工什么产品。

（6）本工作岗位受谁领导，为谁服务，领导谁，上下左右的关系如何。

（7）执行本岗位工作的必备条件，包括：①本工作岗位的责任。本工作岗位在企业经营方向上，在科研、设计、生产、检验、管理上，在设备、材料、工具、技术安全上，以及与他人的工作配合上，承担什么责任。②胜任本岗位工作的必备知识。在基础理论、专业技术工艺、企业管理、实际操作方面，应具备哪些知识，其程度如何。③胜任本岗位工作的实际经验。本岗位需要有哪些工作实践经验，有多长时间的经验。④胜任本岗位工作的决策能力。本岗位需要在哪些方面做出决策，决策的困难程度如何。⑤担任本岗位工作需要具备的操纵/使用设备、工具、仪表、仪器的能力。设备、工具、仪表、仪器的复杂程度、精密准确度，以及价值如何，在使用中正常损坏、发生差错的可能性有多大，其后果如何。⑥其他必备条件。

（8）本工作岗位的劳动时间和能量代谢率，以及相关的生理测定指标。

（9）本工作岗位定员定额的执行情况。

（10）本工作岗位的劳动环境和工作环境如何，是否在良好的工作环境中，有无噪声、粉尘、辐射等危害。

（11）执行本岗位工作的危害性。本岗位事故发生的概率，产生的原因和后果是什么，对人会造成什么样的危害。

（12）本工作岗位的负荷程度。

（13）本工作岗位需要进行哪些专业训练，科目、时间如何。

（14）本工作岗位对其他工作岗位的监督责任如何，监督中有何具体困难，程度如何。

（15）本工作岗位对员工的体格、体力的特殊要求是什么。

7.1.3　工作评价的基本功能

在企业中，员工的劳动报酬是否能够体现多劳多得、少劳少得、不劳不得的原则，是影响员工士气及工作积极性、主动性的主要因素。在企业中，要使劳动报酬更好地体现按劳分配的原则，就应当实现"以事定岗，以岗定人，以职定责，以职责定权限、定报酬"。

工作评价的具体作用是：

（1）对岗位工作的繁简难易、责任大小、所需人员应具备的资格条件等因素，在定性分析的基础上进行定量测评，从而以量值表现出工作岗位的特征。

（2）使性质相同、相近的工作岗位有了统一的评判、估价的标准，岗位与岗位之间在客观衡量的基础上，能够比较出其价值的高低。

（3）为企业工作岗位归级列等奠定了基础。

◇◇◇◇➡ **实践练习 7-1**

甲、乙、丙3个人在"工作评价是否必要"这个问题上产生了分歧。

甲认为，工作评价既花费时间，又浪费金钱，没有必要。

乙认为，为了保证正式工作评价顺利进行，工作评价当然有它的必要性。

丙认为，工作评价可有可无，想用的时候就用，不想用时就不用。

对他们 3 个人的观点，您是怎样看待的呢？您自己的观点是什么？

_____

_____

参考答案：

甲、丙的观点是错误的，对实际工作也是有害的。乙的观点是正确的。

7.1.4　工作评价的步骤

1）成立评价小组

工作评价小组中的专家组成员一般由公司高管、人力资源经理、企业管理经理、外部专家、员工代表和被评价岗位所属部门经理组成。一般来说，评价小组人数为 15～20 人比较合适。

工作评价小组成员中还有主持人、数据录入人员和数据分析人员。主持人由评价小组中专门负责岗位评价的人担任。数据录入人员要录入速度快并且值得信任。

2）工作评价计划

工作评价计划安排见表 7-1。

表7-1　　　　　　　　　　　　　　工作评价计划安排

序号	日期	主要工作内容	责任人	备注
1	××××年××月	准备材料	×××	岗位清单、部门职责说明书、岗位评价标准体系、岗位评分记录表及其他相关资料
2	××××年××月至××××年××月	工作评价培训，讨论评价指标（修改或补充）	×××	提前 2～3 周下发培训会议通知，注明时间、地点、培训内容、参加人员等
3	××××年××月	试评价	×××	准备 8～10 个典型岗位资料
4	××××年××月至××××年××月	正式评价	×××	各评委提交经本人签字的书面岗位评分记录表
5	××××年××月	结果反馈和研讨	×××	最终形成工作评价报告

3）标杆工作评价

标杆岗位一般是指各个层面有代表性的岗位，最好能分布到各个部门，一般包括总经理、副总经理、重要性较强的中层管理岗位、重要性较弱的中层管理岗位、重要性较强的基层岗位、重要性一般的基层岗位、重要性较弱的基层岗位。标杆岗位试评价应注意的事项包括：

（1）在进行评价前，有人先宣读岗位说明书，岗位说明书最好专家组成员人手一份，在评价的时候如果有遗忘的地方可进行查阅。

（2）试评价标杆岗位的过程也是专家组成员对各因素的认识统一的过程，因此每个标杆岗位的每个因素都应该得到仔细的评价。

（3）对于任何岗位的评分结果，专家组成员都可以对明显有偏差的地方充分发表意见，不能完全统一的地方举手表决，少数服从多数。

先评价出关键岗位的标杆，其目的是基本确定薪点分布的趋势，以后按部门对各个岗位分别进行评价时，要参照标杆岗位的打分，进行相对比较，因此标杆岗位必须打分准确。

4）全面实施工作评价

工作评价一般按照部门分组，一轮评价4~8个岗位不等，专家组在进行评价的同时，操作组处理上一轮的数据，处理完立即将数据交给主持人，主持人立即将数据演示给专家组成员，组织专家组成员讨论每项因素甚至整个岗位是否需要重新打分，并不断组织专家组成员统一认识，加深对指标项的理解。

在所有岗位都评价完后，需要按照总分高低进行排序，将打分结果展示在专家组面前，这时需要专家组成员充分讨论每个岗位的排序是否合理。对于不合理的岗位，讨论每个因素的得分是否合理，不合理的因素要重新打分。对于一个岗位，如果不合理的因素过多，整个岗位就要重新打分，一般在两轮重新打分后，就会得到较为理想的排序。

5）工作评价数据处理

（1）数据录入、汇总与排序。

① 计算机录入每个评价委员的评价数据。

② 汇总各个评价委员的评价结果。方法是：根据评价委员的数量，去掉若干个最高点数、最低点数，计算其余评价委员评价点数的平均点数。平均点数即为本岗位的评价点数。

③ 根据汇总计算的岗位评价平均点数，按升序排列。

（2）岗位等级划分。

岗位等级的划分有两种形式：一种是采用等差点数划分法；另一种是根据实际评价的点数，采用差值点数划分法。

①等差点数划分法。

第一步，确定岗位等级数；

第二步，确定划分岗位等级的点数幅度；

第三步，根据岗位等级点数幅度表，划岗归级；

第四步，形成岗位等级序列表。

②差值点数划分法。

一种在实际操作中常用的岗位等级划分方法，它划分岗位等级的点数幅度不同。低等级之间，点数幅度小，如30个点数一个等级；高等级之间，点数幅度大，如40或45个点数一个等级。这种方法划分岗位等级更具有灵活性。

在实际操作中，这两种方法往往会同时使用，企业应当结合具体情况选择符合要求的岗位等级划分方法。

◇◇◇▶ **实践练习7-2**

某公司经过岗位评价，点数最少的岗位不足100点，并决定100点以下的岗位都归为最低岗位等级，点数最高的岗位610点，将所有岗位划分为18个等级。

第一步：确定岗位等级为18。

第二步：点数幅度=（最高点数−最低点数）÷（级数−1）=（610−100）÷（18−1）=30。

第三步：划岗归级。岗位等级划分点数幅度见表7-2。

表7-2 **岗位等级划分点数幅度表**

点数范围	岗位等级	点数范围	岗位等级
100及以下	1	341~370	10
101~130	2	371~400	11
131~160	3	401~430	12
161~190	4	431~460	13
191~220	5	461~490	14
221~250	6	491~520	15
251~280	7	521~550	16
281~310	8	551~580	17
311~340	9	581~610	18

◇◇◇▶ **知识链接7-1**

技能点：如何确定工作评价指标

任职者在工作中不可避免要受很多因素的影响，主要有工作责任、工作技能、工作强度、工作环境及社会心理等，而工作评价的科学性在于按照这些主要影响因素，通过对工作进行具体的分析，将它们分解成若干个指标，使工作的具体内容抽象化、定量化，从而具有可比性。

在工作评价中，一般将工作责任、工作技能、工作强度、工作环境及社会心理因素分成22个指标。

1.工作责任

工作责任指工作所承担的责任大小，主要反映任职者智力的付出和心理状态。它包括6个指标：

（1）质量责任，即评价工作活动对质量指标的责任大小。

（2）产量责任，即评价工作活动对产量指标的责任大小。

（3）看管责任，即评价工作所看管的设备对整个生产管理过程的影响程度。

（4）安全责任，即评价工作对整个生产管理过程安全的影响程度。

（5）消耗责任，即评价工作中物资消耗对成本的影响程度。

（6）管理责任，即评价工作在指导、协调、分配等管理活动中的责任大小。

2. 工作技能

工作技能是指工作对任职者的资格、素质方面的要求，主要反映工作对任职者智能要求的程度。它包含5个指标：

（1）技术知识，即评价技术知识、文化水平和技术等级。

（2）操作复杂程度，即评价复杂程度及所用的时间长短。

（3）看管设备复杂程度，即评价使用设备的难易程度，以及看管设备所需的经验水平。

（4）产品品种与质量要求的程度，即评价产品品种规格与质量要求的水平。

（5）处理事故复杂程度，即评价迅速处理事故所需具备的能力。

3. 工作强度

工作强度是指工作过程中对任职者身体的影响，主要反映任职者的体力消耗和紧张程度。它包括5个指标：

（1）体力劳动强度，即评价任职者体力劳动消耗的程度。

（2）工时利用率，即评价净工作时间的长短。

（3）劳动姿势，即评价主要工作姿势对身体疲劳的影响程度。

（4）劳动紧张程度，即评价任职者生理器官的紧张程度。

（5）工作班制，即评价工作的组织安排对任职者身体的影响。

4. 工作环境

工作环境指工作中的卫生状况，尤其对于生产性的工作，主要反映工作环境中的有害因素对任职者健康的影响程度。它包含5个指标：

（1）高温危害程度，即评价工作场所高温对任职者健康的影响程度。

（2）噪声危害程度，即评价工作场所噪声对任职者健康的影响程度。

（3）粉尘危害程度，即评价工作场所粉尘对任职者健康的影响程度。

（4）辐射危害程度，即评价工作场所辐射对任职者健康的影响程度。

（5）其他有害因素危害程度，即评价通过接触其他化学性、物理性的有害因素而对任职者健康造成的影响程度。

5. 社会心理因素

社会心理因素指任职者在社会中所处的地位以及人际关系对其工作心理所产生的影响程度。社会心理因素主要采用1个指标，即人员流向指标，是由于工作性质、地位等对任职者在社会心理方面产生的影响而形成的人员流动趋势。

以上就是所说的22个指标，将它们加以适当选择用于工作评价，能保证工作评价的真实客观。

资料来源　王小艳. 如何进行工作分析［M］. 北京：北京大学出版社，2003.

◇◇◇◇➡ 实践练习7-3

请做下面的选择题：

1.（　　）是评价任职者体力消耗程度的指标。

A.工时利用率 B.劳动姿势 C.操作复杂程度 D.体力劳动强度

2.（ ）是评价工作所需文化知识水平和技术要求的指标。

A.技术知识 B.管理责任

C.产品质量要求的程度 D.工作班制

3.社会心理因素方面的评价指标是（ ）。

A.处理事故复杂程度 B.高温危害程度

C.人员流向指标 D.消耗责任

4.工作环境方面的指标包括（ ）。

A.粉尘危害程度 B.高温危害程度

C.辐射危害程度 D.噪声危害程度

5.下面属于评定指标的有（ ）。

A.质量责任 B.管理责任

C.粉尘危害程度 D.体力劳动强度

6.下面属于测定指标的有（ ）。

A.技术知识要求 B.操作复杂程度

C.工时利用率 D.噪声危害程度

参考答案：

1.D 2.A 3.C 4.ABCD 5.AB 6.CD

◇◇◇◇➡ **知识链接 7-2**

如何消除工作评价中员工的恐惧心理

工作评价是在工作分析的基础上，利用科学合理的评价系统对企业内部岗位的相对价值进行的一种评估，其结果是企业进行薪酬决策和设计的重要依据。然而在实际操作中，尤其在工作评价的初级阶段，总会有一些员工对工作评价小组及其工作采取不合作甚至是敌视的态度。如在访谈中出现抵触情绪；提供虚假工作内容信息；故意夸大所在岗位的实际工作责任和工作内容，而对其他岗位的工作予以贬低。出现这些现象的原因何在呢？工作评价小组又该如何去解决呢？

分析：薪酬在任何组织内都是员工最为关注的敏感话题，而工作评价又常常是企业制定薪酬制度、划分薪酬等级的前期工作，这就不可避免地成为员工很关心的问题。员工最为担心的是工作评价小组在根据收集的岗位信息进行岗位相对价值比较时，会因此造成他们所处岗位的重要性下降，从而使得他们所在岗位的等级降低，最后直接影响他们的薪酬待遇。此外，一些企业在调整、更换薪酬体系时，如果无缘无故降低某些员工的薪酬待遇，易引起员工的不满，从而影响员工的工作绩效。因此，员工为了避免自身利益受到损害，对工作评价就存在一种畏惧心理。

对策：企业想要成功地开展工作评价，就需要在工作分析和工作评价的全过程做好与员工沟通、解释的工作，保持信息沟通的顺畅、无偏差，从而有助于克服员工对工作评价的恐惧，打消他们对工作评价的误解，从而得到真实的信息。首先，尽可能将员工及其代表纳入到工作评价过程中。其次，在工作评价实施过程中和结束之后，也应及时向员工反馈工作评价的阶段性成果和最终成果。最后，工作评价小组应做出书面的承诺，企业绝对不会因工作评价的结果而随意调换岗位，改变组织的薪酬结构及员工的薪酬水平。

资料来源　李豫，肖敏政. 企业工作评价中的常见问题及其解决办法［J］. 中国人力资源开发，2005（6）.

7.2　工作岗位分级

工作岗位分级又称工作岗位分类、工作岗位归级，应用在国家公务员管理中，被称为职位分类、职位分级。它是在工作岗位调查和工作分析的基础上，采用一定的科学方法和手段，根据工作岗位本身的工作（业务）性质、繁简难易、责任大小以及所需人员应具备的资格条件等因素，对规定范围内的所有工作岗位进行横向与纵向的划分，从而区别出工作岗位的类别和等级，作为人力资源管理各项工作的基础和依据。工作岗位分级的结果，是形成不同的职（岗）系、职（岗）组、职（岗）级、职（岗）等。职（岗）系和职（岗）组是对岗位按照业务性质进行的划分，职（岗）级和职（岗）等是对工作岗位按照责任大小和繁简难易程度进行的划分。

7.2.1　工作岗位分级概述

1）工作岗位分级的几个概念

在进行具体工作岗位分级之前，让我们先来了解一下几个非常有用的概念：职（岗）组、职（岗）系、职门、职（岗）级、职（岗）等。在前面的章节也曾提到这些名词，这里我们要一一明确这些概念。

（1）职（岗）系。职系是指由工作性质和特征相同或充分相似，而责任大小和繁简难易程度不同的一些工作岗位所构成的系列或群体。职系是最基本的工作岗位业务分类，一个职系相当于一种专门职业。

（2）职（岗）组。职组是由工作性质相似的若干职系构成的群体。例如，小学教师就是一个职系，而教师就是一个职组。

（3）职门。若干工作性质和特征相近的职组归结在一起，称为职门。凡是属于不同职门的岗位，它们的工作性质完全不同。

（4）职（岗）级。职级是工作岗位分级中最重要的概念。职级为同一职系中工作性质、繁简难易、责任大小以及所需人员应具备的资格条件等相同或充分相似的岗位。例如，中学教师是一个职系，而其中的一级教师、二级教师等则是按照上述因素进行分类的，一级教师、二级教师分别是这一职系中的两个职级。在同一职系中划分不同的职级，对管理工作有着非常重要的意义。它能划分出不同工作岗位在工作要求上的差异，使从事相同业务但能力不同的员工具有适合的工作岗位，从而更好地发挥自己的能力。职级的划分也是确定员工劳动待遇、促进员工业务发展的重要手段；同级同薪、提级提薪的原则，体现了劳动贡献与劳动报酬之间内在的联系。

（5）职（岗）等。工作性质不同，但工作繁简难易、责任大小以及所需人员应具备的资格条件等充分相同的职级归纳为同一职等。职等与职级的区别在于，它不是同一职系内不同工作岗位之间的等级划分，而是不同职系之间的相似工作岗位等级的比较和平衡。例如，中学教师职系中的二级教师与机械操作职系中的五级车工进行比较，虽然他们的工作业务与工作性质存在很大差别，但撇开这种不同工作岗位之间的业务差别，如果他们在工作水平上存在相似性，就将其划为同一职等。

2）工作岗位分级的依据和标准

工作岗位分级以"事"为中心，依据"因事设岗"的原则，根据岗位这一工作基本"细胞"的工作性质、繁简难易、责任大小以及所需人员应具备的资格条件等进行具体划类、归级、列等，并力求适当、准确、科学和合理。在分级过程中应遵循以下原则和标准：

（1）根据系统性原则，按照工作岗位的业务性质对岗位进行横向归类，找出工作岗位之间的内在的本质联系，将关键业务要素相似的工作岗位归为一类。例如，虽然大学教师和小学教师在具体教学对象和教学方法上存在很大差别，但是他们的工作性质是相同的，所以将他们归为一个类别。

（2）工作岗位分级要以客观存在的"事"为依据。具体地，应从现实存在的工作性质、特点、工作量等情况出发，来对工作岗位进行分级，不能简单地、单一地依据被调查者的陈述来决定工作岗位的等级，更不能凭分级者的主观臆断来确定。

（3）工作岗位分级应适度反映工作岗位间各种因素的差别，既不能过大、过粗，也不能过小。分级时，过大、过粗则不能准确划分出工作岗位的差异；过小则会造成专业性过细，导致管理过于僵化，缺乏弹性。近年来，随着岗位本身工作丰富化和扩大化的发展，工作岗位分级也呈逐渐粗线条管理和结构简化的发展趋势。

（4）工作岗位分级归等，经过一段时间后，个别岗位的工作职责会发生变化，职责会增加或者减少，从而导致工作的繁简难易程度以及所需人员应具备的资格条件发生变化。这样，就要对工作岗位进行重新分级。因此，为保证工作岗位分级具有良好的实用性，在分级过程中，要充分考虑这种情况，并做好预测，为分级留有一定的余地。这样，当未来工作岗位发生变化时，只需做一些较小的变动，就能适应企业的需要。

3）工作岗位分级的步骤

工作岗位分级是一项较为复杂的、知识性和技术性很强的工作，它的具体步骤一般为：

（1）工作岗位的横向分级，即根据岗位的工作性质及特征，将它们划分为若干类别。

（2）工作岗位的纵向分级，即根据每一岗位的繁简难易、责任大小以及所需学识、技能、经验水平等因素，将它们归入一定的档次级别。

（3）根据工作岗位分级的结果，制定各类岗位的工作说明书，并以此作为各项人力资源管理工作的依据。

（4）建立企业岗位分类图表，说明企业各类工作岗位的分布及配置状况，为企业员工的分类管理提供依据。

7.2.2　工作岗位横向分级

1）工作岗位横向分级原则

工作岗位横向分级就是根据各种岗位工作的不同性质，将看似繁杂的各种工作岗位划分为职门、职组和职系的过程。这是在工作岗位横向分级中的三个连续但不同的步骤。在依据工作性质异同划分岗位类别时，应遵循以下几个原则：

（1）单一性原则。每个工作岗位只能归入一个工作岗位类别，而不能既属于这一类，又属于那一类。

（2）程度原则。当某一个岗位的工作性质分别与两个以上工作岗位类别有关时，以归属程度最高的那一类为准，确定其应归类别。

（3）时间原则。当某一岗位归属两个以上工作岗位类别程度相当时，以占时间较多的那一个岗位类别为准。

（4）选择原则。当对某一工作岗位划分类别，依据前面所述原则，也很难划定时，则以该岗位主管领导的意见为准，确定其应属的类别。

2）工作岗位横向分级步骤

工作岗位横向分级，是一个由粗到细的工作过程。

（1）将组织内混乱的工作岗位按照工作性质划分为若干大类——职门。图7-1和图7-2说明了工作岗位在划分职门前后的情形。图中的圆点代表不同的工作岗位。

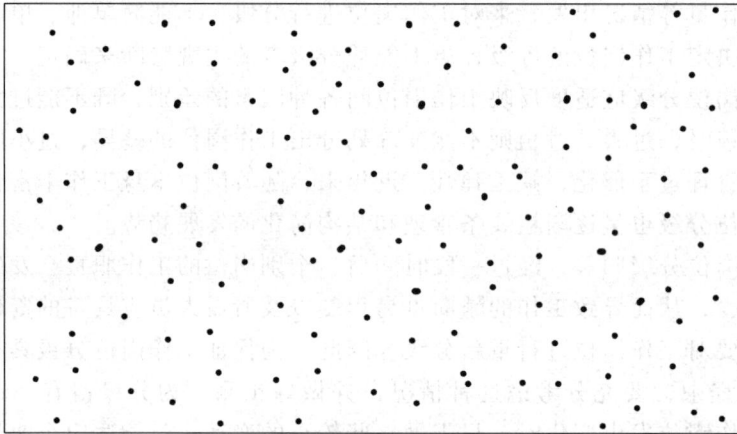

图7-1　工作岗位分类之前

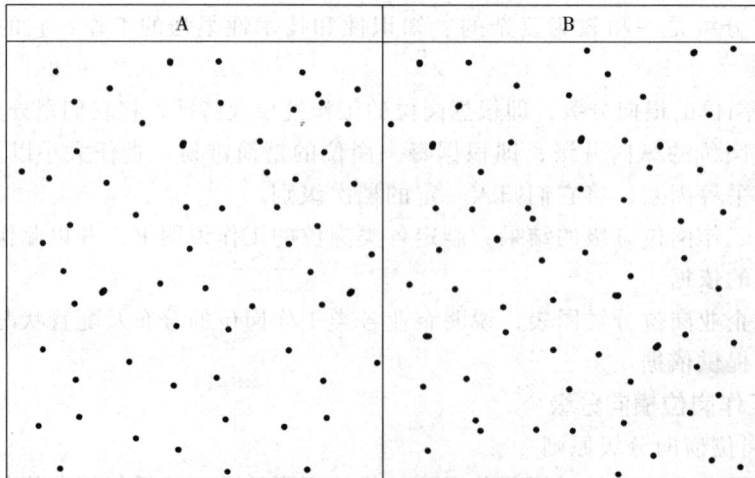

图7-2　按照工作性质进行的第一次分类

图7-1中凌乱的点表示在工作岗位分类之前，存在于一个组织中的各种工作岗位混乱的状况；图7-2则表示将这些工作岗位进行了第一次粗略的划类，将它们中工作性质相同或充分相似的归为一个职门——A职门或者B职门。

（2）将各职门内的岗位再根据工作性质的异同继续进行划分，把业务工作性质相同的岗位归入相同的职（岗）组，如图7-3所示。

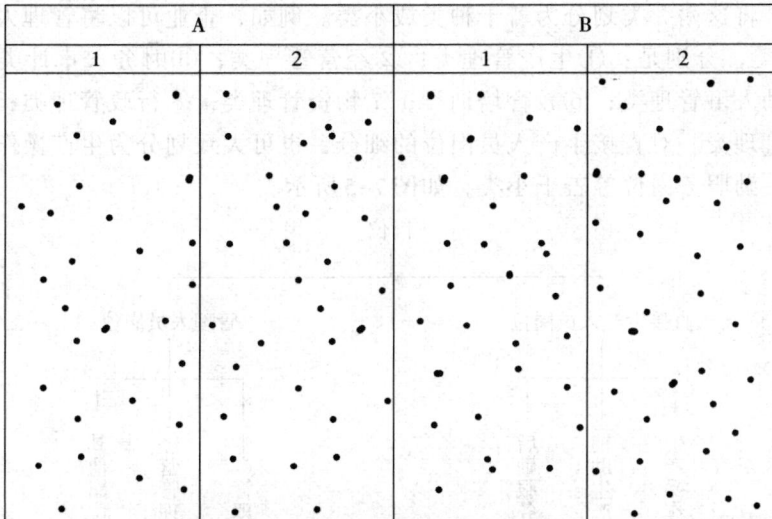

图7-3 按照工作性质进行的第二次分类

（3）将同一职组内的岗位再一次按照业务工作性质进行划分，把业务工作性质相同的岗位组成一个职（岗）系。职系的划分是岗位横向分级的最后一步，每一个职系就是一种专门的职业，如图7-4所示。

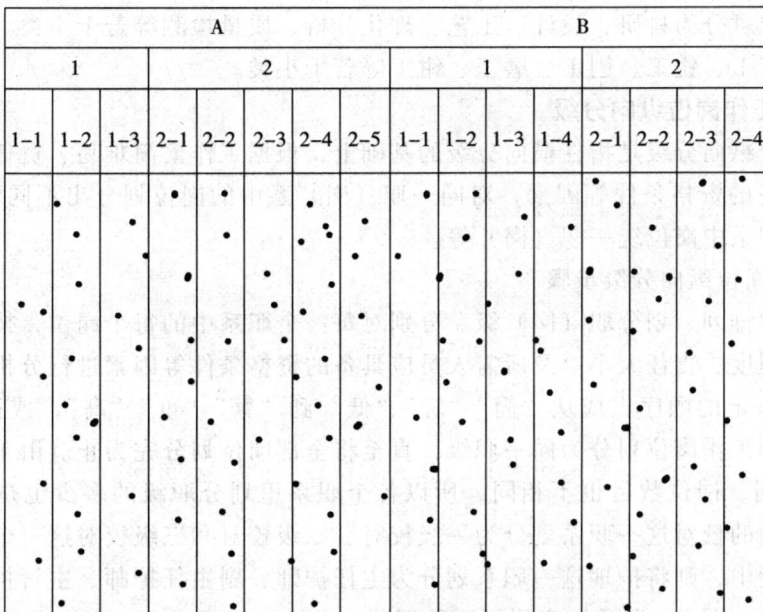

图7-4 按照工作性质进行的第三次分类

3）企业工作岗位横向分级的方法

企业在具体进行岗位横向分级工作时，尚没有一套完全适合的、统一的分类标准，但我们可以从以下几个方面去考虑：

（1）按照工作岗位承担者的性质和特点，对工作岗位进行横向的区分。如将企业中全部工作岗位分为直接生产人员岗位和管理人员岗位两大类，然后按照工作职能和劳动分工的特点，将这两大类划分为若干种类或小类。例如，企业可以将管理人员大致分为以下 10 个小类，分别是：①生产管理类；②经营管理类；③财务、审计类；④科技管理类；⑤劳动人事管理类；⑥教育培训类；⑦物资管理类；⑧行政管理类；⑨党务团体类；⑩综合管理类。对直接生产人员岗位的细分，也可大致划分为生产操作岗位、辅助生产岗位、后勤服务岗位等若干小类，如图 7-5 所示。

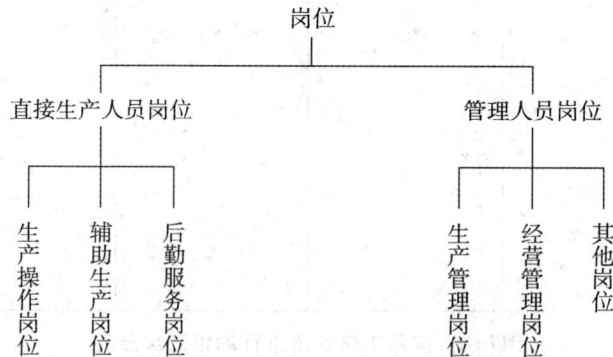

图7-5　企业工作岗位横向分级结构图

（2）按照工作岗位在企业生产过程中的地位和作用不同，可以大致分为生产岗位、技术岗位、管理岗位和服务岗位四大类。对每一大类，还可以继续细分为若干小类。例如，技术岗位可分为科研、设计、工艺、理化分析、质量检测等若干小类。又如，生产岗位可分为车工、铣工、刨工、磨工、钳工等若干小类。

7.2.3　工作岗位纵向分级

工作岗位纵向分级是指在横向分级的基础上，根据工作繁简难易、责任大小以及所需人员应具备的资格条件等因素，对同一职（岗）系中的岗位划分出不同职（岗）级，以及对不同职系中岗位统一职（岗）等。

1）工作岗位纵向分级步骤

（1）岗位排列、划分职（岗）级。分别对每一个职系中的每个岗位，按照业务工作的繁简难易程度、责任大小以及所需人员应具备的资格条件等因素进行分析和评价，并把它们按照一定的顺序，或从"简""轻""低"到"繁""重""高"，或按相反顺序，将因素相似的工作岗位划分为同一职级，直至将全部岗位划分完为止。由于各个职系的工作特点不同，岗位数目也不相同，所以各个职系里划分职级的多少也是不等的。例如，出版业中的校对这一职系划分为一级校对、二级校对和三级校对这三个职级；而在医疗卫生行业中，则将护理这一职系划分为主任护师、副主任护师、主管护师、护师和护士五个职级。图 7-6 形象地表明了这种划分。

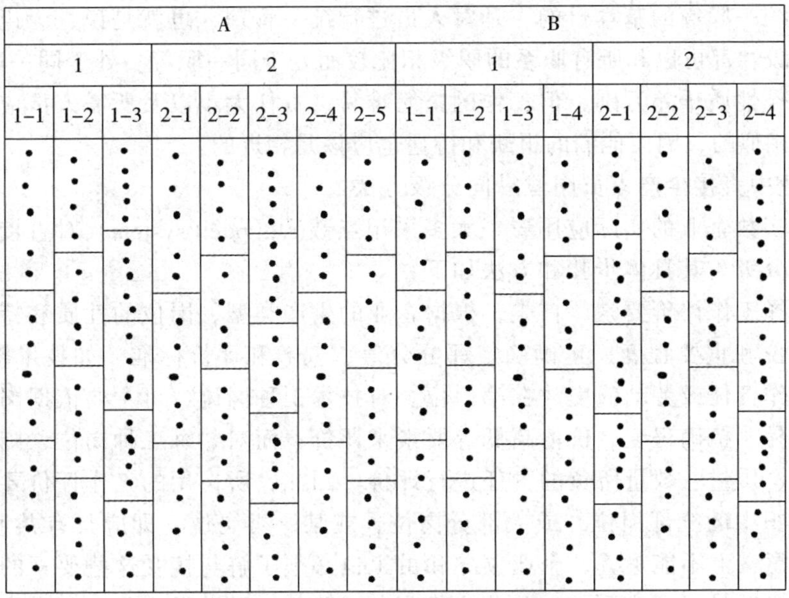

图7-6 工作岗位纵向分级之职级划分

（2）统一职（岗）等。前面提到过，各个职系中的职级数是不等的，各个职系中最高或最低职级中的岗位，其工作的繁简难易、责任大小以及所需人员应具备的资格条件等因素也不尽相同，这样就产生一个问题，即各职系的职（岗）级无法直接进行横向比较和联系，从而不利于对人员进行统一管理。为此，必须在划分职（岗）级的基础上，对所有职系划分统一的职（岗）等，即根据工作的繁简难易、责任大小和所需人员应具备的资格条件等因素，对各职系的职级进行分析和评价，然后将因素相似的职级归入同一职等，如图7-7所示。

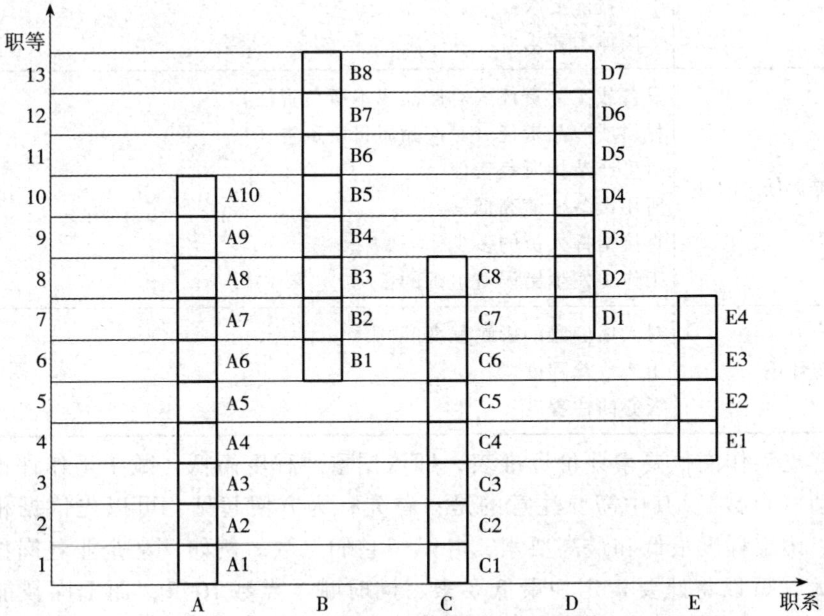

图7-7 工作岗位纵向分级之职级列等

将职级统一职等的基本目的，是对人员进行统一管理，也就是说，无论你在职系中处于什么职级，都可以和所有职系的职级相比较而处于同一职等。处于同一职等的岗位，虽然业务工作性质千差万别，但工作的繁简难易、责任大小以及所需人员应具备的资格条件等均是相似的，因而他们的报酬和待遇也应该是相近的。

2）企业中直接生产人员岗位纵向分级方法

从我国多数企业的实际应用看，大多采用点数法（point system）对直接生产人员岗位进行纵向分级。其具体步骤和方法如下：

（1）选择工作评价要素。首先，根据企业的生产类型、岗位的性质和特征，确定评价要素的地位和重要程度，正确确定评分分值、权数和评价标准。如技术密集型企业，则可以将工作责任或劳动强度放在第一位。对技术工种岗位，可主要依据岗位所配置设备的繁简难易、精确程度、价值高低等要素来评价；而对熟练工种岗位，则可主要根据对产品成本、质量、数量所负的责任进行评价。因此，所选用的工作评价要素，应该能够适用于组织中的全部岗位，或大部分岗位，或某一类岗位，即应具有共通性。其次，这些要素在意义上不能重叠，企业领导和员工也必须了解与接受这些要素的重要性。最后，各要素必须是可观察到的，且为可衡量的。表7-3列举了一些企业直接生产人员工作评价的要素。

表7-3   企业直接生产人员工作评价要素表

工作评价要素	工作评价要素项目
操作方式	定额弹性程度 手脑结合程度（操作复杂程度） 工作重复程度 上岗文化程度 上岗技能要求 上岗体力要求
岗位责任	设备或工艺责任（对产品成本所负责任） 材料或产品责任（对产品质量所负责任） 对生产节拍所负责任 所用设备价值高低 直接指挥人员的多少 工作中发生错误对组织的影响
操作环境	对人体健康的影响程度 工作危险程度 人心向往程度

（2）建立工作岗位要素评价标准表，即依据重要程度高低，赋予工作评价要素相对合理的量值（点数）。其中需要注意的是：首先，为方便起见，可以先依据相对重要程度的高低，确定程度最低和最高要素，并赋予它们点数。例如，某企业各岗位工作环境的差距不大，可以将此要素定为最低要素，同时赋予点数10点；而上岗技能要求在各工作岗位之间差距很大，反映了各岗位劳动操作方式对员工上岗资格的不同要求，故将

此要素定为最高要素，并赋予点数 40 点。同时应该注意，最低要素可以不止一个，但程度最高要素一般只能有一两个。其次，采用相对比较的方法，将其他诸要素与极限要素一一比较，以认定它们的相对位置，并赋予它们相对的点数。最后，将要素依程度高低，分割为数个档次，每个档次都是等距（等差或等比）的。企业可根据自身在这些要素上的差别程度划分档次数量，以提高评比的精确程度。若设档太粗，起点档级点数偏高，那么关键技术工种与一般工种，以及生产操作岗位与辅助生产岗位的岗级就可能拉不开距离。这个环节的基础工作如果未能做细，将会导致以后制定和调整岗位工资时的困难较大，做得不好，平均主义的弊病就不可避免。所以，如果各工种之间劳动差别大，则可多分几个档次，或者采取设半档等不规则的要素设档方法。表 7-4 和表 7-5 说明了工作评价标准表的建立。

表7-4　　　　　　　　　　　　　　　**工作评价要素点数表**

评价要素	评价要素项目	基本点	相对权重
操作方式	定额弹性要求	30	3
	上岗技能要求	40	4
	脑力、视力要求	20	2
	上岗体力要求	30	3
岗位责任	对产品质量所负责任	24	2.4
	对产品成本所负责任	30	3
	对生产节拍所负责任	20	2
操作环境	工作危险程度	10	1
	工作环境	10	1
	人心流向	10	1

表7-5　　　　　　　　　　　　　　　**工作评价要素标准表**

要素项目	1档	2档	3档	4档	5档
定额弹性要求	30	60	90	120	150
上岗技能要求	40	80	120	160	200
脑力、视力要求	20	40	60	80	100
上岗体力要求	30	60	90	120	150
对产品质量所负责任	24	48	72	96	120
对产品成本所负责任	30	60	90	120	150
对生产节拍所负责任	20	40	60	80	100
工作危险程度	10	20	30	40	50
工作环境	10	20	30	40	50
人心流向	10	20	30	40	50

（3）按照要素评价标准给各工作岗位打分，并根据结果划分职（岗）级。在对工作岗位划级时，可以采用对岗位点数离散程度进行统计分析的方法，将比较密集的点数区域所对应的工作岗位划归同一职（岗）级，并制定出点数换算表（见表7-6）。

表7-6   **点数换算表**

岗位	1	2	3	4	5	备注
点数范围	180～200	201～320	321～750	751～900	901～1 000	

（4）对职（岗）级统一列等。在完成对工作岗位划分职（岗）级的任务之后，应对全部直接生产人员岗位的职（岗）级统一职等。因为技术工种岗位和熟练工种岗位在工作评价体系以及评分标准上存在很大差异，所以应采取以下方法对直接生产人员岗位中的这两类岗级统一列等：一是经验判断法，即组成工作评价小组，凭借经验，比较技术工种与熟练工种的劳动差别，做出归等决策；二是基本点数换算法，即将熟练工种与技术工种在要素评价标准表中的基本点数分别加总，求出两者所占比例，按照比例将其中一类工种的点数折算成另一类工种的点数，然后比较归等；三是交叉岗位换算法，是指将既可以归为熟练工种又可以归为技术工种的某些特殊工种，先分别划分职（岗）级，然后根据它（们）在两类职（岗）系中的职（岗）级位置，求出技术工种与熟练工种之间的岗级换算比例，然后归等。例如，某企业把司机和食堂厨师两个工种都分别按照熟练工种和技术工种划岗归级。按熟练工种归级时，两个工种都为四级；而按技术工种归级时，都为二级。两者交叉换算比例为2∶1。这样，熟练工种的四级和技术工种的二级就归为一等，以此类推。

3）企业中管理人员岗位纵向分级方法

有些企业管理人员岗位没有经过科学的设计，岗位设置庞杂混乱，因人设岗的现象比较严重，也给管理人员岗位归级带来极大困难。总结国内外工作分析和职位分类的先进经验与科学方法，现提出以下分级思路和建议：

（1）精简企业组织结构，加强定岗定员管理，对企业工作岗位进行科学的设计和改进。科学的工作岗位设计，首先，要考虑工作岗位的任务和地位。一个工作岗位必须有其存在的意义，即它应该履行明确的功能，并应有明确的工作范围和满额的任务量。其次，为完成岗位的工作任务，每个工作岗位需要从别的工作岗位获取一定的信息资料，又要为别的工作岗位提供一定的信息资料。需要信息和提供信息，也是设计岗位时应该考虑的。最后，工作岗位的存在和科学设置也应以承担一定的职责和拥有一定的权力为条件。企业只有按照上面提及的内容和原则设计岗位，才能谈得上科学、合理。

（2）有效地对管理人员岗位进行横向分级工作。在将管理人员岗位划分为若干中小类的过程中，应充分体现分类管理的原则，将企业管理人员岗位划分为管理类、技术类、事务类等，然后细分为小类，并在每一职系建立相应的工作评价体系和评价标准。

（3）为了有效地完成管理人员岗位划岗归级的任务，评价要素的项目分档要多，职（岗）级数目也应多于直接生产人员岗位的职（岗）级数目（一般为1.4～2.6倍）。

（4）在对管理人员岗位划岗归级后，应对管理人员岗位岗级进行统一列等，从而建立管理类、技术类以及事务类等管理人员岗级间对应的关系。应用的方法与前面对直接生产人员岗级统一列等的方法一样。

4）直接生产人员与管理人员岗级统一列等

企业在对直接生产人员岗位和管理人员岗位分别进行了归级和内部列等后，下面的任务是，将两者有机地衔接起来，进行直接生产人员和管理人员岗级的统一列等。

管理人员岗位中的一般办事员的工作虽然是脑力劳动，但是该岗位的主要任务是处理规范性的日常事务，它本身不要求该岗位的员工进行创造性的思维活动，所以从某种意义上讲，办事员的劳动相当于普通熟练性生产人员的劳动，因而这两类岗位在量的方面和质的方面具有可比性。但是办事员的岗级与哪一级直接生产人员岗级相对应，应由企业的生产经营特点来决定。一般来讲，技术密集型企业技工最高岗级的要求超出社会一般水平，所以办事员的岗位不能与直接生产人员最高职（岗）级一致；劳动密集型企业就不同。但是，同是劳动密集型企业，因对技术工种的要求不同，办事员与直接生产人员哪一级对应也会不同。总之，应根据企业自身情况来确定。

同时，在统一列等时，要注意对公司职等数目的确定。前面也曾提到过，职等的数目应由企业根据自身情况和特点来确定。其考虑因素主要有：

（1）公司从最基层到最高层，共有多少个工作层次。因为职等的划分如果没有与工作层次结合，那么员工职等的晋升很容易走到依据年龄、资历等晋升的地步。这样的职等划分不明确，也很容易让员工如坠雾中而失去目标。

（2）岗位晋升时间的长短与晋升机会的多少。如果考虑给员工较多的晋升机会，应相对地多设职等，让员工有满意感和成就感。就现实情况来看，大企业职等设置较多，而小企业职等设置较少。

（3）薪资的考虑。一般情况，职等晋升，就意味着薪资的调整，否则就丧失了其实质意义。所以，如果薪资设计差距小，职等可以相应多设；反之，则少设。

总之，企业职等数目，应视行业性质和企业各自特点来确定。例如，日本花王公司1996年员工约7 000人，其公司最低职等到最高职等共7级。通常而言，制造业企业，从最基层岗位到总经理以不超过10个职等为原则，有的公司设计5或7个职等。

7.3　工作评价方法

工作评价的方法主要有4种：工作排序法、工作分类法、要素比较法、要素计点法。

7.3.1　工作排序法

工作排序法是一种比较简单的工作评价方法，是由评价人员对各个岗位的重要性做出判断，并根据工作岗位相对价值的大小按升序或降序顺序来确定工作岗位等级的一种评价方法。

1）工作排序法的分类

工作排序法可分为直接排序法、交替排序法和成对比较法3种。

（1）直接排序法，指简单地根据工作岗位的价值大小从高到低或从低到高对工作岗位进行排序。

（2）交替排序法，其评价程序是：将企业中相对价值最高与最低的工作岗位选择出来，作为工作岗位评价高低界限的标准，然后在此范围内，将所有的工作岗位按其性质与难易程度逐一比较排序，最终形成工作岗位之间的高低价值差异。

（3）成对比较法，其评价程序是：将企业中所有工作岗位，成对比较其价值，然后汇总其得分进行排序。表7-7是成对比较法的价值对比示例。表7-7中的岗位工作价值从高到低排列为A、D、C、B。

表7-7   成对比较法——岗位价值对比表

工作岗位	A	B	C	D	总分	名次
A	×	1	1	1	3	1
B	0	×	0	0	0	4
C	0	1	×	0	1	3
D	0	1	1	×	2	2

注：表中的0或1只是表示价值的大小，也可以用其他数字或符号表示。

2）工作排序法的步骤

（1）选择工作评价主体，即选择工作评价者。一般需要建立一个由管理人员组成的委员会来担当工作评价的主体，必要时可以聘请外部专家，以减少偏见，保证评价的客观性。工作评价主体必须对每一个需要评价的工作的细节都了如指掌。

（2）选择工作评价客体，即选择参与排序的工作岗位。这主要针对岗位较多的组织，不可能对所有的岗位都一一排序，需选择一些关键的岗位作为基准岗位。首先对它们进行排序，接着将其他岗位与相似的基准岗位进行比较，在此基础上做进一步排序。

（3）获取与岗位有关的信息。通过工作描述，获取有关工作目的、职责、工作关系以及在组织中的地位等信息；通过工作规范，详细了解该岗位所要求的受教育水平、经验及专业知识等。在工作分析结果的基础上，对工作岗位进行排序比较客观。

（4）进行评价排序。选择工作排序法进行评价之后，还需综合不同评价者的排序情况，对排序结果做进一步的检查，对其中不合理的地方进行调整，得出最终的排序结果。

3）工作排序法的优缺点

（1）优点。快速简单，容易操作，省时省力，能够获得更多人的认可，对职务层次较少的企业一般比较适合。

（2）缺点。评价者的主观思想可能会影响评价结果；不容易找到熟悉全部工作的人员；由于很多企业工作种类较多，工作排序法带来的工作量很大。

总之，工作排序法适用于结构稳定、机构简单的小企业。工作排序法虽然不是很精确，但较易使用，因此可以根据企业实际来进行操作。

7.3.2 工作分类法

工作分类法是按事先设计的一个标准量表，把工作岗位划分成若干类别，每个类别和级别都有明确的标准界限，有时也可举例加以说明。根据所评价岗位的整体价值与几种分类描述的关系紧密程度，分别把评价岗位划入特定类别。此方法需要有工作说明书和岗位等级的说明。

1）工作分类法的步骤

（1）收集工作岗位相关资料。这点与工作排序法相似。在对工作进行分类之前，必然需要掌握大量相关信息，以便于划分工作岗位等级。一般来说，这些所需资料都可从工作分析的结果中获得。

（2）对工作进行分类，确定合适的岗位等级数量。无论是对同一性质工作，还是对包括不同性质工作在内的组织，都需要将工作分类，并确定合适的岗位等级数量。等级数量取决于工作的性质、组织规模的大小、职能的不同和工资政策。

（3）编写每个工作岗位等级的定义。等级定义就是给建立起来的工作等级做出分类说明，是在选定重要要素的基础上进行的。同时，等级定义主要是用来指明岗位所承担的责任性质、职责范围，即岗位内容概要、所承担责任、所需人员应具备的知识水平和技能等。表7-8是某组织工作岗位等级描述表的部分内容。等级定义是工作分类法中最重要的一步，必须使相邻两个等级之间技术水平和责任大小显而易见。

表7-8　　　　　　　　　　　**某组织工作岗位等级描述表（部分）**

等级	等级定义
1	例行的事务：按照既定的程序工作；处在主管人员的直接监督之下；不带有技术色彩
2	需有一定独立判断能力的岗位：具有初级的技术水平；有一定的经验；受主管人员的监督
3	中等复杂程度的岗位：根据既定的政策、程序和技术能独立思考；需要较强的专业知识及一定的经验；无须他人监督
4	复杂岗位：独立做决策；监督他人的工作；需要接受高级的专业训练和较丰富的工作经验

（4）评价和分类。评价人将被评价岗位与所设定的等级标准进行比较，将它们定位在合适的岗位类别中的合适的级别上。

2）工作分类法的优缺点

（1）优点。操作方法简单明了，容易操作，执行速度快，不需要特定技术要求。

（2）缺点。不容易清楚地定义等级，很难说明不同等级的岗位之间的价值差距。如果定义界限模糊或不准确，容易引起被评价岗位的员工与岗位评价人的争论。

总之，工作分类法适用于工作岗位较多，工作职责、内容、技能与环境差别较大的情况。

◇◇◇◇▶ **实践练习7-4**

请根据自己的理解，判断下面说法的对错。

1.工作分类法比工作排序法更为精确、客观。　　　　　　　　　　　　　（　　　）

2.在岗位多样的复杂组织中，工作岗位等级定义相对容易。　　　　　　　（　　　）

3.工作分类法执行速度较快，对评价者的培训要求少，管理比较容易。　（　　　）

4.工作分类法中最重要的一步是评价和分类。　　　　　　　　　　　　　（　　　）

5.工作分类法和工作排序法一样，对不同等级之间的价值差距难以确定。　（　　　）

参考答案：

正确的有：1、3、5

错误的有：2、4

7.3.3　要素比较法

要素比较法是通过不同的薪酬要素多次对岗位排序，然后综合考虑每一个岗位的序位等级，得出一个加权的序列值，最终确定岗位序列。

1）要素比较法的步骤

（1）获取岗位相关信息，确定薪酬要素。根据工作说明书收集工作评价的相关信息，确定岗位上的薪酬要素。一般来讲，企业通常使用以下薪酬要素：心理要求、身体要求、技术要求、职责要求、工作条件。

心理要求主要包括心理特征、基础教育和专业知识。身体要求主要包括身体素质和身体状况。技术要求主要包括身体协调能力和工作经验积累。职责要求主要包括对原材料、加工材料、工具、设备和财产所担负的责任，对钱或流通票据所担负的责任，对盈利或亏损、储蓄或投资等所担负的责任，对公共合同所担负的责任，对记录责任所担负的监督责任等。工作条件主要包括环境影响，如温度、湿度、光线、拥挤度、工作同事等，还有来自工作场所或环境的职业伤害和工时的长短。

（2）选择关键基准岗位。由评价小组挑选出15～25个在所评价的岗位等级中具有代表性的典型岗位作为关键岗位。

（3）根据所选薪酬要素将关键岗位排序。排序过程以工作说明书中的岗位描述为基准。首先由评价小组每个成员分别按不同要素对岗位逐个排序，然后集中评议出每个岗位的序列值。例如，某企业4个岗位的评价结果见表7-9。表7-9表明如何分别依据5个薪酬要素对关键岗位进行排序。

表7-9　　　　　　　　　　　按不同薪酬要素对关键岗位进行排序的结果

薪酬要素 岗位名称	心理要求	身体要求	技术要求	职责要求	工作条件
电焊工	1	4	1	1	2
吊车司机	3	1	3	4	4
机床工	2	3	2	2	3
保安员	4	2	4	3	1

其中：1、2、3、4表示为：重要程度高————————▶重要程度低

（4）根据薪酬要素确定各岗位的项目工资率。评价小组根据5个薪酬要素确定每个关键岗位的工资水平，即赋予每个要素在确定岗位工资水平中的权重。例如，如果某普通岗位的现行工资是500元，评价小组可能这样确定岗位的工资水平：心理要求60元，身体要求220元，技术要求70元，岗位责任50元，工作条件100元，总额就是500元。

按照这个步骤，就可以确定每个关键岗位的工资率。

（5）根据工资率将关键岗位排序。依据各薪酬要素对每个岗位排序，但排序的标准是每个要素在工资决定中的权重。比如，表7-10根据"心理要求"要素的工资权数，电焊工排在第一位，保安员排在最后一位。

表7-10   **根据工资率岗位排序**   单位：元

薪酬要素 岗位名称	心理要求	身体要求	技术要求	职责要求	工作条件	工资额
电焊工	400（1）	40（4）	300（1）	200（1）	40（2）	980
吊车司机	140（3）	200（1）	180（3）	20（4）	20（4）	560
机床工	160（2）	130（3）	200（2）	80（2）	30（3）	600
保安员	120（4）	140（2）	40（4）	40（3）	60（1）	400

评价小组的成员可以先分别据此将岗位排序，再评议每个要素在各关键岗位对应的工资权数。

（6）根据两种排序结果选出不具有代表性的关键岗位。现在，对每个关键岗位都有两种排序结果：

第一种是根据第三步得出的最初的排序，它是依据5个薪酬要素将各岗位排序的。

第二种是根据第四步和第五步得出的排序，它反映了各薪酬要素在各岗位的工资权数，据此可以得到表7-11所示的结果。

表7-11   **薪酬要素与工资等级**

薪酬要素 岗位名称	心理要求		身体要求		技术要求		职责要求		工作条件	
	①	②	①	②	①	②	①	②	①	②
电焊工	1	1	4	4	1	1	1	1	2	2
吊车司机	3	3	1	1	3	3	4	4	4	4
机床工	2	2	3	3	2	2	2	2	3	3
保安员	4	4	2	2	4	4	3	3	1	1

表7-11中，"①"为根据第三步得出的每个要素的值；"②"为根据第四步和第五步对每个要素的工资分配做出的排序。这样每个要素都对应着每个关键岗位的两种排序结果。每个要素所对应的两种排序结果应该是一样的。如果这两种排序结果不一致，而且差异太大，就表明这个关键岗位代表性差，不能作为关键岗位使用。

（7）确立岗位薪酬等级。根据第五步得出的工资分配表，对所有关键岗位依据每个人的薪酬要素分别确定其大致的工资水平。例如，根据"心理要求"要素，电焊工应为400元，因此在岗位（要素）比较等级表（见表7-12）中，将"电焊工"填在"心理要求"栏与"400元"对应的空格处。对于所有关键岗位的薪酬要素都可以照此操作。

表7-12　　　　　　　　　　　　岗位（要素）比较等级表

工资水平（元）	心理要求	身体要求	技术要求	岗位责任	工作条件
20				吊车司机	吊车司机
30					机床工
40		电焊工	保安员	保安员	电焊工
50					
60					保安员
70					
80				机床工	
90					
100					
110					
120	保安员				
130		机床工			
140	吊车司机	保安员	主管		
150		主管			主管
160	机床工				
170					
180			吊车司机	主管	
190					
200		吊车司机	机床工	电焊工	
220					
240	主管				
260					
280					
300			电焊工		

工资水平（元）	心理要求	身体要求	技术要求	岗位责任	工作条件
320					
340					
360					
380					
400	电焊工				
420					
440					
460					
480					

（8）利用基准岗位比较其他岗位的等级。按照各薪酬要素，将要评价的其他岗位同相应的基准岗位进行比较。假设你需要确定某主管的工资水平，可以依据相同的薪酬要素将其同所列的其他岗位相比较。

2）要素比较法的优缺点

利用要素比较法所得的工作评价结果可以更加精确地反映各工作岗位之间的关系，但一定要慎重选择薪酬要素，并应根据市场变动，及时调整基准岗位的工资水平，以确保其结果的准确可靠性。

总之，要素比较法适用于侧重研究多种要素对工作带来影响时的工作评价。

7.3.4　要素计点法

要素计点法，也称要素评分法，是首先确定影响所有工作岗位的共同要素，并将这些要素分级、定义和配点，以建立起评价标准，然后依据这些标准对所有工作岗位进行评价，以取得它们的相对价值，并据此来制定工资等级的一种工作评价方法。

1）要素计点法的操作步骤

（1）确定要评价的工作岗位系列。系列划分可以根据企业的具体情况进行，如技术系列或生产系列，中层管理者或科员系列等。由于不同部门的工作岗位差别很大，通常使用不同的点值评定方案来评价组织中所有的工作岗位。

（2）收集岗位相关信息，包括工作说明书等文件。

（3）选择薪酬要素。不同的岗位系列有不同的薪酬要素。

（4）界定。详细界定每个薪酬要素的边界，以确保评价人员在应用这些要素时能够保持一定的公平性，这些工作通常由人力资源专家来完成。

（5）确定要素等级。确定每个薪酬要素的等级后，评价人员才可以评定每个岗位的要素等级。一般每个要素包括的等级不超过6个，等级太多容易造成比较困难，等级太少容易造成界限不清，实际等级数主要取决于评价人员的评价需要，具体示例见

表7-13。每个要素的等级数目可以不同，但等级数应限制在可以清楚区分岗位的水平上。

表7-13   要素计点法等级划分示例

级数	点值	对岗位薪酬要素的说明和测量
0	0	很少要处理超出例行工作或组织政策之外的问题，几乎不需要分析数据
1	40	基准岗位：普通文秘人员、接线员或接待员 遵从定义清楚的标准行事，直接在工作中应用已理解的规则和程序，根据常规方法分析不复杂的数据
2	80	基准岗位：单据填写人员 经常处理超出例行工作范围的问题。根据限制条件或建立的政策标准，独立做出一些小的决策。分析标准信息数据或使用经过他人分析的数据
3	120	基准岗位：社会工作者、行政秘书 根据上级的指导对非例行工作进行独立决策。分析和评价非例行工作的情况，以便同他人一起得出解决办法
4	160	基准岗位：护士、会计、班组长 独立解决工作最后阶段才出现的问题。分析和解决非常规问题，工作中要经常分析大量数据，对操作程序等许多方面做出独立决定
5	200	基准岗位：营业经理 做出决定时要有独立判断，要经常制定新的政策或研究新的办法

要素计点法的要素定义及分等示例（复杂度/解决问题）说明：

该岗位要求的心理能力表现为：在处理不熟悉的问题、解释数据、创意、分析数据、创造性及开拓性工作等方面表现出来的随机应变的能力

（6）确定要素的相对价值，即确定每个要素的权重。对于不同的岗位系列，各要素的重要性是不同的。通常由评价小组来仔细研究要素及其等级定义，然后确定每个岗位系列中各要素的权重。

下面介绍确定权重的一种常用处理方法。比如，某工作岗位的薪酬要素有决策、解决问题、专业知识3个，如何确定其各自所占比例？

首先，对权重最高的要素赋值100%，然后将第一个要素重要性的百分比作为参照，确定其他要素的赋值。例如：

决策：100%   解决问题：85%   专业知识：60%

其次，将各赋值加总（在此例是：100%+85%+60%=245%），然后照下列方法将其转化为100%之内的值：

决策 $100 \div 245 \times 100\% = 0.4082 \times 100\% = 40.8\%$

解决问题 $85 \div 245 \times 100\% = 0.3469 \times 100\% = 34.7\%$

专业知识 $60 \div 245 \times 100\% = 0.2449 \times 100\% = 24.5\%$

总值为   100%

（7）确定各要素及各要素等级的点值。例如，假设工作计划的总点值为500，而

"决策"要素的权数为40.8%，因此它的点值为204（40.8%×500）。接下来是把204点在"决策"要素内部分配。这意味着最高层次的决策能力的点值为204。然后以等差的形式确定最高要素等级和最低要素等级的点值。例如，"决策"要素分为5个等级，则用等级数5除204，公差是40.8。为了方便，可以取整数值。于是最低等级的点值为41，第二等是82，第三等是123，第四等是164，最后一等即最高等级的点值是204。对每个要素都可以做这种类似处理（见表7-14）。

表7-14 **根据报酬要素和等级确定评价点值**

报酬要素 / 级别	第一等级点值	第二等级点值	第三等级点值	第四等级点值	第五等级点值
决策	41	82	123	164	204
解决问题	35	70	105	140	174
专业知识	25	50	75	100	123

（8）编写工作评价指导手册。制订岗位点值方案的最后一步是编写"点值指南"或"工作评价指导手册"。这一步只是把各要素及其等级的定义、点值汇编成一本便于使用的指导手册。

2）要素计点法的优缺点

（1）优点：与非量化的工作评价方法比较，评价更为精确；允许对工作岗位之间的差异进行微调；可以运用可比性的点数对不相似的工作岗位进行比较。

（2）缺点：耗费的人力、物力和财力较多，耗时较长；在等级界定、权重确定等方面存在一定程度的主观性。

总之，要素计点法适用于侧重研究各种要素在多大程度上影响工作时的工作评价。

◆◇◆◇ ➡ **实践练习7-5**

思考要素计点法的核心是什么，并完成以下任务：

某咨询公司有如下职位：总经理、培训师、客户主任、销售经理、财务人员、市场推广人员、前台接待人员、司机。根据要素计点法确定这些职位的等级。

回答：

1.要素计点法的核心是：

_____

_____

2.运用要素计点法的过程：

_____

_____

3.得出评价结果（见表7-15）：

表7-15　　　　　　　　　　　**运用要素计点法得出的评价结果**

职位	总经理	培训师	客户主任	销售经理	财务人员	市场推广人员	前台接待人员	司机
等级								

◆◆◆◆▶ **实训项目7-1**

工作评价

一、实训目的

通过本次实训，使学生掌握运用不同的工作评价方法进行工作评价。

二、实训所需条件

（一）实训时间

实训周期为1周，课堂用时为4课时，其余时间用于收集工作评价的信息。

（二）实训地点

人力资源实训室。

（三）实训所需材料

各小组建立的模拟公司。

三、实训内容与要求

（一）实训内容

各小组运用不同的工作评价方法对模拟公司的岗位进行工作评价。

（二）实训要求

1.运用要素比较法对模拟公司的岗位进行工作评价。

2.运用要素计点法对模拟公司的岗位进行工作评价。

四、实训组织方法与步骤

第一步，各小组成立工作评价小组。

第二步，制订工作评价计划。

第三步，运用不同方法进行工作评价。

第四步，工作评价数据处理。

五、实训考核方法

1.小组代表陈述本次实训作业成果。

2.不同小组进行互评。

3.教师点评作业成果。

4.成绩计算：

个人最终成绩=小组成员个人成绩×60%+所在小组成绩×40%

▮▮▮▶ **本章小结** ▮▮▮

本章讲述了工作评价的含义和特点、工作评价应掌握的信息、工作评价的基本功能以及工作评价的步骤。

本章讲述了工作岗位分级概述、工作岗位横向分级以及工作岗位纵向分级。

本章讲述了工作排序法、工作分类法、要素比较法以及要素计点法。

▶ 知识掌握

1.选择题

（1）（　　）的中心是客观存在的"事"而不是现有的人员。

A.工作分析　　　　　　　　　　B.工作评价

C.绩效考核　　　　　　　　　　D.员工素质测评

随堂测7-1

（2）（　　）是评价工作所需文化知识水平和技术要求的指标。

A.技术知识要求　　　　　　　　B.管理责任

C.产品质量要求的程度　　　　　D.工作班制

（3）工作性质不同，但工作繁简难易、责任大小以及所需人员应具备的资格条件等充分相同的职级归纳为同一（　　）。

A.职门　　　　　B.职等　　　　　C.职系　　　　　D.职级

（4）（　　）是一种比较简单的工作评价方法。

A.工作排序法　　　B.工作分类法　　　C.要素比较法　　　D.要素计点法

（5）（　　）是通过不同的薪酬要素多次对岗位排序，然后综合考虑每一个岗位的序位等级，得出一个加权的序列值，最终确定岗位序列。

A.工作排序法　　　B.工作分类法　　　C.要素比较法　　　D.要素计点法

（6）（　　）是首先确定影响所有工作岗位的共有要素，并将这些要素分级、定义和配点，以建立起评价标准，然后依据这些标准对所有工作岗位进行评价，以取得它们的相对价值，并据此来制定工资等级的一种工作评价方法。

A.工作排序法　　　B.工作分类法　　　C.要素比较法　　　D.要素计点法

2.简答题

（1）工作评价的步骤是什么？

（2）工作岗位横向分级的步骤有哪些？

（3）工作岗位纵向分级的步骤有哪些？

（4）怎样运用工作分类法进行工作评价？

（5）怎样运用要素比较法进行工作评价？

（6）怎样运用要素计点法进行工作评价？

▶ 知识应用

• 案例分析

某公司人力资源管理部门现就5个要素对工作进行评价。A、B、C是基准岗位，其中A、B、C工资分别为1 000元、2 000元、4 000元。X是待评价岗位。首先将A、B、C按照5个要素进行排序，然后将X与这3个基准岗位进行比较，得出以下结果（见表7-16）：

表7-16 某公司工作评价结果

要素 工资率	责任大小	技能要求	任务难度	工作环境	财务影响
100元/月	A				A
200元/月			A	B	
300元/月		A		A	X
400元/月	B				B
500元/月	X	B	B		
600元/月		X	C	C	
700元/月				X	
800元/月	C	C	X		
900元/月					C

问题：请结合上面的案例，计算岗位X的工资水平。

分析提示：运用要素比较法进行工作评价。

▶ 实践训练

学生6~7人为一组，每组选出组长（轮流担任组长）。组长带领小组成员就模拟公司一个部门的岗位运用要素计点法进行工作评价。

任务完成效果评价：

（1）小组代表陈述与教师点评。各小组选出代表陈述本小组的作业成果；教师根据各小组代表的陈述内容进行点评。

（2）小组内互评。小组成员根据完成任务过程中个人的表现，按照表7-17的评价项目和分值、指标对每个成员进行评分，然后上交小组成员内部评价表和小组作业成果。

表7-17 小组成员内部评价表

小组成员	评价项目和分值、指标				总成绩
	与人交流能力	与人合作能力	解决问题能力	职业态度	
	25分	25分	25分	25分	
	围绕主题，恰当、清楚表达意思的表现	与他人合作，合作过程是否和谐、顺畅	运用要素计点法进行工作评价的质量	主动、认真地完成任务的表现	
（组长）					

（3）教师评价。教师根据小组评分参考表（见表7-18）的评价项目和分值、指标给各个小组评分。

表7-18　　　　　　　　　　　　　**小组评分参考表**

组别	评价项目和分值、指标				总成绩
	计划与实施能力	学习能力	任务完成的效率	组员参与程度	
	25分	25分	25分	25分	
	是否按照要素计点法流程进行工作评价	对要素计点法等知识的理解程度	能按时或提前完成任务	参与讨论的成员数目	
第一组					
第二组					
第三组					
第四组					
教师评语					
第一组					
第二组					
第三组					
第四组					

（4）最终成绩计算方式：

个人最终成绩＝小组成员个人成绩×60%＋所在小组成绩×40%

▶ 课外拓展

关注新媒体平台，获取人力资源管理领域最新的观点、方法、技巧，了解人力资源管理的前沿资讯。

微信公众号"智联招聘HR公会"由智联招聘-聘周刊全力打造，致力于构建最具影响力的人力资源社群生态圈，传递人力资源管理领域中最新的思想、观点、方法、技巧和业内资讯，内容囊括人力资源管理的前沿话题和深度报道。请在微信公众账号中搜索"智联招聘HR公会"或"clubhr"，或用手机扫描二维码即可关注。

主要参考文献

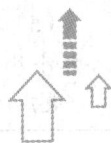

［1］安鸿章. 企业人力资源管理人员——国家职业资格培训教程［M］. 北京：中国劳动社会保障出版社，2002.

［2］王小艳. 如何进行工作分析［M］. 北京：北京大学出版社，2003.

［3］尹隆森. 岗位说明书的编写与应用［M］. 北京：北京大学出版社，2003.

［4］付亚和. 工作分析［M］. 上海：复旦大学出版社，2006.

［5］高艳. 工作分析与职位评价［M］. 西安：西安交通大学出版社，2006.

［6］文征. 员工工作分析与薪酬设计［M］. 北京：企业管理出版社，2006.

［7］赵永乐. 工作分析与设计［M］. 上海：上海交通大学出版社，2006.

［8］郑晓明，吴志明. 工作分析实务手册［M］. 北京：机械工业出版社，2006.

［9］纪伟. 人力资源管理基本技能实训［M］. 大连：大连理工大学出版社，2008.

［10］李浇，支海宇. 人力资源管理实训教程［M］. 大连：东北财经大学出版社，2009.

［11］李中斌. 工作分析理论与实务［M］. 3版. 大连：东北财经大学出版社，2017.

［12］严伟. 薪酬管理［M］. 5版. 大连：东北财经大学出版社，2021.

［13］刘葵. 招聘与录用实务［M］. 3版. 大连：东北财经大学出版社，2019.

［14］奚国泉，徐国华. 人力资源诊断与决策实训教程［M］. 上海：上海财经大学出版社，2016.

［15］鲍立刚. 人力资源管理综合实训演练［M］. 4版. 大连：东北财经大学出版社，2021.

［16］萧鸣政，刘李豫. 工作分析与评价［M］. 北京：科学出版社，2017.

附录一 A公司工作分析全解

一、立项阶段

（一）发现工作分析前期征兆

一般来说，当人力资源部或高层领导发现组织存在如下问题时，应进行工作分析：

①战略空置，缺乏管理支持；

②组织管理体系、业务流程运行不畅；

③组织变革、新流程和新技术引进；

④组织运行关键点无人负责、控制；

⑤人浮于事、职责不明；

⑥工作说明书虚置，与实际不符；

⑦其他人力资源管理工作（如薪酬、招聘、培训、考核等）缺乏信息基础。

A公司当时出现其中②、⑤、⑦表述的征兆，所以董事会决定进行工作分析。

（二）成立工作分析筹备组

A公司董事会助理任组长（一般公司总经理可任组长），成员包括人力资源部经理、财务部主任、生产部经理、营销部经理、行政部主任等。

工作分析筹备组的主要职责：确认工作分析的需求；制定工作分析的原则、导向、预算等；选择专业人员；过程监控；最终结果确认；成果推广运用；项目述职。

（三）人力资源管理体系分析

筹备组采用问卷调查、重点员工访谈等方法，开展工作分析需求分析，并向公司高层提交公司人力资源管理现状的分析报告。

（四）立项

筹备组负责编写"工作分析立项报告"，向公司高层申请立项。立项报告在原则上确定了工作分析的导向、目的、主要用途、开展方式、专家人选以及大致时间进程、预算等。

本次工作分析导向：构建人力资源管理信息基础的工作分析导向。

目标：进行全面、系统的工作分析，建立起完整的工作描述和任职资格，并写入工作说明书中。

二、准备阶段

（一）确定工作分析参与人员

在工作分析开始前，最重要的一项工作是确定"专家人选"，一般来说，主要有以下两方面选择："内部人"和"外部人或咨询机构"。这两种途径各有利弊，通过成本对比、时间对比、可信度对比、质量对比、员工培训对比，以及考虑本次工作分析的目的、方法和要求等，最终选择以A公司的中国台湾地区王顾问为首席专家，指导本次工作分析，以大陆公司有关人员为主体的工作分析组合策略。

（二）成立工作分析项目组（见附表1-1）

附表1-1   项目组人选方案

职位	人选	人数	主要职责
项目经理	HR经理	1	项目进程控制、结果控制
首席专家	王顾问	1	指导全面工作，提供技术支持
工作分析师	HR经理、董事会助理	2	对专业人员进行工作分析，信息分析处理，形成成果
信息收集员	HR人员、各部门至少一名主管	8	收集信息
项目协调员	部门经理	7	项目时间、地点、人员等的安排协调
后勤人员	办公室人员、备品采购员	3	后勤物资服务，会议记录，打字，文件管理
合计		22	

注：筹备组和项目组成员有交叉，项目组内部有兼职。

（三）前期信息准备

1.探索性问卷调查

项目组着手深入了解企业运行状况以及与项目相关的其他信息，最为便捷的方式是探索性问卷调查和文献研究。

探索性问卷应根据实际情况进行编制，其所包含的内容相当广泛和灵活，可以收集项目组前期所需了解的全部信息，主要包括：

①组织基本结构是否清晰合理；

②组织的运行状况；

③业务流程是否合理；

④任职者对岗位的大致了解；

⑤针对本次工作分析项目，了解员工对人力资源管理工作的看法；

⑥员工对工作分析的认识和看法；

⑦对项目组的要求、意见、建议等；

⑧对员工进行工作分析基本知识的辅导，如配合、要求等。

2.文献分析

文献分析所使用的信息分内部信息和外部信息，内部信息如附图1-1所示。在文献分析中，对外部类似企业相关工作分析结果或原始信息的分析提炼，同样可以作为原始信息加以利用，但必须注意目标岗位与"样本岗位"的相似性。

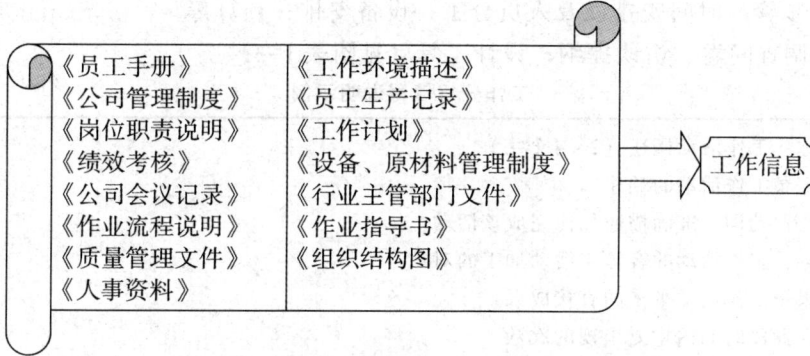

《员工手册》	《工作环境描述》
《公司管理制度》	《员工生产记录》
《岗位职责说明》	《工作计划》
《绩效考核》	《设备、原材料管理制度》
《公司会议记录》	《行业主管部门文件》
《作业流程说明》	《作业指导书》
《质量管理文件》	《组织结构图》
《人事资料》	

工作信息

附图1-1　文献分析所使用的企业内部信息

（1）文献分析的主要内容（见附表1-2）

附表1-2　　　　　　　　　　**文献分析中与岗位相关的重要信息点**

1.总结并标示出各项工作活动与任务
2.各项工作活动与任务的细节，重点是各项活动、任务的主动词，对于动作出现的先后可用数字加以区分
3.文献分析中遇到的问题
4.引用的其他需要查阅的文献
5.知识、技能、能力素质要求
6.特殊环境要求（无菌净化、潮湿等）
7.工作中使用的设备
8.绩效标准
9.组织结构
10.工作成果

（2）文献分析的注意点

①快速浏览，对有用信息做出标记；

②对残缺不全的有用信息做出标记，以便列入访谈提纲；

③在文献中，对于简单罗列的工作任务、活动以及所需技能、知识等信息，只需独立列举工作活动、任务与所需知识、技能的内容，因为这可能并不匹配；

④文献分析所获得的信息是信息基础，工作分析之前应最大限度地分析整理所有与岗位有关的信息；

⑤对文献分析法所获信息应采取批判吸收的态度，切忌"先入为主"；

⑥应注意适度使用文献分析所获得的信息。

3.制订详细的工作分析计划

在前期探索性问卷调查和文献分析的基础上，项目组制订详细的工作分析计划。在计划中要详细规定以下内容：分析的岗位；岗位分类；岗位分析样本；选择的工作分析方法；分析步骤、时间安排以及人员分工；设备安排；预算等。

4.编制调查问卷、访谈提纲，设计工具（见附表1-3）

附表1-3　　　　　　　　　　　　　**工作分析填写说明示例**

（1）活动名称：工作活动概述（2~4个字）

（2）编号：记录工作活动的顺序

（3）活动方式：动词，准确描述如何完成该活动

（4）活动对象：工作活动的客体，活动加工的对象

（5）活动结果：工作活动带来的直接成果

（6）频次：在此段时间内重复出现的次数

（7）起止时间：工作活动发生的起止时间（原则上，每隔半小时填写一次工作日志；若有跨时间区间的工作活动，则在工作结束后填写）

（8）活动地点：活动发生的地点以及地点转移

（9）工作联系：与部门其他人员、外部人员发生的工作联系的内容以及对方的身份（单位、部门、职位）

（10）性质：常规与临时，区分常规工作活动与临时性、偶尔发生的工作活动

（11）重要性程度：采用3等级尺度，依次为很重要、重要、一般

5.编制工作说明书模板

针对不同岗位类型，设计岗位说明书模板。

6.人员培训

（1）信息收集人员的培训

信息收集人员最重要的技能是沟通和分析技能。沟通技能主要包括书面表达和口头沟通两方面的能力。口头沟通技能在与目标岗位任职者、主管、经理人员的交流中尤为重要；书面表达技能主要体现在书面记录有用的岗位信息和书写访谈记录方面。分析技能主要体现在对收集的信息进行加工处理，去除干扰和错误信息等方面。另外，要进行组织纪律培训以及组织相关知识的培训。

（2）工作分析师培训

首先要具备信息收集人员所具有的技能。组织内部培训的工作分析师除了应具备熟练使用各种工作分析方法外，应具备敏锐的洞察力、深刻的总结分析能力和高度的责任感。

一般来说，工作分析师应由接受过系统化的工作分析、人力资源管理、组织行为学、心理学等专业课程训练，有2~3年工作分析经验的人员担任。A公司由王顾问对企业内部的工作分析师进行培训。

（3）项目经理

项目经理是整个项目的核心专家，除了具备专业上的最终决策能力以外，应具备强

大的沟通协调、高层运作能力，随时解决工作分析过程中可能出现的技术性、结构性、协调性问题。

项目经理职位是专业和管理的综合性职位，具有双重角色。项目经理技能主要在工作分析实践中积累。

三、信息收集阶段

（一）编制、修订正式工作分析调查问卷

工作分析调查问卷的编制是建立在对工作分析导向、用途的把握以及前期文献分析、探索性问卷调查结果分析的基础之上的，针对本企业本次工作分析。例如，本次工作分析侧重构建人力资源管理信息基础的工作分析导向，问卷的编制力求完整、具体、逻辑严密（见附表1-4）。

附表1-4　　　　　　　　　　　**管理类职位问卷的组成内容**

序号	主要部分	项目释义	题数
1	一般信息	描述性信息，如工作代码、预算权限、主要职责等	16
2	结构图	职位在组织架构中的位置，如上司、平级、下属等	5
3	决策	决策活动描述和决策的复杂程度	22
4	计划组织	战略性规划和短期操作性计划、组织活动	27
5	行政事务	包括写作、归档、记录、申请等活动	21
6	控制	跟踪、控制和分析项目、预算、生产、服务等	17
7	监督	监督下属工作	24
8	咨询创新	为下属或其他工作提供专业性、技术性咨询指导	20
9	工作联系	内部工作联系，包括联系对象与目的	16
10	协调	在内部联系中从事的协调性活动	18
11	表达	在推销产品、谈判、内部激励等工作中的表达行为	21
12	商业指标监控	对财务、市场、生产经营以及政策指标的监控与调节	19
13	KSAs	工作对任职者知识、技术和能力的要求以及所需要的培训活动	31
14	自我评价	本表3~12所述管理功能的时间和相对重要性评价，其中"计划组织"功能分为战略规划和短期计划两方面	10
15	反馈	任职者对本问卷的反馈意见以及相关补充说明	7
	总计		274

（二）问卷调查

1.在问卷调查阶段，主要有以下几个关键控制点：

①选择调查样本。

②调查对象辅导：在工作分析问卷中，已经详细说明各信息板块的填写方法。在条件允许的情况下，可对调查对象进行集中讲解、辅导，通过讲解可以增加调查对象对工作分析重要性的认识，确保其认真、负责、如实填写问卷。

③发放问卷。

④中期跟踪辅导：在填写过程中，应及时跟踪填写过程，为调查对象解决疑难问题；工作分析师可提前收取部分问卷，分析其中存在的问题，召开中期分析会议，尽早排除可能出现的问题。

⑤收取问卷。

2.初步提炼分析信息

对于问卷中存在的信息残缺、有悖常理、差异较大等问题应按岗位详细记录；在分析提炼信息的基础上，初步填写工作说明书模板，对其中出现的模糊信息应详细记录。

（三）指导性访谈提纲和记录表

在上述记录基础上编写访谈提纲，访谈提纲应力求完整，对于问卷调查已明确的信息也应通过实地访谈加以确认，对于模糊或是不完整信息应重点标示，作为访谈的重点。

工作分析访谈记录表（局部）示例见附表1-5，工作任务细化记录示例见附图1-2。访谈人员要根据自己的访谈任务参考下面的内容制定自己的访谈提纲，并交给项目组修改、审批通过。

附表1-5   **工作分析访谈记录表（局部）示例**

工作分析师_____

时间_____

访谈对象_____

岗位名称_____

相关工作经验____（年）____（月）

当前工作时间____（年）____（月）

工作地点

电话号码

工作条件	工作过程（职责）	工作结果
1.	1.	1.
2.	2.	2.
3.	3.	3.
4.	4.	4.

工作任务来源	工作过程描述	所需技术能力
名称 形式 频率 重要性		脑力要求： 体力要求：
物质支持		工作结果
（包括工作所需工具、设备、原材料等）		名称 形式 频率 重要性

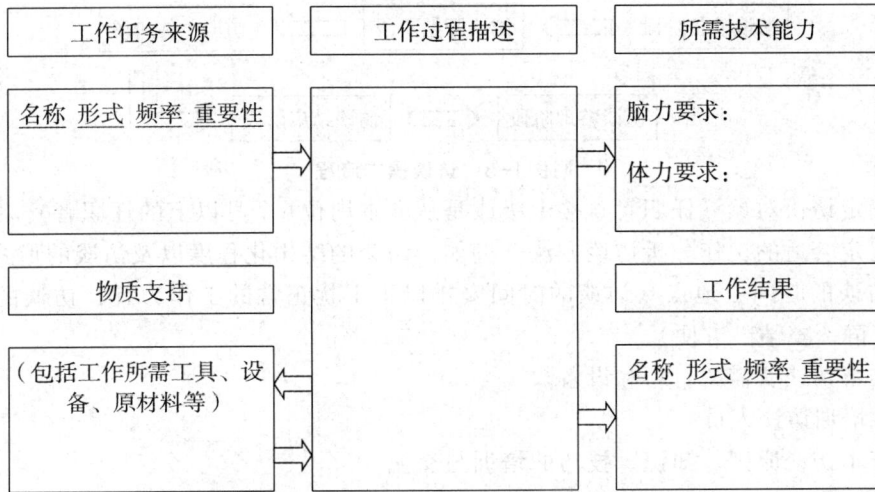

附图1-2　工作任务细化记录示例

①请您用一句话概括您的岗位在本公司中存在的价值是什么？它要完成的主要工作内容和要达成的目标是什么？

②请问与您进行工作联系的主要人员有哪些？主要的联系方式是什么？

③您认为您的主要工作职责是什么？请至少列出8项职责。

④对于这些职责，您是怎样完成的？在执行过程中碰到的主要困难和问题是什么？

⑤请您指出以上各项职责分别在工作总时间中所占的百分比，并指出其中耗费时间最多的3项工作。

⑥请您指出您的以上工作职责中最为重要、对公司最有价值的工作职责是什么。

⑦组织所赋予您的主要权限有哪些？您认为这些权限有哪些是合适的？有哪些需要重新界定？

⑧请您就以上工作职责，谈谈评价出色完成这些职责的标准是什么。

⑨您认为在工作中您需要其他部门、其他岗位为您提供哪些方面的配合、支持与服务？在这些方面，目前做得好的是什么？尚待改进的是什么？

⑩您认为要出色地完成以上各项职责需要什么样的学历和专业背景？需要什么样的工作经验（类型和时间长度）？在外语和计算机方面有什么要求？您认为要出色地完成以上各项职责需要具备哪些能力？

您认为要出色地完成以上各项职责需要具备哪些专业知识和技能？您认为要出色地完成以上各项职责需要什么样的个性品质？

请问您在工作中自主决策的机会有多大？工作中是否经常加班？工作中繁忙是否具有很大的不均衡性？工作中是否要求精力高度集中？工作负荷有多大？

（四）优秀任职者访谈

1.访谈操作流程（如附图1-3所示）

2.访谈开始阶段的步骤及内容

（1）制订访谈计划

➢ 明确访谈目标。

```
┌─────────────┐      ┌─────────────┐      ┌─────────────┐
│  访谈准备阶段  │ ⟹  │  访谈开始阶段  │ ⟹  │  访谈主体阶段  │
└─────────────┘      └─────────────┘      └─────────────┘
                                                   │
┌─────────────┐      ┌─────────────┐              │
│  访谈整理阶段  │ ⟸  │  访谈结束阶段  │ ⟸──────────┘
└─────────────┘      └─────────────┘
```

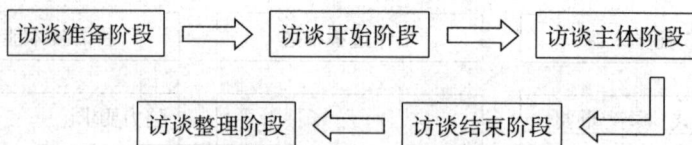

附图1-3　访谈操作流程

➤ 确定访谈对象（任职者直接上级或是从事本岗位6个月以上的任职者）。

➤ 选定合适的工作分析访谈方法（例如，访谈的结构化程度以及访谈的形式）。

➤ 访谈的时间、地点（访谈的时间安排以不干扰正常的工作为宜，访谈的场所应该保持安静、整洁、方便）。

➤ 准备访谈所需的材料和设备。

（2）培训访谈人员

➤ 基本访谈原则、知识、技巧的培训与交流。

➤ 针对本次访谈展开的专项培训，主要是传达访谈计划，明确访谈目的和意义。

➤ 按照访谈分工，各访谈人员收集并分析现有目标岗位的相关信息。在实践中，本环节操作质量的好坏对访谈的效果将会产生极大的影响，我们可以根据实际需要采取分散学习和集中分析总结等方式开展，力求使访谈人员对工作有大致的了解与认识。

3.编制具体的访谈提纲

访谈者根据现有资料及指导性访谈提纲，编制访谈提纲。访谈提纲的主要作用是为访谈者提供信息补充，防止在访谈过程中出现严重的信息缺失，确保访谈过程的连贯性。访谈提纲大致分为通用性问题（开放式）和个性化问题（封闭式）。通用性问题主要列举需要收集的各方面信息；个性化问题主要列举与岗位相关的各项职责和任务，以作为启发被访谈者思路的依据。

4.访谈前奏

访谈双方的情绪和心态对于访谈的效果起着相当关键的作用。在访谈初始阶段帮助被访谈者建立平和、互信的心态格外重要。第一，要营造轻松、互信的访谈气氛，见附表1-6。第二，向被访谈者介绍本次访谈的流程以及对被访谈者的要求。如果在访谈过程中，需要使用笔录、录音等辅助记录手段的，应向被访谈者事先说明。第三，应重点强调本次工作分析的目的、预期目标、所收集的信息的用途以及本次工作分析相关技术性问题的处理方法（尤其是标杆岗位的抽取、被访谈者的抽取方式）。第四，向被访谈者说明，本次访谈已经征得其上司的同意，但是参与访谈的全部人员将保证访谈的内容除了作为工作分析基础外，将对其上级和组织中的任何人完全保密。

附表1-6　　　　　　　　　　　　　　　营造访谈气氛的方法

· 采取随意简单的方式自我介绍

· 尝试发现被访谈者喜欢的话题，从这些话题出发展开访谈

· 在话题开始时，采取鼓掌、适度赞扬等方式表达对被访谈者的欢迎

常用介绍词示例：

你好！我叫张士宏，是本公司人力资源部经理。想必你的上司已经和你沟通过，我们将通过访谈等方式对你的岗位——信息文员，进行工作分析，确定该岗位的工作职责

及任职资格。本次项目选取了公司信息中心6个核心岗位作为标杆进行分析，信息文员这一岗位我们选取了公司3位职员进行访谈，你是我们访谈的第二位。通过本轮访谈收集的信息将连同工作分析问卷一并作为工作分析的信息基础。最后的成果在正式提交前，我们会再次和你沟通确认。当然，对于本次访谈的内容，我们会予以保密。在访谈开始前，你有问题需要向我们提出吗？

5.访谈主体阶段

工作分析师关心的首要问题是通过访谈获得关于目标岗位准确而全面的信息。如果信息收集不够完整，将会直接影响工作分析结果的完整性；若将所获信息用于编制工作分析调查问卷，也会造成调查问卷的残缺，无法完整勾勒出目标岗位的任务职责。因此在工作分析主体阶段，工作分析师的工作将围绕如何收集完整、准确的信息而展开。

（1）寻找"切入点"

首先，工作分析师应从一般信息入手逐步深入问题的细节部分。在访谈主体阶段，交谈的"切入点"是询问被访谈者所在部门与组织中其他部门的相互关系，或者目标岗位与部门内外其他岗位的相互关系，另外一些简单的话题，诸如工作环境等，可以作为深入访谈的"破冰船"。随着访谈的逐步深入，所谈内容应逐步趋于具体、详细，主要询问被访谈者各项工作任务的"投入"、"行动"以及"产出"的过程。

（2）获取工作任务

在访谈工作中，可向被访谈者提供事先准备的任务清单初稿，与被访谈者就任务清单所列项目逐条进行讨论。针对任务清单初稿，工作分析师可以向被访谈者询问以下问题：

➤ 我们对这项工作任务的表述是否准确清晰？

➤ 在我们对这项工作任务的描述中，所用术语是否正确？是否还有其他更为专业的表述？

➤ 任务清单是否包含全部工作内容？

➤ 是否忽略了其他重要工作领域？

➤ 整个任务清单中是否有相互矛盾和逻辑混乱的地方？

➤ 各项任务表述是否相互重叠？哪些内容可以合并或拆分？

如果访谈前没有准备任务清单初稿，工作分析师可通过以下问题启发被访谈者逐项列举其工作内容：

➤ 假设此刻是你典型的一个工作日的开始，那么你做的第一件事情是什么？能举个例子吗？

➤ 接下来你会做什么？

➤ 作为×××，你认为你的工作主要由哪些板块构成？各板块分别包含哪些任务及职责？

（3）探索任务细节

就每项工作任务，工作分析师应积极引导被访谈者深入讨论，从"投入""行动""产出"3个角度收集主要信息，见附表1-7。

附表1-7   **任务细节问题**

WHY	此项工作任务的主要目的
WHAT	主要的工作内容
HOW	完成工作的方法
WHEN	工作时间
WHERE	工作地点
WHO	工作联系（协助者、指导者）
WHICH	相关设备、工具

6.访谈结束阶段

当按照访谈计划，访谈已经涉及目标岗位所有的职责领域、收集到所有可能收集的与工作有关的信息后，意味着访谈即将进入结束阶段。访谈时间是另外一个限制因素。工作分析师应根据事前计划把握访谈进程，若需要超过计划时间，应及时和被访谈者及其上司沟通，征得同意。一般来说，访谈时间不宜超过3小时，过于冗长的会谈会使双方感到疲倦乏味。

在访谈结束阶段，工作分析师应就访谈提纲中的问题与被访谈者进行再次沟通。访谈结束阶段应再次沟通或要做的事项如下：

①允许被访谈者提问；

②就细节问题进一步追问并与被访谈者最后确认所有信息的真实性和完整性；

③重申工作分析的目的与访谈收集信息的用途；

④提前告知下次访谈的内容（最终确认成果）；

⑤邀请被访谈者在需要时，与工作分析项目组联系；

⑥感谢被访谈者的帮助与合作。

7.访谈整理阶段

访谈整理阶段是整个访谈过程的最后一个环节，由工作分析师在速记员的协助下，整理访谈记录，为下一步信息分析提供清晰、有条理的信息记录。

（五）访谈技术应用及开发

1.访谈技巧

一名合格的访谈者需要具备独特的综合的访谈技巧。必备的访谈技巧主要包括：积极地聆听对方的谈话，并能准确地把握其要点；访谈过程中掌握并调节被访谈者的情绪；深入分析被访谈者的弦外之音；把握访谈节奏；全面系统地记录访谈信息。最为重要的是，访谈者能够在使用这些技能时不影响整个访谈的进程，达到预期的效果。

毫无疑问，在工作分析之初，需要对访谈者进行专项访谈技能培训。最好的培训方法是模拟访谈过程或作为辅助人员参与正式访谈。另外，为访谈者准备详尽的访谈提纲可在一定程度上弥补其经验的不足。

访谈是一个开放式的、高度自主的互动交流过程。有时候被访谈者会特别专注于与所需工作信息有关的细节问题或是偏离话题，对于这种情况，访谈者应准确把握访谈的节奏与方向，确定细节与所需信息之间的关系。通常，有以下几种基本的访谈技巧和原则，这些访谈技巧和原则可以更好地帮助访谈者建立一个合理的访谈模式，应对访谈过程中出现的特殊情况，以确保更加迅速有效地收集工作信息。

（1）沟通

被访谈者往往不知道工作分析师需要哪些与工作有关的信息，因此工作分析师可以适当使用语言（例如"是的""我懂了"）或动作（如点头）等方式与被访谈者进行交流。这种交流首要的作用是使被访谈者认识到他提供了工作分析师所需要的信息。根据斯金纳（B. F. Skinner）的"强化理论"，对一种行为的肯定或否定的后果至少在一定程度上决定这种行为是否会被重复，因此这种认同的交流方式会加强被访谈者的自信，提供更多的有效信息。

（2）提示

工作分析师的另一项十分重要且行之有效的技能是根据访谈的进程，对工作相关的信息进行提示，引导被访谈者的思维。在访谈过程中，当被访谈者不清楚应该提供什么信息、语言阐述不明确或是不愿谈论其工作时，工作分析师可以采用如下启发式问题来引导：

根据我们的经验和所获得的与你工作相关的信息，某项工作应该在你的岗位范围之内，你认为呢？（如果回答是肯定的，则继续提问）请你详细谈谈这项工作职责的细节问题。能举几个相关的例子吗？

（3）静默

在访谈的过程中，采取适当的静默有利于被访谈者更好地整理思路、组织语言，避免整个访谈过程的枯燥乏味；同时适当的静默是鼓励被访谈者继续谈论的信号。访谈者应根据实际情况判断双方静默时被访谈者的意图，采取适当的应对措施，但过多的静默会造成双方的尴尬，破坏访谈过程的连贯性。

（4）控制

访谈者应控制整个访谈过程而使其不致偏离主题，同时要努力维持轻松的交流氛围。访谈过程中，有时也会出现过度控制或访谈失控的现象。

过度的控制主要表现为被访谈者缺乏兴趣、回答过于简单以及访谈者发言过多等。访谈者可以通过转换话题或变换面部表情和姿势等方式缓解现场气氛，同时要努力克制不要打断被访谈者的发言。

访谈失控一般表现为回答问题过于冗长、被访谈者过多地谈及题外话、被访谈者提问过多等。访谈者可以及时总结相关话题，结束在无关问题上的纠缠，必要时，访谈者可以直接结束话题，如"为了节省时间，我们应该转入下一问题了，以后有机会我们再就这一问题进行沟通好吧？"

（5）追问

在访谈过程中，当被访谈者提供的信息太过抽象或模糊或者访谈者对这个问题存在疑问时，有必要就此问题追根问底。追问的方式一般是开放式提问，在实践中，访谈者要灵活使用如下的技巧：

①使用简短的语言，从是什么、怎样做、什么人、什么时间、什么地点以及对象是什么等角度询问详细信息。例如，当被访谈者谈到"为市场部提供信息支持"时，访谈者可以追问"提供何种信息""怎样提供信息""什么时间提供这种信息"等问题。

②采用附和式提问获取详细信息。例如，当被访谈者谈及"我的工作是处理服务订单"，访谈者可以试着重复提问"如何处理"，面对这样的情形，被访谈者会进一步详细解释"我审核这些订单，并整理排序，同时将已经答复的订单归档"，访谈者可以进一步提问"如何审核"，这样的提问会促使被访谈者详细解释其工作中的细节问题。

③敢于将自己的某些错误理解暴露在被访谈者面前。由于访谈者往往对工作细节不太了解，因此对工作难免会有错误的理解，有意或无意地暴露自己认知中的误区，由被访谈者给予解答，也会收到查缺补漏的效果，同时能激发被访谈者表达的欲望。访谈者一定要坚定这样的信念：被访谈者是这一领域的专家。对于访谈获得的信息与访谈者通过其他渠道了解的信息相矛盾时，在充分交流的基础上，访谈者应该允许对方保留自己的意见，切忌和被访谈者发生争执，待访谈结束后再通过其他渠道加以证实。

在就某些细节问题进行追问时，访谈者应注意以下几个误区：

①不要使用封闭式或可以用"是"或"否"回答的问题，例如"是不是……"

②不要使用类似"为什么……"这样的提问方式。因为这样的提问方式会让被访谈者感到自己的表述缺乏可信度，因而访谈者需要加以证实，从而导致被访谈者产生敌对不合作的情绪。

③不要使用轻率的判断型问题和行为，这样容易降低收集信息的准确性。例如带有强制性的提问，"你负责处理服务订单，不是吗？"这种提问容易让被访谈者感觉到这项工作是访谈者对其工作的期望，或许反映了上级的意图，从而将这项原本不属于自己的工作纳入自己的工作范围。再者，要适度使用赞同或反对的语言和动作，因为过度的判断言行会导致被访谈者投其所好，造成信息收集的偏差。

2.访谈的特点

（1）访谈获取信息效果好

①访谈是目前在国内企业中运用最广泛、最成熟、最有效的工作分析方法之一。

②访谈是唯一能够适用于各层各类职位的工作分析方法，且是对中高层管理职位进行深度工作分析效果最好的方法。

③访谈的成果不仅表现在书面上，在整个访谈过程中，任职者对岗位所进行的系统思考、总结与提炼也具有十分重要的价值和意义。

（2）提高访谈效果的关键点

①访谈者培训：工作分析访谈是一项系统性和技术性的工作，因此在访谈准备阶段应对访谈者进行系统的工作分析理论与技术培训。

②事前沟通：应在访谈之前一星期左右通知被访谈者，并以访谈指引等书面形式告知其访谈内容，使其提前对工作内容进行系统总结，以有利于获得被访谈者的支持与配合。

③技术配合：在访谈之前，访谈者须事先对访谈岗位进行文献研究，并通过开放式

工作分析问卷初步收集、整理与汇总岗位信息，形成对岗位的初步印象，找到访谈的重点，使访谈能够有的放矢。

④沟通技巧：在访谈过程中，访谈者应与被访谈者建立并维持良好的互信和睦关系，适当地运用提示、追问、控制等访谈技巧，把握访谈的节奏，防止访谈中的"一边倒"现象。

⑤信息确认：访谈过程中，访谈者应及时向被访谈者反馈并确认所获得的信息；在访谈结束前，应向被访谈者复述所获信息的要点，以得到其最终认可。

四、信息处理验证阶段

收集到的信息很可能存在相互矛盾的地方，要进行校准。对信息要归类整理，比如任职者可能会过多地列举工作职责，其实它们可以归类在一类职责里。然后进入工作说明书编制阶段。

对于成形的工作说明书初稿，应经过一系列的检验、修订，通常采用的方法是SMEs会议。

1.SMEs会议

SMEs会议是工作说明书确认修订的最简单有效、不可或缺的方法。

在以验证职位说明信息为主题的SMEs会议中，应重点与相关人员讨论确认以下方面的信息：

①工作目的、职责表述的准确性；

②绩效标准的针对性及可操作性；

③任职资格在组织中横向及纵向的比较；

④从组织层面上考虑组织功能的完整性。

2.企业范围内的公开讨论

对企业运行以及企业中的岗位最为了解的是全体成员，因此对工作说明书进行企业范围内的公开讨论、集思广益是弥补工作分析中的过程缺陷、结构缺陷以及人为缺陷的有效方法。在工作分析最终定稿之前，在条件允许的情况下，可以通过企业内部沟通渠道，广泛征询员工的意见、建议，为后期工作分析成果的运用获取广泛的群众支持。

五、结果运用修订阶段

1.工作说明书使用培训

尽管部分任职者参与了工作分析的全过程，但是工作分析最终成果包含了大量的技术性、专业性成分，因此对工作说明书的使用者进行培训是必要的。一般来说，工作说明书使用培训包括以下3个类型，其各自培训内容的侧重点有所不同：

①面向组织全体员工的公开宣讲，主要讲授工作分析的目的、意义、用途以及工作说明书各信息模块的阅读使用方法；

②在工作分析人员（内部或外部专家）参与下，各部门内部针对具体岗位开展培训，明确各自工作职责、绩效标准、任职资格、学习、培训方向等；

③针对人力资源部职能管理人员的培训，主要包括工作说明书如何运用于薪酬、绩效考核、员工招聘、员工培训等人力资源管理功能模块。

2.工作说明书的修订

工作说明书的管理和使用是一个动态的过程。工作分析人员应在实践过程中，建立工作说明书反馈渠道，不断收集反馈信息，对工作说明书加以完善、修改或增加新岗位的工作说明书。同时总结工作分析过程中的缺陷和漏洞，为以后新的工作分析积累经验。

3.工作说明书样例（见附表1-8）

附表1-8 　　　　　　　　　　　**营销策划主管工作说明书**

岗位名称	营销策划主管	岗位编号	2-003
所在部门	营销部	岗位定员	1
直接上级	营销副总经理	职系	营销职系
直接下级	文员	晋升方向	营销助理
所辖人员	1	工作分析日期	2022 年 6 月

本职：
负责品牌管理、营销方案策划以及与广告公司接洽、谈判
负责较大促销活动的策划、组织实施工作
负责市场信息收集，营销动态的研究

职责与工作任务：

	职责表述：负责市场调研		工作时间：20%
职责一	具体工作	市场信息调研，进行需求行为分析和动态需求趋势研究，编写调研报告	
		收集了解政府相关政策文件	
		营销策划效果跟踪研究	

	职责表述：营销策划、品牌管理		工作时间：60%
职责二	具体工作	确定品牌核心价值；建立品牌识别；品牌推广；品牌价值的简单评估	
		按照营销目标，制订年度营销计划，并控制计划的实施	
		制订具体营销策划方案，并组织实施	
		制订广告宣传计划和选择发布媒体	
		配合专业广告公司进行广告制作和媒体宣传	

职责三	职责表述：配合产品销售、进行产品促销活动		工作时间：15%
	具体工作	策划、组织实施营销区、跨区的促销活动	
		指导营业所的促销活动	
职责四	职责表述：完成营销副总经理交办的其他工作		工作时间：5%

权力：

策划方案的建议权；广告方案的监督权与实施权；广告公司的选择建议权；营销活动的预算权

工作协作关系：

内部协调关系	营销部、客服中心、财务部、营业区、营业所
外部协调关系	广告策划公司、大众媒体单位、户外广告媒体单位、专业调查公司、促销器材生产厂家

任职资格：

受教育水平	大学本科及以上学历
专业	市场营销、广告、营销策划、工商管理等相关专业
培训、教育经历	市场营销、策划学、管理学、经济学、经济法、公共关系、谈判技巧等方面的培训或教育
经验	2年以上的市场营销工作经验，1年以上的营销策划经验，最好有食品、保险、送报行业的营销策划经历
知识	营销、策划、品牌管理等相关知识
能力素质	具备较强的沟通协调能力、创意能力、组织能力，较敏锐的洞察力，一定的逻辑思维能力、综合分析能力、平面绘图能力、文案写作能力、Photoshop或CorelDRAW软件使用能力，办公软件熟练使用能力
个性特征	外向型性格；富有激情、为人亲和、有耐心；乐观向上、积极主动、乐于助人；团队意识强烈、善于与人合作；敬业、富有奉献精神

其他：

使用工具设备	电脑、一般办公设备（电话、传真机、打印机、Internet网络）
工作环境	多数室内办公；有时露天现场组织
工作时间特征	正常上班时间，有时需要加班
所需记录文档	策划方案、广告合同文本、调研报告、计划书、品牌评估报告等

备注：

模拟试卷一

一、名词解释（每题4分，共16分）

1. 工作分析
2. 职责
3. 工作评价
4. 工作规范

二、简答题（每题8分，共40分）

1. 怎样组建工作分析小组？
2. 要素比较法的步骤是什么？
3. 工作分析中如何如理员工产生的恐惧心理？
4. 编制工作说明书的准则有哪些？
5. 对不同工作分析方法进行比较。

三、技能题（10分）

怎样使用问卷调查法进行工作分析？

四、案例分析（20分）

人力资源总监与研发经理的对话

李伟是某公司人力资源总监，他对研发经理马强抱怨道："我决定不了你需要何种计算机程序设计师。我所确定下来的每一位候选人都精通FORTRAN语言，这也正是工作描述中所列出的。""的确如此，李伟。"马强回答道，"但是，在10年前我们就已经不使用FORTRAN语言了。我需要的是精通最新软件的人，而不是你给我的那些所谓能够胜任的人。"

问题：（1）从上例中我们可以看出，工作分析的结果并非适用于任何时候。由此，可否得出这样的结论：工作分析已经过时了？

（2）如果你是该公司人力资源总监，将如何解决所遇到的问题呢？

五、方案设计题（14分）

设计一份工作分析访谈提纲。

模拟试卷二

一、名词解释（每题4分，共16分）

1.工作评价

2.工作设计

3.工作规范

4.工作丰富化

二、简答题（每题8分，共40分）

1.怎样组建工作分析小组？

2.怎样编写工作说明书？

3.如何把握工作分析的最佳时机？

4.怎样使用问卷调查法进行工作分析？

5.要素计点法的操作步骤是什么？

三、技能题（10分）

如何克服动态环境对工作分析的影响？

四、案例分析（20分）

A公司高层的决策

A公司是中关村的一家从事软件开发与生产的股份有限公司。他们在2021年9月进行了大规模的工作分析，根据分析结果，编写了各岗位的工作说明书。在初期，这个工作说明书确实给企业带来了方便与效率。但从2022年6月，各部门主管开始抱怨，工作说明书中对人员的编制禁锢了部门及公司的发展。公司组织专人对此进行了调研，结果发现：随着生产技术的发展，产品的生命周期已缩短（大约仅为12个月），而工作说明书降低了人力资源使用的弹性。当今软件开发所要求的知识更新速度加快，对任职人员的资格条件也会随之改变，工作说明书若不及时修改，根本起不了作用。所以该公司决定不再进行工作分析，也不再使用工作说明书等任何工作分析结果。

问题：（1）A公司废弃工作分析将会带来什么问题？

（2）工作分析在当今社会所面临的困难主要有哪些？您认为该如何解决呢？

五、方案设计题（14分）

设计一份完整的工作说明书。

模拟试卷一参考答案

一、名词解释（每题4分，共16分）

1.工作分析

工作分析是指对某特定的工作做出明确的规定，并确定完成这一工作所需要的知识、技能等资格条件的过程。

2.职责

职责是指某人担负的一项或多项相互联系的任务集合。

3.工作评价

工作评价是在工作分析的基础上，按照一定的客观标准，从工作的繁简难易、责任大小以及所需人员应具备的资格条件等出发，对岗位所进行的系统衡量、评比和估价的过程。

4.工作规范

工作规范也称任职资格条件，是指员工履行岗位职责时，在知识、工作技能、工作经验、能力、生理及心理特征等方面应该具备的资格条件。

二、简答题（每题8分，共40分）

1.怎样组建工作分析小组？

（1）选择工作分析小组成员。

（2）确定工作分析小组成员的数量。

（3）明确工作分析小组成员的工作职责。

（4）培训工作分析小组成员。

2.要素比较法的步骤是什么？

（1）获取岗位相关信息，确定薪酬要素。

（2）选择关键基准岗位。

（3）根据所选薪酬要素将关键岗位排序。

（4）根据薪酬要素确定各岗位的项目工资率。

（5）根据工资率将关键岗位排序。

（6）根据两种排序结果选出不具有代表性的关键岗位。

（7）确立岗位薪酬等级。

（8）利用基准岗位比较其他岗位的等级。

3.工作分析中如何处理员工产生的恐惧心理？

（1）分析原因。

（2）让员工了解工作分析。

（3）鼓励员工参与到工作分析中。

（4）适当做出承诺，消除员工顾虑。

（5）给员工必要的信息反馈。

4.编制工作说明书的准则有哪些？

（1）要用专业术语来描述。在编写工作说明书时，应选用专业的词汇来描述工作特点和对任职者的要求，比如分析、收集、分解、监督等。

（2）在措辞上，应尽量使用简洁、精练的语言。

（3）对工作的描述应清晰透彻，让员工一目了然。

（4）每个句子应该以一个主动词开头，采用动宾结构，少用或不用形容词。如描述职位目的时，可采用"执行……事，以实现/推进……事"这种句型。

（5）在使用那些只有一种含义的词，以及用来详细描述工作完成方式的词语时，要小心谨慎。

（6）应全部采用现在时态进行描述。

（7）最好用统一格式，注意整体的协调，做到美观大方。

可见，工作说明书的编写是经验、规范与技巧的结合，需要在掌握大量信息的基础上，运用专业术语和文法技巧最终完成。

5.对不同工作分析方法进行比较。

方　法	优　点	缺　点	适用情况
观察法	更全面、更深入地了解工作要求	1.不适用于以脑力为主的工作、间歇性的工作、周期较长的工作 2.不能得到任职者资格的相关信息	1.标准化、周期较短、以体力为主的工作 2.事务性的工作
访谈法	1.可了解任职者的工作态度、动机等更深层次的内容 2.有助于沟通 3.简单、迅速	1.成本较高 2.员工会夸大或弱化某些职责	以脑力为主的工作
问卷调查法	1.成本低、速度快 2.调查范围广	1.设计问卷成本高 2.缺少沟通	任职者具备一定阅读理解能力的所有工作
工作日志法	1.经济、有效 2.所获信息可行	1.使用范围小 2.整理信息的工作量大	1.周期较短、状态稳定的工作 2.复杂琐碎的工作
关键事件法	1.准确 2.广泛用于人力资源管理活动	1.费时 2.遗漏了平均绩效水平	识别挑选标准、确定培训内容、进行绩效评估的行为观察
能力要求法	方便、省时、成本低	不能得到工作信息	主要用于招聘与录用工作
资料分析法	1.成本低 2.工作效率较高	缺乏灵活性	比较常见、正规且有一定历史的工作

三、技能题（10分）

怎样使用问卷调查法进行工作分析？

（1）事先征求被调查员工直接上级的意见，得到他们的支持。

（2）提前通知被调查员工，向他们说明此项工作分析的意义，并需要提供安静的场所和充裕的时间。

（3）向被调查员工分发调查问卷，并说明填写调查问卷的注意事项。

（4）向被调查员工强调，在填写问卷时不是填写自己的相关事项，而是填写在其岗位的合格员工应该达到的要求。

（5）鼓励被调查员工真实地填写工作分析调查问卷，消除被调查员工的顾虑。

（6）工作分析人员要随时解答被调查员工在填写问卷过程中的疑问。

（7）被调查员工填写完毕后，工作分析人员要认真检查，查看是否有填写不完整的问卷，若有漏填或填错现象，要请被调查员工修正。

（8）工作分析人员对收回的问卷进行分析与归纳，并做好详细的记录。

（9）工作分析人员描述出该工作岗位的信息。

（10）征求任职者及其直接上级的意见，得到反馈后，再对该工作岗位进行描述并给予必要的修改和补充。

（11）在此基础上编写工作说明书。

四、案例分析（20分）

参考答案：

（1）工作分析的结果并非适用于任何时候，并不是说工作分析已经过时，它正说明了工作分析结果并不是一成不变的，要随着情况的变化而及时更新，否则，将失去对现实工作的指导和参考价值。

（2）问题出在错失工作分析的最佳时机，没有认识到工作分析的重要性和时效性。解决办法是从工作分析开始，在此基础上，编写符合实际需要的工作说明书，并据此制定招聘选人标准，引进真正合适的优秀人才。

五、方案设计题（14分）

设计一份工作分析访谈提纲。（略）

模拟试卷二参考答案

一、名词解释（每题4分，共16分）

1. 工作评价

工作评价是在工作分析的基础上，按照一定的客观标准，从工作的繁简难易、责任大小以及所需人员应具备的资格条件等出发，对岗位所进行的系统衡量、评比和估价的过程。

2. 工作设计

工作设计又称岗位设计，是指根据组织需要，兼顾个人的需要，规定某个岗位的任务、责任、权力以及在组织中与其他岗位关系的过程。

3. 工作规范

工作规范也称任职资格条件，是指员工履行岗位职责时，在知识、工作技能、工作经验、能力、生理及心理特征等方面应该具备的资格条件。

4. 工作丰富化

工作丰富化也称充实工作内容，指在岗位现有工作的基础上，通过充实工作内容，增加岗位的技术和技能含量，使岗位的工作更加多样化、充实化，消除因从事单调乏味工作而产生的枯燥厌倦情绪，从心理上满足员工的合理要求。

二、简答题（每题8分，共40分）

1. 怎样组建工作分析小组？

（1）选择工作分析小组成员。

（2）确定工作分析小组成员的数量。

（3）明确工作分析小组成员的工作职责。

（4）培训工作分析小组成员。

2.怎样编写工作说明书？

工作说明书的编写指通过对工作分析的结果加以整合以形成具有企业法规效果的正式文件的过程。其编写的主要过程如下：

（1）信息收集。浏览并分析组织中现有的各种管理制度文件等资料，并和企业组织的主要管理人员进行交谈，以便对组织中各个职位的主要任务、主要职责等有大致了解。

（2）工作分析调查。灵活运用各种工作分析方法开展工作分析调查活动，尽可能全面获取该工作的相关信息。

（3）信息处理。借助统计、计算机等手段和工具对所获工作信息进行分类整理，并加以详细分析，使每一工作相关信息更加条理化、清晰化。

（4）形成初稿。针对每个具体工作，根据工作分析所要收集信息的要求，逐条列出这一工作的相关内容，形成初步的工作说明书。

（5）意见征询。召集整个工作分析过程中所涉及的人员，向他们分发工作说明书初稿，并对其完整性、准确性、合理性进行讨论，由工作分析人员详细记录每个人的意见。

（6）审查初稿。根据讨论结果，对工作说明书初稿进一步修改与审查。

（7）定稿。最终形成一份详细的、清晰的、准确的工作说明书。

最后强调的一点是，工作说明书的编写是一个复杂的过程，工作分析人员不仅需要具备较强的专业知识，掌握编写技巧，还要有耐心、细致。

3.如何把握工作分析的最佳时机？

工作分析是人力资源管理的一项常规性的工作。一家企业在各个时期进行的工作分析及其形成的工作说明书与工作规范并非一成不变。所以应根据企业内外部环境的变化，对工作做出适当的调整，以适应新的发展需要。

一般来说，在下列几种情况下，企业要把握时机开展工作分析活动：

（1）企业新建立时。

（2）工作发生变动时。

（3）制度建立和修改时。

（4）存在问题隐患时。

4.怎样使用问卷调查法进行工作分析？

使用问卷调查法进行工作分析的具体操作如下：

（1）事先征求被调查员工直接上级的意见，得到他们的支持。

（2）提前通知被调查员工，向他们说明此项工作分析的意义，并需要提供安静的场所和充裕的时间。

（3）向被调查员工分发调查问卷，并说明填写调查问卷的注意事项。

（4）向被调查员工强调，在填写问卷时不是填写自己的相关事项，而是填写在其岗位的合格员工应该达到的要求。

（5）鼓励被调查员工真实地填写工作分析调查问卷，消除被调查员工的顾虑。

（6）工作分析人员要随时解答被调查员工在填写问卷过程中的疑问。

（7）被调查员工填写完毕后，工作分析人员要认真检查，查看是否有填写不完整的问卷，若有漏填或填错现象，要请被调查员工修正。

（8）工作分析人员对收回的问卷进行分析与归纳，并做好详细的记录。

（9）工作分析人员描述出该工作岗位的信息。

（10）征求任职者及其直接上级的意见，得到反馈后，再对该工作岗位进行描述并给予必要的修改和补充。

（11）在此基础上编写工作说明书。

5.要素计点法的操作步骤是什么？

具体的操作步骤是：

（1）确定要评价的岗位系列。

（2）收集岗位相关信息。

（3）选择薪酬要素。不同的岗位系列有不同的薪酬要素。

（4）界定。详细界定每个薪酬要素的边界，以确保评价人员在应用这些要素时能够保持一定的公平性，这些通常由人力资源专家来做。

（5）确定要素等级。确定每个薪酬要素的等级后，评价人员才可以评定每个岗位的要素等级。

（6）确定要素的相对价值，即确定每个要素的权重。

（7）确定各要素及各要素等级的点值。

（8）编写点值指南。

三、技能题（10分）

如何克服动态环境对工作分析的影响？

随着知识经济时代的到来，现代企业面临着越来越多的挑战与创新。在这种瞬息万变的内外部环境中，工作分析也面临着巨大的冲击，处于不断的动态变化之中。由此而引起工作分析结果的应用周期越来越短，这样就更需要工作分析人员采取有效措施，及时把握这些变化。

应对动态环境对工作分析影响的措施有：

1.年度工作分析

年度工作分析，即以一年为一个周期而进行的工作分析。其具体操作步骤如下：

（1）由各部门主管详细记录一年内工作变动情况。

（2）每年正式开始实施工作分析之前，各部门主管向人力资源部门递交本部门工作变动情况汇总表。

（3）由专门的工作分析人员对交上来的工作变动情况汇总表进行整理分析，并据此制订一个详细的工作分析计划。

（4）具体实施年度工作分析。

（5）编写工作分析结果，即工作说明书。

2.适时工作分析

其具体实施如下：

（1）某种工作已发生变化或有必要改变时，由该部门主管以书面形式向人力资源部门报告。

（2）由专门的工作分析人员对事实进行考察，并在确定有必要的情况下，针对变动的部分做出分析与修改。

（3）将分析结果反馈到该部门，以检查是否符合现实的要求。

（4）改变工作说明书中变动的部分，得到新的工作说明书。

以上两种方法若能结合实际，并加以综合应用，将更有利于问题的预防和解决。

四、案例分析（20分）

参考答案：

从消除动态环境对工作分析的影响入手分析，并明确工作分析每个阶段的主要任务。

五、方案设计题（14分）

设计一份完整的工作说明书。（略）

一、单项选择题

1. （　　）是组织对它的员工为组织所做的工作或贡献，所付给的相应的回报。

A.更高的岗位级别　　B.表扬及鼓励　　　　C.离岗培训　　　　　D.薪酬

2. 下列（　　）是给予劳动者付出超额劳动的奖励。

A.奖金　　　　　　　B.工资　　　　　　　C.股权　　　　　　　D.津贴

3. 以下（　　）不属于进行外部薪酬调研的作用。

A.确定基准职位的薪酬水平　　　　　　　B.增强企业对竞争对手的了解

C.提升员工薪酬满意度　　　　　　　　　D.掌握全社会的劳动力价格和趋势

4. 薪酬是员工最关心的事宜，下列不属于员工薪酬咨询范围的是（　　）。

A.个人所得税扣缴数额　　　　　　　　　B.保险基数

C.薪酬扣发规则　　　　　　　　　　　　D.其他人薪酬情况

5. 以下（　　）不属于薪酬报表分析的关键指标。

A.薪酬业绩占比　　　　　　　　　　　　B.薪酬利润占比

C.人工成本占比　　　　　　　　　　　　D.部门间薪酬水平的对比

6. 养老保险是国家和社会依照必然的法律法规，为解决在达到国家规定的解除劳动义务的劳动年龄界限，或因年老退出劳动岗位后的基本生活而成立的一种社会保险制度。故养老保险具有（　　）。

A.强制性　　　　　　B.福利性　　　　　　C.特殊性　　　　　　D.公平性

7. 在校园招聘宣讲会的准备工作中，（　　）是企业的首要工作。

A.与目标院校联系　　　　　　　　　　　B.宣讲方案的确认

C.确定招聘方式　　　　　　　　　　　　D.准备宣讲物料

8. 一般来说，校园招聘宣讲会至少（　　）前开始各种宣传。

A.1天　　　　　　　B.1周　　　　　　　C.1个月　　　　　　D.半年

9. 面试按照不同的分类标准有不同的形式，以下（　　）不是按面试途径分类。

A.电话面试　　　　　B.视频面试　　　　　C.现场面试　　　　　D.AI面试

10. 人工筛选简历不足的地方是（　　）。

A.筛选方式刻板，容易遗漏　　　　　　　B.对信息的判断容易带有主观倾向

C.审阅过程更细致灵活　　　　　　　　　D.筛选效率更高

11. 校园招聘的新员工，毁约情况时有发生，因此可在签就业协议时，在附加条款

中增加适度的（　　　）。

  A.保密条款   B.附加协议   C.竞业限制   D.违约金条款

12.以下不属于人力资源运作能力层面指标的是（　　　）。

  A.人力资源数量 B.招聘与配置 C.培训与开发 D.劳动关系

二、多项选择题

1.薪酬调研的渠道有（　　　）。

  A.企业内部调研   B.企业之间的相互调研

  C.委托专业机构进行调研   D.从公开的信息中了解

2.C水果厂2021年给职工缴纳了40万元的商业保险费，在节假日给员工发放了共计8万元的米、面、油福利以及2万元的红包福利，给临时工发放4万元工资。以上需列入应付职工薪酬中核算的有（　　　）。

  A.商业保险费 B.红包福利 C.米、面、油福利 D.临时工工资

3.影响薪酬的因素主要包括（　　　）。

  A.企业因素   B.职位因素   C.员工因素   D.环境因素

4.招聘企业和院校之间可以开展多元化的合作，来增进彼此的了解和感情。以下（　　　）合作方式可以开展。

  A.组建企业订单班或现代学徒制班

  B.校企合作开发教材，制订人才培养方案

  C.企业利用自身资源帮助院校学生就业

  D.企业人员到学校授课

  E.共建实训基地

5.面试组织是指在招聘过程中，对应聘者实施面试的相关支持性工作，常见的工作内容包括（　　　）。

  A.面试邀约准备   B.面试评价与沟通

  C.拟定并发送面试题目给面试者 D.面试场地布置、面试实施辅助

  E.电话邀约

6.背景调查通常是通过访谈第三方对求职者的情况进行了解和验证，方法包括（　　　）。

  A.发函   B.电话   C.面谈   D.网络

7.校园招聘的新员工，由于学生在校期间从业选择的盲目性及从众心理等，我们应当（　　　）。

  A.加强交流互动   B.宣传企业文化

  C.共同探讨职业规划   D.增强归属感

8.根据报告对象和时间的不同，人力资源管理分析报告一般分为（　　　）。

  A.月报   B.财报   C.季报   D.年报

三、判断题

1.职称不同的员工，他们通常有一样的工资待遇。   （　　　）

2.薪酬体系设计是对于薪酬核算及发放的复核及管理相关的工作，以确保工资发放

的准确性。   （   ）

3.薪酬调研工作一般在每年的第四个季度末开展。   （   ）

4.背景调查属于公司招聘流程，因此做背景调查不需征得求职者的同意。（   ）

5.激励因素是属于工作环境或工作关系方面的，保健因素多为工作内容或工作本身方面的因素。   （   ）

四、案例分析题

如何甄选"包装"简历

应聘者在求职过程中，都会尽量展示自身优秀的一面，力求将简历"包装"得很完美，其中，难免会出现部分虚假的信息。B公司的小王负责2022年的校园宣讲，按照过去2年的招聘情况，每次宣讲会后，一般会收到300份左右的简历，公司为抢占先机，吸引优秀学生到公司，要求招聘小组成员要在1天内筛选出笔试的人员。

根据以上案例背景，请回答：

如果你是小王，如何通过对简历的迅速扫读，发现和辨别其中的虚假信息呢？

参考答案